여러분의 합격을 응원하는
해커스공무원의 특별 혜택

FREE 공무원 형사정책 **특강**

해커스공무원(gosi.Hackers.com) 접속 후 로그인 ▶ 상단의 [무료강좌] 클릭 ▶
[교재 무료특강] 클릭하여 이용

KB194042

 해커스공무원 온라인 단과강의 **20% 할인쿠폰**

D7785C8DD843TCUJ

해커스공무원(gosi.Hackers.com) 접속 후 로그인 ▶ 상단의 [나의 강의실] 클릭 ▶
좌측의 [쿠폰등록] 클릭 ▶ 위 쿠폰번호 입력 후 이용

* 등록 후 7일간 사용 가능(ID당 1회에 한해 등록 가능)

🗂 합격예측 **온라인 모의고사 응시권 + 해설강의 수강권**

8F5BDEE2482788W3

해커스공무원(gosi.Hackers.com) 접속 후 로그인 ▶ 상단의 [나의 강의실] 클릭 ▶
좌측의 [쿠폰등록] 클릭 ▶ 위 쿠폰번호 입력 후 이용

* ID당 1회에 한해 등록 가능

쿠폰 이용 관련 문의 **1588-4055**

단기 합격을 위한
해커스공무원 커리큘럼

입문

탄탄한 기본기와 핵심 개념 완성!

누구나 이해하기 쉬운 개념 설명과 풍부한 예시로 부담없이 쌩기초 다지기

TIP 베이스가 있다면 **기본 단계**부터!

▼

기본+심화

필수 개념 학습으로 이론 완성!

반드시 알아야 할 기본 개념과 문제풀이 전략을 학습하고
심화 개념 학습으로 고득점을 위한 응용력 다지기

▼

기출+예상 문제풀이

문제풀이로 집중 학습하고 실력 업그레이드!

기출문제의 유형과 출제 의도를 이해하고 최신 출제 경향을 반영한
예상문제를 풀어보며 본인의 취약영역을 파악 및 보완하기

▼

동형문제풀이

동형모의고사로 실전력 강화!

실제 시험과 같은 형태의 실전모의고사를 풀어보며 실전감각 극대화

▼

최종 마무리

시험 직전 실전 시뮬레이션!

각 과목별 시험에 출제되는 내용들을 최종 점검하며 실전 완성

PASS

**단계별 교재 확인 및
수강신청은 여기서!**

gosi.Hackers.com

* 커리큘럼 및 세부 일정은 상이할 수 있으며,
자세한 사항은 해커스공무원 사이트에서 확인하세요.

해커스공무원

노신
형사정책

핵심요약집

노신

약력

고려대학교 법과대학 법학과 졸업
제주대학교 법학전문대학원 졸업
변호사
현 | 해커스공무원 형사정책, 교정학 강의
현 | 해커스경찰 범죄학 강의

저서

해커스공무원 노신 형사정책 기본서
해커스공무원 노신 형사정책 단원별 기출문제집
해커스공무원 노신 형사정책 법령집
해커스공무원 노신 형사정책 핵심요약집
해커스공무원 노신 형사정책 실전동형모의고사
해커스공무원 노신 교정학 기본서
해커스공무원 노신 교정학 단원별 기출문제집
해커스공무원 노신 교정학 법령집
해커스공무원 노신 교정학 핵심요약집
해커스공무원 노신 교정학 실전동형모의고사
해커스경찰 노신 범죄학 기본서
해커스경찰 노신 범죄학 단원별 기출+실전문제집

공무원 시험에 최적화된 핵심요약집!

공무원 시험은 전략이 중요합니다. 꼼꼼하게 준비하되 전략적으로 학습하는 것이 빠른 합격의 지름길이 될 수 있습니다.

『해커스공무원 노신 형사정책 핵심요약집』은 수험생 여러분들이 효율적인 형사정책 학습을 할 수 있도록 다음과 같은 특징을 가지고 있습니다.

첫째, 형사정책의 핵심을 빠르고 정확하게 이해할 수 있도록 구성하였습니다.
수험생 여러분들의 효율적인 학습을 위해 형사정책의 핵심 내용만을 짜임새 있게 구성하였습니다. 기본서를 압축적으로 요약함으로써 공부 분량을 줄이는 동시에 내용이 부실하지 않도록 기본서의 핵심을 모두 담았습니다.

둘째, 효과적인 학습을 위해 다양한 학습장치를 수록하였습니다.
형사정책은 핵심 이론 외에도 관련 법령과 판례를 정확히 학습하는 것이 중요합니다. 이론을 중심으로 법령, 판례를 체계적으로 수록함으로써 빈틈없는 학습이 가능하도록 하였습니다. 또한 심층적으로 학습할 수 있도록 심화 이론을 담은 '참고' 및 이론과 제도를 비교하여 정리한 '핵심 POINT'를 수록하였습니다.

더불어, 공무원 시험 전문 사이트 해커스공무원(gosi.Hackers.com)에서 교재 학습 중 궁금한 점을 나누고 다양한 무료 학습 자료를 함께 이용하여 학습 효과를 극대화할 수 있습니다.

끝으로 『해커스공무원 노신 형사정책 핵심요약집』 교재가 형사정책 학습에 대한 부담을 줄이고, 여러분의 꿈을 이루는 데 크게 기여하기를 바랍니다.

노신

목차

I

총론

01 형사정책의 의의

1 형사정책이란 무엇인가

1 형사정책의 일반적 의의

1. 형사정책에 대한 다양한 정의

(1) 형사정책은 범죄에 관한 다양한 학문적 정보와 함께 그에 따른 정부의 각종 대책을 종합적으로 연구하는 과학이다.

(2) 초기에는 단지 형사입법에서 국가의 예지(叡智), 즉 형사입법정책이라는 좁은 의미로만 사용되었으나, 점차 범죄의 실태와 원인을 규명하여 이를 방지하려는 대책 일반을 의미하는 것으로 사용하게 되었다. 14. 보호7

2. 사실로서 형사정책과 학문으로서 형사정책

(1) 사실로서 형사정책이란 국가·사회공공단체가 범죄원인을 밝히고 형법 등의 수단을 동원하여 범죄방지대책을 강구하는 활동을 의미하고, 학문으로서 형사정책이란 사실로서 형사정책을 대상으로 하여 일정한 이념하에서 그 가치를 판단하고 이에 대한 합리적·효과적인 범죄방지원리를 연구하는 학문을 의미한다.

(2) 사실로서 형사정책에는 일정한 한계가 있다. 형사정책은 범죄에 대한 효과적 대책수립을 목적으로 하지만, 정책적 필요성이 형법의 원칙을 넘을 수는 없다(예 죄형법정주의 등). 즉, 법을 통하지 않은 형사정책은 불가능하다(형법은 형사정책의 뛰어넘을 수 없는 한계: Liszt). 20. 보호7☆

3. 협의의 형사정책과 광의의 형사정책

(1) 협의의 형사정책이란 범죄자와 범죄위험이 있는 자를 대상으로 형벌 또는 이와 유사한 수단으로 범죄방지를 직접적 목적으로 하는 국가의 입법·사법·행정 활동을 의미한다. 14. 보호7☆

(2) 광의의 형사정책이란 협의의 형사정책 외에도 범죄방지를 간접적·종속적 목적으로 하는 모든 활동을 포함하는 것으로서(예 주택사업·교육사업·공공부조사업 등), 범죄예방과 관계되는 각종 사회정책을 포괄하는 개념이 된다(최선의 사회정책이 가장 좋은 형사정책: Liszt). 12. 보호7

(3) 오늘날의 형사정책 연구는 형법적 수단은 물론이고 형법 외적 수단까지도 활용하는 광의의 형사정책을 지향하고 있다. 따라서 직접적 범죄방지대책과 더불어 간접적 범죄방지대책도 연구대상으로 삼고 있다.

2 형사정책학의 특성

1. 경험과학성과 규범학성 14. 보호7☆

(1) 경험과학성(사실학적 특성)

형사정책은 범죄의 현상과 원인에 대해 실증적·인과적 연구를 지향한다는 점에서 경험과학적 특성을 지닌다.

(2) 규범학성(정책학적 특성)

형사정책은 범죄현상에 기초하여 바람직한 범죄대책을 연구대상으로 포함하므로 규범학적 특성도 지니고 있다.

2. 종합과학성과 독립과학성 14. 보호7☆

(1) 종합과학성 20. 보호7

형사정책은 인간과 사회에 관한 모든 방면의 지식이 총동원되어야만 효율적인 결과를 얻을 수 있는 종합과학적 특성을 갖는다[학제적·간(間) 학문적·개방적 성격]. 이러한 특성은 '범죄학자는 학문계의 영원한 손님(Reckless)', '범죄학은 영토를 가지지 않은 제왕의 학문(Sellin)' 등으로 표현된다.

(2) 독립과학성

초기의 형사정책은 형법의 보조수단적 성격(형사입법정책)을 띠고 출발하였으며, 20세기 초까지도 형사정책의 독립과학성이 부정되었다. 그러나 1930년대 이후에는 형사정책이 고유한 학문성을 가지고 있다고 보아 **독립과학성**을 인정하는 것이 일반적이다.

3. 실천과학성과 정책과학성 14. 보호7

형사정책은 전체 형법학의 실천원리로서 기능하고(실천과학성), 현존하는 범죄방지수단의 유효성을 분석하여 보다 바람직한 범죄대책을 수립하기 위한 정책과학이다(정책과학성).

2 형사정책과 인접학문분야

1 형사정책과 형법해석학

(1) 형사정책과 형법해석학의 관계에 대해서는 이원적 협력관계로 보는 입장과 통합관계로 보는 입장이 있다.

(2) 통합관계로 보는 입장은 형사정책에 대한 형법의 한계 역할이 무시되는 법치국가적 문제점을 안고 있다. 형사정책의 이념이 범죄예방을 위해 아무리 훌륭하더라도 그것은 형법의 범위 안에서 실현되어야 하며, 형법이 형사정책의 수단이 되어서는 안 된다는 것이다. 따라서 형사정책과 형법해석학은 **이원적 협력관계(상호의존적 관계)**에 있다고 보아야 한다. 22. 보호7

2 형사정책과 범죄학

(1) 원래적 의미의 형사정책은 범죄학의 경험적 연구를 토대로 독자적인 규범적 기준에 따라 범죄화 · 비범죄화 또는 형벌의 개폐를 결정하는 분야이다. 반면에 원래적 의미에서 범죄학은 범죄의 현실적 원인과 그에 대한 대책으로서 형벌의 실제적 효과를 경험적으로 연구하는 분야를 말한다.

(2) 형사정책은 규범과학(정책학)이지만 범죄학은 경험과학(사실학)이라고 할 수 있다. 또한 형사정책은 가치과학이고, 범죄학은 존재과학이라고 할 수 있다. 이처럼 양자의 성격이 학문적으로는 엄격히 구별됨에도 불구하고 실제로는 혼용되어 사용되는 경우가 적지 않다.

02 형사정책의 발전 과정

1 고전주의학파

1 서론

1. 중점사항

계몽사상과 사회계약론의 영향을 받은 18세기 중엽의 고전주의학파는 실증주의학파와 달리 범죄원인보다는 형벌제도와 법제도의 개혁에 중점적으로 관심을 두었다.

2. 전제와 기본 주장

(1) 전제

① **쾌락주의**: 인간의 본성은 항상 기쁨을 극대화하고 고통을 최소화하려는 경향을 갖는다.

② **사회계약론**: 사회는 개인을 처벌할 권리가 있으며, 이는 형벌집행을 전담하는 국가기구에 위임될 수 있다.

③ **자유의지론**: 자유의지에 의해 사람들은 자기 스스로의 행동을 규율하고 통제할 수 있다. 21. 교정9☆

④ **억제이론**: 처벌은 인간의 의지가 행위를 통제함에 영향을 주기 때문에 필요하다. 19. 교정9

⑤ **죄형법정주의**: 형법전이나 금지행위에 대한 처벌체계가 구성되어야 한다. 21. 교정9

(2) 기본 주장

① 자유의지론을 기초로, 범죄인과 비범죄인은 본질적으로 다르지 않다고 본다. 24. 교정9

② 법적 질서를 자유의사에 따른 합의의 산물로 보고 법에서 금지하는 행위를 하거나 의무를 태만히 하는 행위를 모두 범죄로 규정하며, 범죄의 원인에 따라 책임소재를 가리고 그에 상응하는 처벌을 부과해야 한다. 12. 교정7

③ 책임에 따른 형벌을 부과하여야 하므로, 정기형을 주장하고 부정기형은 반대한다. 24. 교정9

④ 형벌은 사회계약을 보전함에 정당성이 있고, 일반예방에 그 목적이 있다.

⑤ 모든 인간은 잠재적 범죄자이다(통제이론에 영향).

⑥ 과도하게 잔혹한 형벌과 사형에 반대한다.

⑦ 범죄란 자유의지를 가진 인간의 합리적 선택의 결과이다(비결정론). 15. 교정7☆

⑧ 법적 질서를 자유의사에 따른 합의의 산물로 보고 법에서 금지하는 행위를 하거나 의무를 태만히 하는 행위를 모두 범죄로 규정하며, 범죄의 원인에 따라 책임소재를 가리고 그에 상응하는 처벌을 부과해야 한다. 12. 교정7

2 주요 학자

1. 베카리아(C. Beccaria)

(1) 최대다수의 최대행복

형법은 범죄방지를 위한 공리적 기능을 하는 데 중점을 두어야 한다(공리주의).

(2) 범죄와 형벌

사회계약론에 입각한 형법 원리와 범죄통제를 주장하면서, 비인간적인 형벌의 폐지, 사형의 폐지, 고문의 폐지, 형벌의 목적사상(일반예방사상), 죄형법정주의를 강조한다. 18. 교정9

(3) 입법의 역할

입법자는 법관이 법률의 범위를 넘어 범죄자에게 형벌을 부과할 수 없도록 해야 한다(**법관의 법해석 재량권을 부정**). 또한 일반예방의 전제조건으로서 법조문은 누구나 알 수 있는 말로 작성되어야 한다. 19. 교정7

(4) 형벌의 목적

① 형벌의 목적은 **일반예방을 통한 사회안전의 확보**, 즉 불법으로부터 범죄자를 격리하고 형벌집행을 통하여 범죄경향을 가진 다른 사람에 대하여 위협적(위하적) 효과를 거두는 것에 있다(범죄 억제). 24. 보호9☆

② 범죄를 처벌하는 것보다 예방하는 것이 더욱 중요하며, 처벌은 범죄예방에 도움이 된다고 판단될 때에 정당화된다. 따라서 처벌은 공개적이어야 하고 신속하며 필요한 것이어야 한다. 16. 교정9☆

③ 범죄의 중대성은 사회에 미친 해악에 따라 판단되어야 하고 범죄자의 의도에 의해 결정되어서는 안 되며, 범죄와 형벌 사이에는 비례성이 있어야 한다(**죄형균형론**). 형벌의 목적을 달성하기 위해서는 형벌의 고통이 범죄의 이익을 약간 넘어서는 정도가 되어야 한다. 24. 보호9☆

(5) 형벌의 확실성 강조

① 형벌집행의 3요소로서 형벌의 **확실성**(Certainty), **엄중성**(Severity), **신속성**(Swiftness)을 주장한다. 24. 보호9☆

② 형벌의 **확실성**은 **범죄예방의 가장 확실한 수단**이다. 처벌의 정도는 가혹하지만 회피할 가능성이 있는 처벌보다, 비록 처벌의 정도가 그다지 강하지 않아도 회피할 가능성이 없는 처벌이 더욱 강력한 효과가 있기 때문이다. 13. 사시☆

(6) 사형제도와 사면제도 반대

① 사형제도는 일반예방에 필요한 한도를 넘어서는 불필요한 제도이며, 정당성이 없고 예방효과에서도 회의적이며, 오판의 경우에 회복이 불가능하다고 지적하면서 사형제도의 폐지를 주장하였다(종신형으로 대체). 24. 교정7☆

② 사면제도는 범죄자의 요행심을 불러일으킴으로써 법에 대한 존중심을 훼손하는 결과를 가져온다는 점에서 기본적으로 반대한다. 24. 보호9

(7) 배심원제도

법이란 부자와 빈자 또는 귀족과 평민을 구별하지 말아야 하고, 범죄자는 배심원들에 의해 평결되어야 한다고 본다. 또한 범죄자와 피해자 사이에 계급적 차이가 있을 경우에는 배심원의 절반은 피해자 계급으로, 나머지 절반은 범죄자 계급으로 구성되어야 한다고 주장한다.

2. 벤담(J. Bentham)

(1) 범죄원인의 사회성

① 최대다수의 최대행복이라는 공리주의를 바탕으로, 범죄의 사회적 원인을 지적하였다. 15. 사시
② 상상적 범죄와 실제적 범죄를 구별하면서, **상상적 범죄의 비범죄화**를 주장하였다. 15. 사시☆

(2) 공리주의적 형벌관

① 형벌은 필요악이므로 범죄예방을 목적으로 할 때에만 정당화된다고 주장한다. 10. 사시
② 범죄예방을 위해 최소비용을 사용하여야 한다고 하며, 형벌의 계량화를 주장하였다. 10. 사시
③ 형벌은 **일반예방** 목적에 의해 정당화되며, 개선목적은 부차적 목적에 불과하다고 본다. 22. 보호7
④ 범죄와 형벌의 균형을 주장하면서(죄형균형론) 형벌이 관련당사자의 감정에 좌우되는 것은 불공정·불합리하며, 형벌의 강도는 범죄의 중대성에 의해서만 결정되어야 한다고 본다(채찍의 비유). 15. 사시

(3) 기타

① 최소비용으로 최대의 감시효과를 거둘 수 있는 새로운 감옥 형태로서 **파놉티콘형 교도소**를 제안하였으나, 실제로 건립되지는 않았다. 18. 교정9☆
② '국제형법'이라는 용어를 최초로 사용하였고, 범죄피해자 구조의 필요성을 강조하였다.

3. 포이어바흐(P. Feuerbach)

(1) 심리강제설에 의한 일반예방

국가는 시민의 자유보장에 그 목적이 있으므로 법률 위반에 대해 물리적 강제를 가해서는 안 되고, 범죄의 쾌락보다 형벌의 고통이 크다는 점을 알게 하는 심리강제로 위법행위와 고통을 결부하여 범죄를 방지해야 한다(위하, 일반예방). 24. 보호7

(2) 형법의 보조수단으로서 형사정책

입법을 지도하는 국가의 예지(叡智)라는 의미에서 '형사정책'이라는 용어를 처음으로 사용하였다. 22. 보호7

4. 감옥개량운동 - 하워드(J. Howard)의 감옥개혁안

(1) 하워드(J. Howard)는 감옥개량운동의 선구자로서, 1777년 『영국과 웨일즈의 감옥상태론』을 저술하여 당시 감옥의 폐해를 고발하고 인도적 감옥개혁을 주장하였다. 18. 교정9☆
(2) 형벌집행의 목적은 노동습관의 교육이라고 보아 독거구금과 독거방형무소의 건설, 복지차원의 감옥개량, 노동처우 등을 주장하였다.

(3) 구금시설은 안전하고 위생적인 시설이 되어야 하며, 수형자의 인권을 보장하고 건강을 유지시켜야 한다.

(4) 감옥은 단순한 징벌장소가 아닌 개선장소가 되어야 하며, 이를 위해 과밀수용을 지양하고 연령과 성별에 따라 분리수용을 해야 한다. 10. 교정9

(5) 죄수들에게 노역을 부과하는 것은 유익하나, 시설 내의 노동조건을 개선하여야 한다.

(6) 수용자 관리를 위한 독립된 관청의 설치, 교도관의 공적 임명 및 충분한 보수 지급 등이 필요하다.

3 형사정책적 성과(실증적 형사정책 연구의 단서)

(1) 범죄통계학파의 케틀레(A. Quetelet)는 모든 사회현상을 '대수의 법칙'으로 파악하여, 범죄는 집단현상이며 사회적·경제적 상태와 함수관계에 있다고 봄으로써 범죄현상의 법칙성을 주장하여 범죄연구에 대한 과학적 접근을 가능하게 하였다(결정론적 입장). 13. 사시

(2) "사회는 범죄를 예비하고 범죄자는 그것을 실행하는 수단(도구)에 불과하다."라고 하여 범죄원인의 사회성을 주장하였다. 14. 사시☆

(3) 범죄의 원인은 본질적으로 도덕적 결핍이며, 절대적 빈곤보다는 상대적 빈곤이 범죄원인으로 중요하다고 본다.

(4) 암수범죄의 문제에 대해서는 공식적으로 인지된 범죄와 암수범죄 사이에는 변함없는 고정관계가 존재한다고 보아 공식통계에 나타난 범죄현상이 실제의 범죄현상을 징표할 수 있다고 하였다(정비례의 법칙). 24. 교정9☆

(5) 인신범죄는 따뜻한 지방에서 발생하고, 재산범죄는 추운 지방에서 발생한다고 주장하였다(범죄의 기온법칙). 10. 보호7

4 고전주의학파에 대한 평가

(1) 고전주의학파는 18세기까지의 자의적·독선적 형사사법의 운영실태를 비판하고, 인본주의를 바탕으로 합목적적 형사사법제도의 토대를 마련하였다. 24. 교정9

(2) 고전주의학파는 범죄현상을 형벌 중심의 범죄원인론에 한정하여 사변적으로 고찰하였다(범죄원인에 대한 실증적 연구 결여). 그러므로 범죄는 자기 이익을 충족하기 위해 본인 스스로가 선택하는 것이라고 인식하였기 때문에 범죄를 저지를 수밖에 없는 외부적 영향(소질·환경)에 대한 고려가 부족하다는 비판을 받는다. 12. 사시

5 현대적 고전주의학파

1. 억제이론

(1) 의의

억제이론(제지이론, Deterrence Theory)은 인간의 공리주의적 합리성에 대한 고전학파의 주장을 전제로 하여 형벌이 확실하게 집행될수록(확실성), 형벌의 정도가 엄격할수록(엄중성), 형벌집행이 범죄 이후에 신속할수록(신속성) 사람들이 형벌에 대한 두려움을 느끼고 범죄를 자제한다고 보는 입장이다(강력한 처벌을 통한 범죄의 억제). 12. 교정9

일반억제	범죄자에 대한 처벌을 통해 일반시민이 범죄비용을 인식하게 하여 일반시민의 범죄를 줄이는 것
특별억제	형벌을 통해 범죄자의 처벌에 대한 민감성을 자극하여 범죄자의 재범을 줄이는 것 12. 교정9

(2) 집단비교분석법과 시계열분석법

① 집단비교분석법이란 일정한 시점에 형벌의 운용형태가 다른 여러 지역을 대상으로 각 지역의 범죄발생률을 상호비교하여 특정한 형벌양태의 범죄억제 효과를 밝히는 것이다[깁스(J. Gibbs), 티틀(C. Tittle) 등].

② 시계열분석법이란 입법정책이나 형벌양태가 변화하기 이전과 이후로 나누어 범죄율의 증감을 서로 비교하는 방법이다[로스(H. L. Ross) 등].

2. 범죄경제학

(1) 의의

① 범죄경제학이란 사람들이 범죄행위를 생각할 때의 과정과 다른 행위를 생각할 때의 과정이 본질적으로 동일하다고 보아, 일상생활에서처럼 범죄행위도 이익과 손실을 계량한 후에 저지른다는 입장이다. 14. 사시

② 범죄경제학은 베커(G. Becker)에 의해 정립되었으며, 합리적 선택이론, 일상생활이론, 생활양식노출이론 등도 범죄경제학의 범주에 속한다.

(2) 일상생활이론 24. 교정9

① 코헨(L. Cohen)과 펠슨(M. Felson)의 일상생활이론은 범죄자가 아니라 범행의 조건을 특정화하는 이론이다.

② 사회에서 발생하는 범죄는 ㉠ 범행 동기를 지닌 범죄자, ㉡ 적절한 범행대상, ㉢ 범행을 막을 수 있는 사람(감시자)의 부존재라는 범죄발생의 3요소가 시공간적으로 수렴해야 발생한다(범죄기회이론). 14. 사시

③ 전통적 범죄원인론은 대부분 ㉠ 요인의 규명에 중점을 두었으나, 일상생활이론에서는 범죄 동기나 범죄를 저지를 개연성이 있는 사람의 수는 일정하다고 가정하므로, ㉡·㉢ 요인(적절한 범행대상, 감시자의 부존재)에 의해 범죄발생 여부가 결정된다고 보았다. 11. 사시

④ 잠재적 범죄자에 대한 가시성과 접근성이 용이하고 범죄표적의 매력성이 있으며, 보호능력의 부재(무방비) 상태일수록 범죄피해의 위험성은 그만큼 높아지게 되어 동일한 시간과 공간에서 수렴되면 범죄발생의 가능성이 높아진다(미시적 차원의 범죄율 설명).

⑤ 두 번째 요소인 적절한 범행대상의 특징을 가치(Value), 이동의 용이성(Inertia), 가시성(Visibility), 접근성(Access)으로 규정하였다(범죄피해의 위험 수준을 결정하는 요소로서 VIVA 모델).

⑥ 세 번째 요소인 감시자 또는 보호자는 경찰이나 민간경비원 등의 공식 감시자를 의미하는 것이 아니라, 의도하지 않더라도 친지나 친구 또는 모르는 사람으로부터 보호받게 되는 측면을 의미한다(비공식적 통제체계에서의 자연스러운 범죄예방과 억제를 중요시).

⑦ 또한 사회의 특징이 범죄발생의 3요소의 결합을 통한 범죄발생을 용이하게 한다고 본다(거시적 차원의 범죄율 설명).

   예 제2차 세계대전 이후에 미국에서 주거침입절도와 자동차절도가 급증

⑧ 이후 펠슨은 감시자 또는 보호자의 개념을 ㉠ 통제인[handler](잠재적 범죄인을 사적으로 통제할 수 있는 사람, 부모·교사·고용주·친구 등), ㉡ 관리인[manager](장소·시설을 관리하는 사람, 경비원·경비업체 등), ㉢ 감시인(보호자)[guardian](범행대상을 공적·사적으로 보호할 수 있는 사람, 경찰·경호원·이웃·행인 등) 등으로 보다 확대·구체화하였다.

⑨ 에크(Eck)는 일상활동이론의 3요소에 통제인(광의)을 추가하여 이를 기반으로 **범죄의 삼각형** (crime triangle)을 고안하였다.

   ㉠ 내부의 삼각형은 잠재적 범죄자(Offender), 범죄대상과 피해자(Target/Victim), 범행에 용이한 장소(Place)로 구성되어 있다.

   ㉡ 외부의 삼각형은 통제인(광의)으로 추가된 세 주체로서 통제인(협의)(handler), 관리인(manager), 감시인(guardian)을 나타낸다.

⑩ 일상생활이론 및 범죄의 삼각형은 환경설계를 통한 범죄예방(CPTED) 및 상황적 범죄예방기법과 밀접한 관련이 있다.

(3) 합리적 선택이론 10. 교정9

① 클라크(R. Clarke)와 코니쉬(D. Cornish)의 합리적 선택이론은 경제학에서의 기대효용 법칙에 기초하고 있다.

② 인간은 범죄로 인하여 얻게 될 효용과 손실의 크기를 비교하여 범행 여부를 결정한다. 따라서 범죄는 각 개인의 선택의 결과이고, 이러한 선택 과정에서 고려하는 요인들에는 개인적 요인과 상황적 요인이 있다.

③ 클라크와 코니쉬는 코헨과 펠슨의 VIVA 개념을 확장하여 물건의 종류나 특성에 따라 범죄피해의 대상이 되는 빈도에 차이가 있고, 이러한 차이를 물건의 특성으로 설명하고자 시도하였다(CRAVED 모델). 즉, 재산범죄 범죄자들이 선호하는 경향이 있는 물건, 피해대상의 속성(취약물품의 특성)을 은폐성(Concealable), 이동용이성(Removable), 사용성(Available), 수익성(Valuable), 오락성(Enjoyable), 처분용이성(Disposable)을 통해 설명하였다.

2 실증주의학파

1 서론

1. 발생배경

19세기와 20세기 초의 실증주의 철학은 범죄연구에도 큰 영향을 미쳤고, 자연과학이 발전(진화론, 인류학 등)함에 따라 인문분야에서도 과학적·객관적인 방법에 의해 실증적으로 문제를 해결해야 한다는 요구가 야기되었다. 24. 교정9☆

2. 기본 전제

(1) 사람들의 행위는 본인들이 통제할 수 없는 어떤 영향(소질·환경)들에 의해 결정된다. 18. 교정7

(2) 범죄행위를 유발하는 영향요인과 정상적인 행위의 인과요인은 서로 다르다. 따라서 범죄는 개인의 의지에 의한 규범침해(자유의사론, 비결정론)가 아니라, 과학적으로 분석가능한 개인적·사회적 원인 등에 의하여 발생(결정론)한다. 21. 교정9☆

(3) 인간의 사고나 판단은 이미 결정된 행위 과정을 정당화하는 것에 불과하므로, 자신의 사고나 판단에 따라 자유롭게 행위를 선택할 수 없다. 12. 교정7

(4) "범죄인은 비범죄인과 본질적으로 다르다."라고 보아, 처벌이 아니라 처우(교화·개선)에 의하여 사회를 보호해야 한다. 15. 교정7

(5) 범죄행위를 연구하는 데 있어서 경험적이고 과학적인 접근을 강조하여, 과학적 분석을 통해 범죄원인을 규명한다. 21. 교정9☆

(6) 고전주의는 범죄를 하는 이유가 아니라 범죄를 하지 않는 이유를 설명하지만, 실증주의는 반대로 범죄를 하게 만드는 원인을 설명한다.

2 이탈리아학파

1. 롬브로조(C. Lombroso)

(1) 생래적 범죄인론

① 정신병원과 형무소에서 정신병과 범죄에 대한 생물학적 원인을 조사하여 수용자들의 두개골에 현저한 생물학적 퇴행성 혹은 격세유전적 특성이 있음을 발견하고, 이를 토대로 생래적 범죄인론을 주장하였다. 15. 교정9☆

② 생래적 범죄인은 태어나면서부터 범죄를 저지를 수밖에 없는 운명을 타고난 사람이라고 한다. 이들은 범죄성향의 통제가 불가능하고, 운명적으로 범죄에 빠질 수밖에 없다. 생래적 범죄인은 전체 범죄인 중 65~70%를 차지한다고 보았다. 18. 보호7

(2) 범죄인 분류

범죄인류학적 입장에서 범죄인을 **생**래적 범죄인, **정**신병(또는 정신박약)에 의한 범죄인, **격**정 범죄인, **기**회 범죄인(가범죄인·준범죄인·상습범죄인 등), **잠**재적 범죄인으로 분류하였다. 14. 보호7

(3) 처우의 개별화(형벌의 개별화)

생래적 범죄인은 예방이나 교정이 불가능하기 때문에 초범이라도 무기형(영구격리)을 부과해야 하고, 잔혹한 누범자에 대해서는 사형(도태처분)도 인정한다. 18. 보호7☆

(4) 여성범죄론

① 여성범죄의 양적 특징(여성범죄 < 남성범죄)을 부정하면서, 여성범죄에 매춘을 포함시키면 남성범죄를 훨씬 능가할 것이라고 주장한다.

② 여성범죄인은 신체적·감정적으로 남성에 가까운 특성이 있다고 하며(남성성 가설), 여성범죄의 지역적 특성을 주장한다. 16. 보호7

(5) 평가

① 개인의 생물학적·신체적 특성이 범죄의 원인이라는 롬브로조(C. Lombroso)의 주장은 많은 비판을 받는다. 그럼에도 불구하고 그가 '범죄학의 아버지'라고 불리는 이유는 처음으로 관찰과 검증이라는 과학적 방법을 동원하여 범죄원인을 규명하려고 한 점에 있다.

② 롬브로조(C. Lombroso)도 후기에는 제자인 페리(E. Ferri)의 영향으로 사회적 요인도 범죄의 원인으로 고려해야 한다고 하였으나, 간접적 영향력만을 가질 뿐이라고 하였다.

2. 페리(E. Ferri)

(1) 범죄사회학

① 마르크스(K. Marx)의 유물사관, 스펜서(H. Spencer)의 발전사관, 다윈(C. Darwin)의 진화론 등의 영향을 받아 범죄원인으로 인류학적 요소, 물리적 요소, 사회적 요소의 세 가지를 열거하면서, 특히 범죄의 사회적 원인을 중시하였다. 18. 교정7☆

② 사회적 책임론과 결정론을 주장하며, 자유의사에 기한 규범의 선택가능성은 환상에 불과하다고 보고, 철저한 결정론을 취하여 도덕적 책임을 부정하고 이에 대신하는 사회적 책임을 제시하였다. 21. 교정9☆

(2) 범죄포화의 법칙과 범죄의 과포화 현상

① 일정한 개인적·사회적 환경에서는 그에 따르는 일정량의 범죄가 있는 것이 원칙이고 그 수가 절대적으로 증감할 수 없다는 내용의 범죄포화의 법칙을 주장하였다. 이에 의하면 인간에게는 전혀 자유의사가 없으며, 인간의 행위라는 것은 내적·외적 원인에 의해 결정되는 것이다. 18. 교정9☆

② 범죄의 과포화 현상이란 사회·물리적인 예외조건이 존재하면 범죄의 규칙성·항상성이 포화 상태에 달하여 기본적·전형적인 범죄에 대해 반사적·부수적인 범죄가 병발하게 되는 현상을 말한다.

<blockquote>예 공무집행방해죄가 발생하면 그에 부수하여 모욕죄·위증죄·손괴죄 등이 발생, 절도죄가 발생하면 그와 함께 장물죄 등이 발생</blockquote>

(3) 형벌대체물사상(형벌대용물사상) 11. 사시

① 범죄는 인류학적 · 물리적 · 사회적 요소에 의해서 발생하므로, 범죄 방지를 위해서는 범죄자의 개인적 원인에 대한 조치를 취하는 동시에 범죄를 발생시킨 사회의 제 사정을 연구하여 그 근원을 제거해야 한다고 본다. 18. 교정7

② 특히 범죄의 사회적 근원을 강조하여 범죄를 사회제도 자체의 결함에 따른 전염병적 · 병리적 현상으로 보고, 형벌을 통한 직접적 대책보다는 범죄의 충동을 방지하는 간접적 대책으로 형벌에 대한 대용물이 필요하다고 주장한다.

③ 결국 범죄의 방지를 위해서는 사회제도 및 법률제도의 근본적 개량이 필요하다고 본다.

(4) 이탈리아 형법초안

① 형벌을 대신하여 도덕적 색채를 띠지 않고 범죄자의 위험성에 상응하는 사회방위처분 내지 보안처분으로, 형사제재를 일원화하는 내용의 이탈리아 형법초안에 근거를 두었다.

② 범죄자의 도덕적 책임성을 부정했으며, 응보형제도의 운용을 거부하였다. 대신에 과학적인 지식과 전문능력을 활용하여 직업훈련소 등을 통한 범죄자의 재사회화 방안을 강조하였다.

(5) 범죄인 분류

① 범죄인을 **생**래적 범죄인, **정**신병 범죄인, **격**정 범죄인, **기**회(우발) 범죄인, **관**습(상습) 범죄인으로 분류하였다. 13. 사시

② 롬브로조(C. Lombroso)와는 달리 생래적 범죄인에 대해서는 사형을 부정하고 무기격리할 것을 주장하고, 일반 범죄자에 대하여는 직업훈련소에 수용하여 재사회화를 도모하여야 한다고 본다. 18. 보호7

③ 범죄인류학적 입장에 기초하면서도 사회적 환경을 중시하여 기회 범죄인을 가장 중시하였다. 14. 보호7

3. 가로팔로(R. Garofalo)

(1) 범죄의 심리적 원인

범죄원인으로서 인류학적 요소 중에서도 심리학적 측면을 중시하여, 정상인은 이타적인 정서(연민과 성실의 정)를 기본적으로 가지고 있으나 범죄자는 이러한 정서가 결핍되어 있다고 본다(심리적 · 도덕적 변종). 18. 보호7☆

(2) 자연범설

① 범죄의 법률적 정의는 시대 · 사회별로 다르므로 보편성이 결여되어 있다고 비판하면서, 범죄의 시간적 · 공간적 종속성을 인정하지 않는 자연범설을 주장하였다. 10. 교정9

② 가로팔로는 범죄인을 자연범 · 법정범 · 과실범으로 구분하였다. 14. 보호7

③ 모든 사회에서 범죄로 규정하고 형벌로 규제하는 행위가 자연범이다(절대적 범죄개념).

④ 자연범은 생래적인 것이므로 어떤 사회제도나 정책도 효과가 없다. 자연범에게는 애타적 심리의 결여 정도에 따라 적절한 처우방법을 사용해야 한다. 자연범에게는 사형이나 유형, 법정범에 대해서는 정기형, 과실범에 대해서는 불처벌이 가장 합리적이다. 14. 보호7

(3) 범죄대처수단

형벌을 통해 문명사회에 적응하지 못하는 자들을 자연의 유기체와 마찬가지로 제거해야 한다고 보았다(적응의 법칙, 적자생존의 논리). 10. 교정9

3 프랑스학파

1. 서설

이탈리아학파와 달리 프랑스학파는 범죄의 사회적 원인을 주목하였다(환경학파).

2. 뒤르껭(E. Durkheim)

(1) 아노미(Anomie)

① 의의: 아노미란 사회구성원에 대한 도덕적 규제가 제대로 되지 않는 상태, 즉 사회의 도덕적 권위가 무너져 사회구성원들이 지향적인 삶의 기준을 상실한 무규범 상태로서 사회통합의 결여를 말한다. 16. 보호7☆

② 현대사회의 경우에도 사회통합력이 약화되어 구성원의 감정에 대한 억제력이 상실되고 무규범에 가까운 상태가 되며, 이런 상태(아노미)가 바로 범죄를 유발하는 원인이 된다는 것이다. 11. 사시

(2) 자살론

① 자살이 단지 개인적 문제(자살은 인간의 왜곡된 이성의 결과)라는 견해를 비판하고, 사회의 문화구조적 모순에서 비롯된 것으로 본다(급격한 정치 · 경제 · 기술적 사회변동이 자살의 원인).

② 자살의 유형을 사회통합과 도덕적 규제를 기준으로 구분하였다. 24. 보호7

이기적 자살	집단의 가치나 목표에 대한 몰입이 약화되었을 때, 특히 자신만의 가치나 목표에 온전히 의지해야 할 때 발생하는 자살(사회통합의 약화)
이타적 자살	집단의 가치나 목표에 대한 몰입이 과도해졌을 때 발생하는 자살(사회통합의 과도한 강화)
아노미적 자살	급격한 사회변화로 인해 집단의 가치와 규범이 약화되었을 때 발생하는 자살(도덕적 규제의 약화)
운명적 자살	과도한 규범이나 규제에 의해 발생하는 자살(도덕적 규제의 과도한 강화)

(3) 범죄의 원인

① 범죄의 주된 원인은 사회적 상황이며, 이는 사회적 통합의 수준과 도덕적 통합의 수준에서 파악될 수 있다. 18. 승진

② 사람은 원래 이기적이며 삶에 대한 불안감을 가진 존재이기 때문에 외부 통제로 규제하여야 하는데, 사회적 통합의 수준이 낮거나 사회의 도덕적 권위가 훼손되면 이러한 규제활동을 할 수 없어 많은 범죄가 발생한다.

(4) 범죄의 순기능 인정

① 모든 사회와 시대에 공통적으로 적용될 수 있는 범죄개념은 존재하지 않으며, 특정 사회에서 형벌의 집행대상으로 정의된 행위가 범죄가 된다고 보았다(절대적 범죄개념의 부정). 24. 보호7

② 범죄는 모든 사회에 불가피하게 나타나는 현상으로, 병리적인 것이 아니라 정상적인 현상이다. 범죄가 없다는 것은 사회구성원에 대한 규제가 완벽하다는 의미이며, 이는 사회발전에 필요한 비판과 저항이 없기 때문에 사회는 발전하지 못하고 정체에 빠져드는 병리적 상태가 된다(범죄정상설). 20. 교정9☆

③ 범죄에 대한 제재와 비난을 통하여 사람들이 사회의 공동의식을 체험할 수 있게 하여 사회의 유지존속에 중요한 역할을 담당한다. 결국 범죄는 건전한 사회의 통합적 구성요소가 된다(범죄 필요설, 범죄기능설). 24. 보호7☆

④ 형벌은 개인의 피해에 대한 보복이 아니라 범죄예방이라는 목표를 지향하는 제도라고 보면서, 범죄예방은 사회의 규범의식 또는 도덕성을 회복까지 목표로 하여야 한다고 보아 적극적 일 반예방을 주장하였다.

(5) 평가

① 사회학적 일탈연구의 기초를 제시하여 미국의 범죄사회학에 큰 영향을 미쳤다.

　　예 머튼(R. Merton)의 아노미이론, 코헨(A. Cohen)의 비행하위문화이론, 허쉬(T. Hirschi) 의 사회유대이론 등

② 범죄정상설에 대하여는 범죄를 필요악으로 방임해야 하는지, 그 정도는 얼마인지에 대한 방 안이 결여되어 있다는 비판도 제기된다.

3. 타르드(G. Tarde)

(1) 극단적 환경결정론

① 롬브로조(C. Lombroso)의 생래적 범죄인설을 비판하고 마르크스주의적 세계관에 기초하여 범죄는 사회제도, 특히 자본주의적 경제질서의 제도적 모순에서 기인한다고 본다. 12. 사시☆

② "죄는 범죄인을 제외한 모든 사람에게 있다."라고 하여, 범죄의 사회적 원인을 강조한다. 13. 교정9

(2) 모방의 법칙(범죄모방설)

개인과 사회의 접촉 과정을 연구하여 모든 사회현상은 모방의 결과이며, 범죄행위도 모방에 의해 행해진다고 보아 모방의 법칙을 주장하였다. 24. 보호7☆

거리의 법칙	사람들은 타인과 얼마나 밀접하게 접촉하는가에 비례하여 타인을 모방(학습)한다. 모방의 강도는 거리에 반비례하고 접촉의 긴밀도에 비례하므로, 모방은 도시와 같이 사람들과 접촉이 빈번한 지역에서 쉽게 발생하고 쉽게 변화한다.
방향의 법칙	모방의 방향에 관한 것으로, 대체로 열등한 사람이 우월한 사람을 모방하는 방향으로 진행된다. 도시와 농촌의 범죄들을 보면 대도시에서 먼저 발생하고 이후에 농촌지역에서 모방된다. 또한 상류계층이 저지르는 범죄를 하류계층이 모방함으로써 범죄가 전파된다.
삽입의 법칙	모방의 변화 과정에 관한 것으로서, 처음에는 단순한 모방이 다음 단계에서 유행이 되고, 유행이 관습으로 변화·발전되어 가면서 새로운 유행이 기존의 유행을 대체한다(무한진행의 법칙).

(3) 평가

① 모방의 법칙은 미국의 범죄사회학의 출발점인 학습이론에 결정적 기초를 제공하여 '초기학습이론'이라 불리기도 한다. 10. 사시

② 다만, ㉠ 경제적 영향과 같은 특별한 사회적 동기를 무시하였고, ㉡ 생물학의 업적인 유전법칙이나 사회적 도태이론 등을 무시하였다. 또한 ㉢ 새로운 사회현상·범죄현상에 대해서는 모방에 의해서 설명하기 곤란하고, ㉣ 범죄자의 범죄학습 과정에 대하여 설명이 충분하지 않다는 비판을 받는다. 10. 사시

4. 라까사뉴(A. Lacassagne)

(1) 환경학파

사회환경 중 경제상황을 특히 중시하여 통계를 기초로 곡물가격과 재산범죄의 관계를 연구하였다(물가의 앙등과 실업의 증대 → 범죄의 증가).

(2) 사회적 원인의 범인성

"사회는 범죄의 배양기이고 범죄자는 그 미생물에 해당된다. 처벌해야 하는 것은 범죄자가 아니라 사회이다."라고 하여 범죄원인은 사회와 환경에 있다고 보았다. 18. 승진☆

4 독일학파

1. 리스트(F. V. Liszt)

(1) 형법의 목적사상 22. 보호7

① 범죄원인에 대하여 환경과 소질을 모두 고려하면서도 사회적 원인(환경)을 보다 중시하였다(다원적 범죄원인론). 18. 승진

② '형벌의 부과 기준은 행위가 아니고 행위자'라는 입장에서 반사회적 위험성을 기준으로 범죄자의 특성에 맞게 형벌을 개별화(특별예방)할 것을 강조한다(목적형주의, 주관주의 형법이론). 15. 사시

(2) 범죄자 분류 15. 사시

① 반사회적 태도 또는 위험성을 중심으로 범죄인을 처우(형벌의 개별화)해야 한다고 본다.

② 개선이 가능하고 개선을 필요로 하는 범죄자에게는 개선, 개선을 필요로 하지 않는 범죄자에게는 위하, 개선이 불가능한 범죄자에게는 무해화조치가 필요하다고 주장한다.

(3) 주장 내용

① 범죄대책으로 부정기형의 채택, 단기자유형의 폐지, 집행유예·벌금형·누진제도의 합리화, 강제노역의 필요, 소년범죄에 대한 특별한 처우 등을 주장한다. 15. 사시

② 벨기에의 프린스(Prins), 네덜란드의 하멜(Hamel) 등과 함께 국제형사학협회(I.K.V)를 창설하였다.

③ "형법은 범죄인의 마그나 카르타이며, 형법은 형사정책의 넘을 수 없는 한계이다."라고 하여 사회방위와 인권보장을 동시에 강조하였다.

④ "최선의 사회정책이 최상의 형사정책이다."라고 하여 광의의 형사정책을 강조하였다.
⑤ 특별예방주의의 입장에서 범죄자의 위험성에 기초한 보안처분을 주장하였다.

2. 아샤펜부르크(G. Aschaffenburg) – 범죄인 분류

범죄원인의 개인적 요소와 환경적 요소를 결합하여, 범죄인의 법적 위험성을 기준으로 범죄인 7분법
을 제시한다(우발, 격정, 기회, 예모, 누범, 관습, 직업 범죄인). 14. 보호7

☆ 핵심 POINT	고전주의학파와 실증주의학파의 비교 15. 교정7	
구분	고전주의학파	실증주의학파
시기	18C~19C 초	19C 후반~20C 초
사상적 배경	자유주의적 법치국가 사상 (계몽주의, 합리주의, 개인주의, 자유주의, 자연주의)	사회적 법치국가 사상 (사회방위 사상, 실증주의, 과학주의)
인간관	비결정론(자유의사론), 합리적 · 이성적 인간상	결정론, 소질 · 환경에 지배되는 인간상
대상	범죄 · 법체계	범죄인
방법	사변적 · 관념적	체계적 · 과학적
죄형법정주의	강조	완화 내지 폐지
범죄론	객관주의, 행위주의	주관주의, 행위자주의
범죄예방	일반예방, 형벌의 엄격성	특별예방, 형벌의 개별화
형벌론	일반예방주의, 응보형주의	특별예방주의, 목적형 · 교육형주의
책임론	도의적 책임론(행위 책임)	사회적 책임론(행위자 책임)
형벌과 보안처분	이원론	일원론
부정기형	부정(정기형 강조)	긍정
처우 모델	구금 모델, 정의 모델 (처벌 중시)	의료 모델, 개선 모델, 재통합 모델 (처우 중시)

03 형사정책의 대상

1 범죄

1 의의

1. 개념

형법상 범죄뿐만 아니라, 실정법상 범죄가 되지 않더라도 사회질서의 유지를 위해 국가·사회가 조치를 취할 필요가 있는 모든 '반사회적 행위'도 형사정책의 대상이 된다.

예 심신장애인의 위법행위, 형사미성년자의 촉법행위 등

2. 개별현상과 집단현상으로서 범죄

(1) **개별현상으로서 범죄**

① 특정한 개인에 의한 범죄를 총체적으로 파악하는 것을 말한다(Crime). 개별현상으로서 범죄는 개인의 비정상적인 현상으로 이해된다.

② 생물학적·심리학적 연구방법으로 접근할 수 있으며, 특별예방적 관점과 교정정책상 처우의 과학화 및 보안처분의 주요 대상이 된다.

(2) **집단현상으로서 범죄** 16. 사시

① 일정시기·일정사회의 자연적 산물인 범죄의 총체를 의미한다(Criminality). 이는 개별범죄의 집합이 아니라, 전체로서 자연스러운 사회적 현상으로 이해해야 한다.

② 일정한 유형성·경향성을 나타내므로 사회학적 연구방법으로 접근할 수 있으며, 일반예방적 관점과 입법정책·사법정책의 주요 대상이 된다.

3. 규범적 범죄개념

(1) **절대적 범죄개념과 상대적 범죄개념**

① 절대적 범죄개념: 시간과 공간을 초월하여 타당하고 일정한 국가의 법질서와 무관한 자연적 범죄개념을 말한다(예 살인, 폭력, 절도, 강간 등). 가로팔로(R. Garofalo)는 시간과 문화를 초월하여 인정되는 범죄가 존재한다고 보고 이를 자연범이라고 하였다. 16. 보호7

② 상대적 범죄개념: 일정한 국가의 법질서와 관련해서만 규정할 수 있는 범죄개념이다.

예 대마초의 합법화, 성매매의 합법화, 동성결혼의 합법화, 낙태의 비범죄화 등

③ 평가: 오늘날에는 절대적 범죄개념은 타당하지 않으며, 상대적 범죄개념이 타당하다고 보는 것이 일반적이다.

(2) **형식적 범죄개념과 실질적 범죄개념** 15. 교정9

   ① **형식적 범죄개념**: 범죄를 구성요건에 해당되는 위법 · 유책한 행위로 규정한다(형법상 범죄개념). 범죄개념의 명확성을 기할 수 있다는 장점이 있으나, 입법적 지체현상으로 인해 법적 허점이 야기되는 문제가 있다. 16. 보호7☆

   ② **실질적 범죄개념**: 사회유해성과 법익침해성을 기준으로 하는 반사회적 행위로서, 실정형법을 초월하여 타당할 수 있는 **신범죄화와 비범죄화의 실질적 기준을 제시하기 위한 개념이다**(범죄학의 범죄개념). 16. 보호7☆

   ③ **평가**: 형사정책의 대상으로 실질적 범죄개념을 포함하여야 하는 이유는 범죄개념에는 시간적 · 공간적 상대성과 가변성이 있기 때문이다. 이를 기준으로 현행법상 처벌되지 않은 반사회적 행위를 신범죄화하거나, 사회 변화에 따라 처벌할 필요가 없는 행위를 비범죄화하게 되는 것이다. 결국 **형식적 범죄개념과 실질적 범죄개념 모두 형사정책의 대상이 된다.** 20. 보호7

4. 일탈행위

(1) 일탈행위란 흔히 공동체나 사회에서 보편적으로 인정되는 규범에 의해 승인되지 않는 행위를 의미한다(사회학적 범죄개념). 형사정책에서 범죄는 사회학적 범죄개념인 일탈행위를 포함하는 넓은 개념이라고 본다.

(2) 일탈행위는 형법상의 범죄개념보다 넓어서 공동체의 모든 규범에 대한 침해가 포함된다. 16. 보호7☆

(3) 일탈행위의 예로는 매춘, 알코올 중독, 마약 사용, 자살, 정신 · 신체의 질병, 부부 사이의 불화, 가난, 언어규칙 위반, 불손한 행위, 규범에 대한 지나친 순응 등이 있다.

2 비범죄화

1. 서론

형사정책은 모든 실정법을 포괄하는 형식적 범죄개념뿐만 아니라 실질적 범죄개념도 연구대상에 포함한다. 비범죄화와 범죄화는 실질적 범죄개념에 의하여 그 기준이 결정된다.

2. 비범죄화

(1) **의의**

   ① 비범죄화(Decriminalization)란 형법의 보충성과 공식적 사회통제 기능의 부담가중을 고려하여 일정한 범죄 유형을 형벌에 의한 통제로부터 제외시키는 경향을 말한다. 23. 교정9☆

   ② 비범죄화는 <u>형사처벌의 폐지가 아니라 형사처벌의 완화</u>를 목표로 한다. 17. 교정7

(2) **근거**

   ① 형사사법기관의 과중한 업무부담의 해소, 과잉범죄화에 대한 반성 및 형사사법경제를 이유로 비범죄화가 요구된다. 23. 교정9

   ② 비범죄화의 필요성은 소극적 일반예방(위하)이 아니라 적극적 일반예방(규범의식 강화)으로부터 도출된다.

③ 사회의 다원화와 가치의 다양화에 의해 **형법의 탈윤리화**(최후수단성 · 보충성)가 요청된다. 23. 보호7☆

④ 경미범죄의 처벌로 인한 낙인효과의 심각성에 대한 반성으로 비범죄화가 대두된다. 23. 보호7☆

(3) 비범죄화가 가능한 영역

① 개인적 법익 또는 국가적 법익이 아니라 주로 사회적 법익을 침해하는 범죄, 피해자 없는 범죄에 대해서 주장된다. 23. 보호7☆

  예 비영리적 공연음란죄, 음화판매죄, 간통죄, 성매매, 낙태죄, 단순도박죄, 동성애, 경미한 마약 사용 등 23. 교정9☆

② **행정형법상의 처벌을 형벌이 아닌 과태료로 전환하는 것도 비범죄화의 일종**으로 보기도 한다.

(4) 유형 23. 교정9☆

① **법률상의 비범죄화**: 입법작용이나 헌법재판소의 위헌결정과 같은 판결에 의해 형벌법규가 무효화됨으로써 이루어지는 비범죄화를 의미한다.

  예 간통죄(구 형법 제241조)는 헌법재판소에서 위헌 결정되었고, 이에 따라 2016.1.6. 형법에서 삭제되었다. 또한 혼인빙자간음죄(구 형법 제304조)도 헌법재판소에서 위헌 결정되었고, 이후 2012.12.18. 형법에서 삭제되었다.

② **사실상의 비범죄화**: 형사사법의 공식적 통제권한에는 변함이 없으면서도 일정한 행위양태에 대해 형사사법체계의 점진적 활동 축소로 이루어지는 비범죄화를 의미한다. 11. 사시☆

수사상 비범죄화	수사기관(경찰 · 검찰)이 형벌법규가 존재함에도 불구하고 사실상 수사하지 아니하는 경우(예 기소유예 등) 17. 교정7
재판상 비범죄화	재판 주체(법원)가 더이상 범죄로 판단하지 않아 재판을 종결하는 경우

3. 구별개념

(1) 비형벌화

① 비형벌화(Depenalization)란 범죄행위 자체는 인정하지만, 형벌 부과의 타당성이나 처우의 효율성 등을 고려하여 비형벌적 제재를 과하는 경우를 의미한다.

협의의 비형벌화	형벌을 보안처분, 민사제재 등의 형벌 이외의 제재로 대체하는 것
광의의 비형벌화	협의의 경우 외에 자유형의 벌금형화, 형벌 완화, 집행유예 · 가석방의 확대, 다이버전 등이 포함

② 비형벌화는 일정한 '범죄자'를 대상으로 형벌을 완화하거나 형벌 이외의 제재를 하는 것이므로, 일정한 '행위'를 대상으로 형벌에 의한 통제에서 제외하는 비범죄화와 구별된다.

(2) 신범죄화와 과범죄화

신범죄화	산업화·도시화 등 사회구조의 변화에 따라 종래 예상치 못했던 행위에 대해 형법이 관여하게 되는 경향을 말한다. 15. 교정9 예 환경범죄, 교통범죄, 경제범죄, 컴퓨터범죄 등
과범죄화	과범죄화란 가정이나 공동체 등에 의한 비공식적 사회통제 기능이 약화됨으로 인하여 그것이 규율하던 부분을 법이 담당하게 되는 경향을 말한다. 예 경범죄, 청소년범죄, 가정폭력 등

3 암수범죄(숨은 범죄)

1. 서론

(1) 의의

① 암수범죄(숨은 범죄)란 실제로 범죄가 발생하였음에도 수사기관(또는 누구든지)이 아예 인지하지 못하였거나(절대적 암수범죄), 인지하였지만 해결하지 못하여(상대적 암수범죄) 공식적인 범죄통계에는 나타나지 않는 범죄의 총체를 의미한다. 24. 교정7☆

② 암수범죄이론에 의해 가장 신랄한 비판을 받는 것은 절대적 형벌론이다.

(2) 연혁

① 암수범죄의 문제는 범죄통계학이 도입된 시기부터 지적되었으나, 단지 공적인 기관에 알려진 범죄와 그렇지 않은 범죄의 관계가 항상적인 것이라고 보아 처음에는 그 중요성을 인정받지 못하였다(정비례의 법칙: Quetelet). 24. 교정9☆

② 20세기에 들어서서 암수범죄는 범죄통계의 커다란 맹점으로 인식되었고, "범죄와 비행에 대한 통계는 모든 사회통계 중 가장 신빙성이 없고 난해한 것이다."라고 지적되기도 하였다(Sutherland).

③ 암수범죄에 대한 정확한 이해는 범죄통계의 커다란 급소로서 범죄의 실태를 올바르게 파악하기 위한 불가결한 전제조건이라 할 수 있다(전체 범죄 ≒ 공식범죄통계 + 암수범죄). 20. 보호7

2. 발생원인

(1) 일반적 원인

① 발생한 모든 범죄가 인지되는 것은 아니다. 이는 범죄의 특수성으로 인해 범죄자가 자신의 범죄사실을 인식하지 못하는 경우뿐만 아니라, 피해자가 특정되어 있지 않거나 간접적 피해자만 존재하는 경우도 포함된다.

예 탈세범죄, 환경범죄, 낙태범죄, 마약소지 등

② 인지된 모든 범죄가 수사기관에 알려지는 것도 아니다. 이것은 피해자의 개인적 사정이나 신고에 따른 불편·불이익, 피해자나 제3자의 제한된 고소·고발행위에 그 원인이 있다. 24. 보호9☆

예 종래 성범죄의 친고죄 규정 등

③ 수사기관에 알려진 모든 범죄를 수사기관이 해결하는 것은 아니다. 이는 수사기관의 검거율과 밀접한 관련이 있다. 18. 보호7

④ 수사기관에서 해결한 모든 범죄행위에 대해 공소가 제기되는 것은 아니다. 이는 기소편의주의의 결과이다. 24. 보호9☆

⑤ 기소된 모든 범죄행위가 법원의 소송절차에서 유죄판결을 받는 것은 아니다.

⑥ 그밖에 당국의 통계조사의 흠결로 인하여 암수범죄로 남는 경우도 있다. 12. 사시

> ①, ②의 경우는 절대적 암수범죄의 원인으로 볼 수 있고, ③, ④, ⑤의 경우는 상대적 암수범죄의 원인으로 볼 수 있다. 특히 상대적 암수범죄의 원인으로 제시된 법 집행기관의 자의 또는 재량의 문제(④, ⑤)와 관련하여, 폴락(Pollak)은 "현존하는 남녀 범죄 간에 보이는 불평등을 야기하는 현저한 원인의 하나는 기사도 정신에 의한 것이고, 그것은 남성의 여성에 대한 일반적인 태도이다. 경찰은 여성을 체포하기를 꺼려하고, 검찰은 기소하기를 꺼려하며, 재판관이나 배심원은 유죄로 하기를 꺼려한다."고 지적하였다(기사도가설). 14. 사시

(2) 비판범죄학에서 제기되는 원인

① 비판범죄학에서는 선별적 형사소추의 문제를 암수범죄의 가장 큰 원인으로 제시하고 있다. 이는 통제기관(형사사법기관)이 일정한 의도를 가지고 특정 집단의 사람들만을 범죄인으로 만든다는 이론을 토대로 한다. 12. 사시

② 이 견해는 낙인이론과 결합하여 법 집행 과정에서 집행 주체인 경찰·검찰·법원 등의 편견이나 가치관에 따라 범죄자를 차별적으로 취급함으로써 암수범죄가 발생한다고 본다. 이에 대해 셀린(Sellin)은 선별 과정에서 암수를 줄이기 위해서 경찰통계를 활용할 것을 주장하기도 하였다. 24. 보호7☆

3. 조사방법

(1) 직접적 관찰 20. 보호7☆

자연적 관찰	실제로 일어나는 암수범죄를 직접 관찰하는 방법	
	참여적 관찰	관찰하고자 하는 범죄행위에 직접 가담하는 방법
	비참여적 관찰	유리벽을 통한 관찰 또는 몰래 카메라로 촬영하는 방법
인위적 관찰	'실험'을 통하여 암수범죄를 직접 실증하는 방법[예 블랑켄부르크(Blankenburg)의 연구]	

(2) 간접적 관찰(설문조사) 24. 교정9☆

① 자기보고 조사(행위자 조사) 20. 보호7☆

㉠ 일정한 집단을 대상으로 개개인의 범죄·비행을 스스로 보고하게 함으로써 암수범죄를 측정하는 방법이다.

㉡ 장·단점

장점	ⓐ 객관적인 범죄의 실태와 실제 발생한 범죄량 및 빈도의 파악이 용이하다. ⓑ 사회의 범죄 분포에 관한 포괄적인 이해가 가능하다. ⓒ 범죄관련사항 외에 대상자의 인격특성·가치관·태도·환경 등도 같이 조사하므로 범죄이론의 검증 및 범죄원인의 파악이 가능하다.

단점	ⓐ 조사 대상자의 정직성에 따라 그 결과의 타당성 여부가 달라질 수 있다. 18. 보호7☆
	ⓑ 중범죄나 사회적으로 금기시하는 범죄(예 살인, 강간 등) 또는 직업적으로 행하는 범죄(예 화이트칼라 범죄) 등을 조사하는 데는 부적합하다. 24. 보호9☆
	ⓒ 주로 청소년의 비행(또는 경미한 성인범죄)을 조사하는 데 이용되고, 학교 등에서 집단적으로 조사가 실시되어 조사대상자의 대표성에 의문이 제기된다.

② **피해자 조사** 24. 보호9☆

㉠ 피해자에게 자신이 당한 범죄를 진술하게 함으로써 암수범죄를 조사하는 방법을 말한다. 24. 교정7

㉡ 피해자 조사는 현재 **암수범죄의 조사방법으로 가장 많이 활용**되는 것으로, 가장 오래된 방법이자 가장 신뢰할 수 있는 방법이다. 23. 교정7☆

㉢ 지금까지 형사소송·피해보상 등에서 충분히 고려되지 못했던 피해자의 이익에 대한 관점이 강화되는 것을 의미한다.

㉣ 우리나라는 1994년부터 한국형사정책연구원에서 전국단위의 범죄피해조사를 실시하여 왔고, 2009년에 전국범죄피해조사, 2013년에 국민생활안전실태조사로 변경되었다. 2009년 이후 전국적으로 6,000~7,000가구를 대상으로 설문조사방식과 면접조사방식을 병행하여 2년마다 실시되고 있다(횡단 조사).

㉤ 장·단점

장점	ⓐ 피해자를 직접 조사함으로써 정확한 범죄현상의 파악이 가능하다. 24. 교정7
	ⓑ 전국적인 조사가 가능하므로 대표성 있는 자료를 수집할 수 있다.
	ⓒ 범죄발생 과정에서 피해자의 역할 등을 파악할 수 있다.
	ⓓ 범죄예방(피해의 축소, 범행기회의 제거)에 유용한 자료를 제공한다. 24. 교정7
단점 23. 보호7	ⓐ 피해자 조사는 일정한 유형의 범죄에 대해서는 사용될 수 없는 한계가 있다. 예 피해자 없는 범죄, 법인·재단 등 피해자가 개인이 아닌 범죄, 피해자가 범죄로 인식하지 않는 범죄, 경미범죄 또는 중범죄(특히 살인범죄), 피해자를 특정하기 어려운 환경범죄나 경제범죄, 국가적·사회적 법익에 관한 범죄 등 15. 사시☆
	ⓑ 피해자가 증오심에 사로잡혀 있는 경우에는 과장된 보고를 함으로써 오히려 진실이 은폐될 수 있는 가능성도 있다.
	ⓒ 조사방법에 따른 한계도 있다. 피해자 조사는 많은 사람을 대상으로 하므로, 직접 면담은 거의 불가능하고 대부분 전화·서면질의로 행해진다. 또한 조사자·피조사자의 태도에 의해 조사결과가 왜곡될 수 있다.
	ⓓ 조사결과의 신뢰성에 대한 문제도 있다. 보고된 범죄가 실제로 발생했는가는 검증할 방법이 없으며, 서로 다른 사회적·경제적·교육적 배경을 가진 대상자들의 범죄에 대한 평가가 얼마나 정확한지도 문제이다.
	ⓔ 전통적인 범죄(예 살인, 강도, 강간, 절도 등)만이 조사대상이 되므로, 상당수의 범죄는 조사되지 않는다.

③ **정보제공자 조사**: 정보제공자 조사는 피해자 조사에 대한 보조수단으로서, 법 집행기관에 알려지지 않은 범죄나 비행을 인지하고 있는 제3자에게 범죄내용을 보고하게 하는 방법이다. 13. 사시☆

2 범죄자

1 형사정책적 의미

형사정책적 의미의 범죄자는 형법규범을 위반한 자뿐만 아니라 공동사회에서 일탈행위가 구성원들이 용납할 수 없을 정도에 이른 자, 잠재적인 일탈자 등을 포괄하는 개념이며, 암수범죄자도 포함된다.

2 범죄자의 분류

(1) 실증주의 범죄학은 연구의 대상으로 범죄자를 우선시한다. 범죄자 연구에 과학적 방법을 적용하여, 범죄자는 비범죄자와 본질적으로 다르다고 보고 그들의 특성에 적합한 개별적 처우를 실시하여야 한다고 주장한다(범죄자 분류는 주관주의 형법이론의 산물).
(2) 범죄자를 과학적으로 분류하는 것은 범죄원인을 규명하는 데 유용한 정보가 될 뿐만 아니라 범죄자 개인에 맞는 효과적 재사회화 프로그램을 마련하는 데에도 도움이 된다.

> 범죄자 분류 → 범죄원인 규명 → 범죄자처우대책 수립 → 범죄 방지대책 수립

3 피해자

1 서론

1. 의의

(1) 형사정책적 의미

제2차 세계대전 이후에는 피해자에 대한 연구가 활발하게 진행되었고, 나아가 피해자에 대한 연구를 범죄학에 대응하는 독자적인 학문분야로 인정하는 경향까지 나타났다.

(2) 개념

최협의설	형식적 범죄개념에 입각하여, 범죄행위에 의해 피해를 입은 사람만을 피해자로 본다.
협의설	실질적 범죄개념에 입각하여, 실정법상 처벌할 수 없는 행위에 의해 법익을 침해당한 사람까지도 피해자에 포함된다.
광의설	피해자를 범죄와 분리하여 독자성을 강조하며, 직접 피해자 외에 피해자의 가족 등의 간접 피해자까지 범위를 확장한다.
최광의설	피해를 범죄와 분리하여, 피해의 원인이 범죄가 아닌 경우까지 포함하여 모든 유해한 결과가 발생된 경우로 확장한다.

2. 피해자학

(1) 의의

피해자학(Viktimologie)이란 범죄의 피해를 받거나 받을 위험이 있는 자에 관하여 생물학적 · 사회학적 특성을 과학적으로 연구하고, 이를 기초로 범죄에 있어서 피해자의 역할이나 형사사법에서 피해자 보호 등을 연구대상으로 하는 학문분야를 말한다.

(2) 역사

① **제2차 세계대전 이후**: 비로소 멘델존(B. Mendelsohn), 헨티히(H. V. Hentig), 엘렌베르거(H. Ellenberger) 등에 의해 피해자에 대한 체계적 연구가 시작되었다.

② **멘델존(B. Mendelsohn)**
  - ㉠ 강간범죄의 피해자를 연구하였고, 피해자학이 범죄학과 인접한 독자적 학문분야라는 점을 강조하였다(독립과학성 인정).
  - ㉡ 피해자를 범죄피해자에 한정하지 않고 널리 사고나 자연피해의 피해자도 포함시키면서(최광의의 피해자 개념), 범죄자와 범죄피해자를 형사상의 대립자로 파악한다.
  - ㉢ '피해수용성'이란 개념(피해자가 되기 쉬운 특성을 의미)을 도구로 하여, **범죄피해자가 범죄에 대해 책임이 있는 정도를 분류하였다.** 18. 보호7☆

③ **헨티히(H. V. Hentig)** 13. 사시
  - ㉠ 피해자에 대한 연구를 범죄학에 대한 보조과학으로서의 성격을 가진다고 보고(독립과학성 부정), 피해자를 범죄의 발생원인 내지 환경요소로 파악하였다.
  - ㉡ 범죄피해자가 되기 쉬운 성격을 연구하였고, 죄를 범한 자와 그로 인해 고통을 받는 자라는 도식을 통하여 "피해자의 존재가 오히려 범죄자를 만들어낸다."라고 지적하였다. 10. 사시
  - ㉢ 피해자를 일반적 유형과 심리적 유형으로 나누어 설명하였고, "객관적으로는 보호법익을 침해받고, 주관적으로는 침해에 대해 불쾌와 고통을 느끼는 자가 피해자이다."라고 하여 협의의 피해자 개념을 주장하였다.

④ **기타 발전 과정**
  - ㉠ 엘렌베르거(H. Ellenberger): 『범죄자와 그 피해자의 심리적 관계』라는 논문에서 '피해원인'의 개념을 제시하고, 피해자를 심리학적 기준에서 일반적 피해자와 잠재적 피해자로 분류하여, 범죄예방을 위해서는 피해원인이 범죄원인 못지않게 중요하다고 보았다. 18. 보호7
  - ㉡ 프라이 여사(M. Fry): 『피해자를 위한 정의』라는 논문을 통하여 피해자의 공적 구제에 대한 관심을 촉구하였다.
  - ㉢ 1963년 뉴질랜드가 범죄피해자보상법을 처음 제정 · 실시하였다.
  - ㉣ 1979년 슈나이더(H. Schneider)의 주도로 피해자학 연구와 국제적인 학문정보 교환을 위해 세계피해자학회가 설립되었다.

(3) 과제

① **범죄원인과 피해원인의 규명**: 피해자가 되기 쉬운 사람들을 연구하여 유형화하고, 피해자로 되기 쉬운 심리상태를 조사하며, 피해자를 만들어 내는 사회구조 및 사회현상을 연구해야 한다.

② 형사절차의 피해자 보호: 현행 형사절차는 실체적 진실 발견과 피고인 보호를 위한 적정절차라는 두 개의 축을 가지고 운영되고 있으나, 피해자의 권리보호라는 제3의 측면이 함께 고려되어야 한다. 10. 사시

  예 피해자의 진술권 보장, 배상명령제도, 변호인의 조력을 받을 권리, 증인의 보호, 원상회복 등

③ 피해자에 대한 공적 구조: 범죄자에 의한 피해보상은 현실적으로 한계가 있으므로, 국가가 위험분담의 차원에서 공적 구제를 하는 수단을 보다 합리화·현실화시킬 필요가 있다. 우리나라에서는 1987년 「범죄피해자구조법」이 제정되었고, 2010년 「범죄피해자 보호법」으로 통합되었다. 10. 사시

2 피해자의 분류

1. 멘델존(B. Mendelsohn)의 분류

범죄발생에 있어서 피해자의 유책성 정도를 기준으로 분류하였다. 24. 보호7☆

책임이 없는 피해자	무자각의 피해자, 이상적 피해자 예 미성년자약취유인죄의 미성년자, 영아살해죄의 영아 등	엄중 처벌 요구
책임이 조금 있는 피해자	무지에 의한 피해자 예 낙태로 사망한 임산부 등	형벌 경감 가능
가해자와 동등한 책임의 피해자	자발적 피해자 예 동반자살, 살인을 촉탁·승낙한 자 등	
가해자보다 더 유책한 피해자	유발적 피해자, 부주의에 의한 피해자 예 공격당한 패륜아 등	
가장 유책한 피해자	공격적 피해자, 기망적 피해자, 환상적 피해자 예 정당방위의 상대방, 무고죄의 범인, 피해망상증 호소자 등	형벌 면제 가능

2. 헨티히(H. V. Hentig)의 분류

피해자의 특성을 기준으로 피해자를 일반적 유형과 심리적 유형으로 분류하였다. 24. 보호7☆

일반적 피해자	피해자의 <u>외적 특성</u>을 기준으로 한 구별 예 여성·어린이·노인·심신장애인·이민·소수민족 등
심리학적 피해자	피해자의 <u>심리적 공통점</u>을 기준으로 한 구별 예 의기소침자·무관심자·탐욕자·호색가·비탄자·학대자·파멸된 자 등

3. 기타

(1) 엘렌베르거(H. Ellenburger)의 분류 24. 보호7☆

피해자를 심리학적 기준에 따라 잠재적 피해자와 일반적 피해자로 분류하였다.

잠재적 피해자	피학대자, 자기도취자, 강박증 환자, 죄책감에 빠진 사람 등
일반적 피해자	위와 같은 특수한 원인을 갖고 있지 않은 그 외의 사람

(2) 레클리스(W. C. Reckless)의 분류 24. 보호7☆

피해자의 도발 여부를 기준으로 순수한 피해자와 도발한 피해자로 분류하였다.

순수한 피해자	가해자 – 피해자 모델
도발한 피해자	피해자 – 가해자 – 피해자 모델

(3) 쉐이퍼(Schafer)

범죄를 사회적 현상의 일종으로 평가해야 한다고 주장하면서, 기능적 책임성(functional responsibility)을 기준으로 범죄피해자의 유형을 ㉠ 무관한 피해자(unrelated victim), ㉡ 유발적 피해자(provocative victim), ㉢ 촉진적 피해자(precipitive victim), ㉣ 생물학적으로 연약한 피해자(biologically weak victim), ㉤ 사회적으로 연약한 피해자(socially weak victim), ㉥ 자기 피해자화(self-victimizing), ㉦ 정치적 피해자(political victim)로 분류하였다.

3 범죄피해의 발생원인

1. 주요 개념

(1) 거시적 요소

범죄 근접성	① 범죄와 물리적으로 근접한 경우에는 피해자가 되기 쉽다. ② 범죄가 다발하는 장소의 문제뿐만 아니라, 범죄 가능성이 높은 경제적·대인적 환경을 포함한다.
범죄 노출성	① 범죄를 당할 위험성이 높은 상태에 노출되어 있는 경우는 범죄피해자가 될 확률이 높다. ② 범죄 노출은 주로 개인의 일상활동과 생활양식에 기인한다.

(2) 미시적 요소

표적의 매력성	범죄피해자(표적)는 가해자에게 상징적·경제적 가치가 있기 때문에 선택된다. 매력의 기준은 적극적 가치뿐만 아니라 소극적 가치(예 표적의 크기, 물리적 저항 정도 등)도 될 수 있다.
보호능력	피해자가 범죄를 방지할 수 있는 능력을 의미하며, 보호능력이 적을수록 범죄의 피해자가 될 확률은 높아진다.

2. 최근의 범죄피해 원인론

(1) 의의

현대 피해자학은 고전주의·억제이론·합리적 선택이론 등에 기초하여 범죄인의 교정·교화보다 범죄기회를 사전에 차단하는 것이 중요하다고 본다.

(2) 생활양식노출이론

① 하인드랑과 고트프레드슨(M. Hindelang & M. Gottfredson)은 개인의 노출과 방어능력이 범죄피해자화에 미치는 영향을 연구하여, 개인의 직업적 활동, 여가활동 등 일상적 활동의 생활양식이 그 사람의 범죄피해 위험성을 높이는 중요한 요인이 된다고 하였다. 즉, 범죄와 접촉할 가능성이 높은 생활양식을 취하고 있는 사람은 범죄의 피해자가 되기 쉽다는 것이다.

② <u>인구학적·사회학적 계층·지역에 따른 범죄율의 차이는 피해자의 개인적 생활양식의 차이를 반영한다</u>는 것으로, 피해자가 제공하는 범죄기회구조를 중시하는 입장이다. 23. 보호7

③ 젊은이·남자·미혼자·저소득층·저학력층이 다른 계층보다 폭력범죄의 범죄피해자가 될 확률이 상대적으로 높다고 보았고, 이후 재산범죄의 피해위험도 설명하기에 이르렀다.

④ 또한 피해자화의 위험도는 ㉠ 피해자의 사회적 역할, ㉡ 피해자의 사회적 지위, ㉢ 피해자의 선택과 결정으로부터 영향을 받는다고 본다.

(3) 일상활동이론(일상생활이론)

① 일상활동이론은 범죄자와 피해자의 일상활동이 특정 시간과 공간에 중첩되는 양식을 고려하여 범죄피해를 설명하는 입장이다.

② 코헨과 펠슨(L. Cohen & M. Felson)에 따르면, 일상생활의 일정한 유형이 범죄를 유발하는 데 적합한 사람이 그렇지 않은 사람보다 범죄피해자가 되기 쉽다. 24. 교정9

③ 일상활동의 구조적 변화가 ㉠ 동기를 지닌 범죄자, ㉡ 합당한 표적, ㉢ 보호능력의 부재라는 세 가지 요소에 시간적·공간적인 영향을 미쳐서 범죄가 발생한다. 23. 보호7

④ 전통적 범죄이론은 ㉠의 요소를 중시하나, 일상활동이론은 ㉡과 ㉢의 요소를 중시한다. 11. 사시

⑤ 감시의 부재에서 감시자(또는 보호인)는 경찰이나 경비원 등의 공식적 감시자가 아니라 그 존재나 근접성 자체로 범죄를 방지할 수 있는 사람들을 의미한다(예 친지, 친구, 모르는 타인에 의한 보호). 즉, 일상활동이론에서는 비공식적 통제체계에서 자연스러운 범죄예방과 억제를 중요시한다.

⑥ 또한 일상활동이론은 <u>거시적 차원에서 국가사회와 지역사회의 특징이 위 세 가지 요소의 결합에 의한 범죄발생을 더 용이하게 한다</u>고 본다.

예 제2차 대전 이후 미국에서 주거침입절도와 차량절도가 급증한 현상

구분	생활양식노출이론	일상활동이론(일상생활이론)
차이점	ⓐ 사회계층에 따른 범죄피해 위험성의 차이를 설명한다. 11. 사시 ⓑ '범죄자와의 근접성'과 '범죄위험에의 노출'이라는 거시적 요소를 중시한다. 10. 사시	ⓐ 시간의 흐름에 따른 범죄율의 변화를 설명한다. 11. 사시 ⓑ 미시적·상황적 요소인 '대상의 매력성'과 '감시의 부재'를 강조한다. 10. 사시
공통점	두 이론은 사회생활 중 일상활동이나 생활양식의 유형이 범죄를 위한 기회구조 형성에 어떻게 기여하는가를 분석하는 <u>기회이론</u>이라는 점에서 공통점이 있다.	

(4) 구조적 선택모형이론

① 미테와 메이어(T. Miethe & R. Meier)는 <u>생활양식노출이론과 일상활동이론을 통합(절충)하여 범죄발생의 네 가지 요인을 범행기회와 대상선택이라는 두 가지 관점으로 압축하여 설명</u>하였다.

② 범행기회는 '범죄자와의 근접성'과 '범죄위험에의 노출'로 이루어지는데 이를 범죄기회의 구조적 특성으로 두고, 여기에 대상선택의 관점인 '대상의 매력성'과 '감시의 부재(보호가능성)'를 가변변수로 두는 방법으로 범죄발생을 설명하였다.

(5) 기타 이론

① 일탈장소이론(deviant place theory)

ㄱ 일탈장소이론은 특정 지역 또는 장소가 범죄위험에 더 많이 노출되어 있으므로 그러한 지역 또는 장소에 있는 개인은 범죄발생에 아무런 원인제공이 없음에도 다른 지역 또는 장소에 있는 경우보다 범죄피해를 당할 가능성이 더 높다는 입장이다(탈선장소이론).

ㄴ 이는 생활양식이론이나 일상활동이론에 비하여 거시적·지리적 관점의 연구로서, 범죄피해에 대한 물리적 환경의 중요성을 강조하는 입장이다.

ㄷ 피해자가 거주하는 지역이 사회해체가 진행된 지역으로서 범죄발생률이 높은 지역이라면 잠재적 범죄자와 접촉할 가능성이 높아 범죄피해의 위험성이 높다고 본다.

② 피해자유발이론(victim precipitation theory)

ㄱ 울프강(M. Wolfgang)은 피해자가 범죄자의 범행동기를 유발하고 범죄실행에 영향을 미친다고 주장하였다(피해자촉발이론).

능동적 유발	피해자가 가해자를 위협하거나 먼저 공격하여 자극하는 경우
수동적 유발	피해자가 성격적 특질로 인하여 가해자를 무의식적으로 자극하는 경우

ㄴ 이에 대해서는 범죄피해의 원인을 피해자에게 전가하고, 피해자의 책임을 이유로 가해자의 형사책임을 덜어줄 수 있다는 비판이 제기된다.

4 피해자에 대한 정책적 고려

1. 형사사법 패러다임과 피해자 권리 보장

구분	내용
증인 패러다임	① 형사사법제도를 국가와 범죄자의 관계로 설정하는 전통적 입장으로, 범죄피해자를 형사절차에서 단순한 정보제공자로 본다. ② 형사사법에 대한 국가중심적 사고로서, 이에 의할 때 범죄피해자의 권리보장의 가능성은 매우 낮다고 한다.
손해 패러다임	전통적 형사사법제도의 입장과 피해자의 물질적 이익 추구를 조화하고자, 피해자의 물질적 손해의 배상을 위해 피해자에게 부가적으로 민사소송의 당사자의 지위를 인정하여 형사절차에 참여시키는 것을 인정한다.
손상 패러다임	① 범죄피해자를 범죄로 인한 고통 때문에 물질적·심리적 지원의 도움을 받아야 할 약자로 파악하는 입장이다. ② 피해자를 약자로서 물질적·심리적 지원의 대상으로 보기에 피해자의 권리를 소홀히 하게 된다.
권리 패러다임	① 국가는 범죄피해자의 권리를 실질적으로 보장하기 위하여 노력해야 하고, 범죄피해자를 위하여 범죄사실을 확인하고 유죄를 입증하여 범죄자를 처벌하여야 한다는 입장이다. ② 범죄피해자는 당사자로서 적극적으로 형사절차에 참여할 수 있게 되므로, 실질적으로 피해자의 권리를 보장할 수 있게 된다.

2. 피해자의 보호 및 형사절차 참여

형법

제58조【판결의 공시】 ① 피해자의 이익을 위하여 필요하다고 인정할 때에는 피해자의 청구가 있는 경우에 한하여 피고인의 부담으로 판결공시의 취지를 선고할 수 있다. 11. 사시

형사소송법

제95조【필요적 보석】 보석의 청구가 있는 때에는 다음(→ 필요적 보석의 제외 사유) 이외의 경우에는 보석을 허가하여야 한다. 16. 사시☆

6. 피고인이 피해자, 당해 사건의 재판에 필요한 사실을 알고 있다고 인정되는 자 또는 그 친족의 생명·신체나 재산에 해를 가하거나 가할 염려가 있다고 믿을 만한 충분한 이유가 있는 때

제163조의2【신뢰관계에 있는 자의 동석】 ① 법원은 범죄로 인한 피해자를 증인으로 신문하는 경우 증인의 연령, 심신의 상태, 그 밖의 사정을 고려하여 증인이 현저하게 불안 또는 긴장을 느낄 우려가 있다고 인정하는 때에는 직권 또는 피해자·법정대리인·검사의 신청에 따라 피해자와 신뢰관계에 있는 자를 동석하게 할 수 있다. 18. 보호7

② 법원은 범죄로 인한 피해자가 13세 미만이거나 신체적 또는 정신적 장애로 사물을 변별하거나 의사를 결정할 능력이 미약한 경우에 재판에 지장을 초래할 우려가 있는 등 부득이한 경우가 아닌 한 피해자와 신뢰관계에 있는 자를 동석하게 하여야 한다.

제214조의2【체포와 구속의 적부심사】 ⑤ 법원은 구속된 피의자(심사청구 후 공소제기된 사람을 포함한다)에 대하여 피의자의 출석을 보증할 만한 보증금의 납입을 조건으로 하여 결정으로 제4항의 석방을 명할 수 있다. 다만, 다음 각 호에 해당하는 경우에는 그러하지 아니하다. 16. 사시☆

2. 피해자, 당해 사건의 재판에 필요한 사실을 알고 있다고 인정되는 사람 또는 그 친족의 생명·신체나 재산에 해를 가하거나 가할 염려가 있다고 믿을 만한 충분한 이유가 있는 때

제223조【고소권자】 범죄로 인한 피해자는 고소할 수 있다. 14. 보호7

제232조【고소의 취소】 ① 고소는 제1심 판결선고 전까지 취소할 수 있다. 14. 보호7

② 고소를 취소한 자는 다시 고소할 수 없다.

제259조【고소인 등에의 공소 불제기 이유 고지】 검사는 고소 또는 고발 있는 사건에 관하여 공소를 제기하지 아니하는 처분을 한 경우에 고소인 또는 고발인의 청구가 있는 때에는 7일 이내에 고소인 또는 고발인에게 그 이유를 서면으로 설명하여야 한다. 18. 사시

제260조【재정신청】 ① 고소권자로서 고소를 한 자(「형법」 제123조부터 제126조까지의 죄(→ 직권남용죄, 불법체포·불법감금죄, 폭행·가혹행위죄, 피의사실공표죄)에 대하여는 고발을 한 자를 포함한다)는 검사로부터 공소를 제기하지 아니한다는 통지를 받은 때에는 그 검사 소속의 지방검찰청 소재지를 관할하는 고등법원(이하 '관할 고등법원'이라 한다)에 그 당부에 관한 재정을 신청할 수 있다. 다만, 「형법」 제126조의 죄(→ 피의사실공표죄)에 대하여는 피공표자의 명시한 의사에 반하여 재정을 신청할 수 없다. 14. 사시

② 제1항에 따른 재정신청을 하려면 「검찰청법」 제10조에 따른 항고를 거쳐야 한다(→ 항고전치주의). 다만, 다음 각 호(생략)의 어느 하나에 해당하는 경우에는 그러하지 아니하다.

제294조의2【피해자 등의 진술권】 ① 법원은 범죄로 인한 피해자 또는 그 법정대리인(피해자가 사망한 경우 배우자·직계친족·형제자매를 포함한다. 이하 이 조에서 '피해자 등')의 신청이 있는 때에는 그 피해자 등을 증인으로 신문하여야 한다. 다만, 다음 각 호의 어느 하나에 해당하는 경우에는 그러하지 아니하다. 16. 사시☆

1. 삭제
2. 피해자 등 이미 당해 사건에 관하여 공판절차에서 충분히 진술하여 다시 진술할 필요가 없다고 인정되는 경우
3. 피해자 등의 진술로 인하여 공판절차가 현저하게 지연될 우려가 있는 경우

② 법원은 제1항에 따라 피해자 등을 신문하는 경우 피해의 정도 및 결과, 피고인의 처벌에 관한 의견, 그 밖에 당해 사건에 관한 의견을 진술할 기회를 주어야 한다.

소송촉진 등에 관한 특례법

제25조【배상명령】① 제1심 또는 제2심의 형사공판 절차에서 다음 각 호(생략)의 죄 중 어느 하나에 관하여 유죄판결을 선고할 경우, 법원은 직권에 의하여 또는 피해자나 그 상속인(이하 '피해자'라 한다)의 신청에 의하여 피고사건의 범죄행위로 인하여 발생한 직접적인 물적 피해, 치료비 손해 및 위자료의 배상을 명할 수 있다. 22. 교정7☆

② 법원은 제1항에 규정된 죄 및 그 외의 죄에 대한 피고사건에서 피고인과 피해자 사이에 합의된 손해배상액에 관하여도 제1항에 따라 배상을 명할 수 있다.

성폭력범죄의 처벌 등에 관한 특례법

제26조【성폭력범죄의 피해자에 대한 전담조사제】① 검찰총장은 각 지방검찰청 검사장으로 하여금 성폭력범죄 전담 검사를 지정하도록 하여 특별한 사정이 없으면 이들로 하여금 피해자를 조사하게 하여야 한다.

② 경찰청장은 각 경찰서장으로 하여금 성폭력범죄 전담 사법경찰관을 지정하도록 하여 특별한 사정이 없으면 이들로 하여금 피해자를 조사하게 하여야 한다.

④ 성폭력범죄를 전담하여 조사하는 제1항의 검사 및 제2항의 사법경찰관은 19세 미만인 피해자나 신체적인 또는 정신적인 장애로 사물을 변별하거나 의사를 결정할 능력이 미약한 피해자(이하 "19세미만피해자등"이라 한다)를 조사할 때에는 피해자의 나이, 인지적 발달 단계, 심리 상태, 장애 정도 등을 종합적으로 고려하여야 한다.

제27조【성폭력범죄 피해자에 대한 변호사 선임의 특례】① 성폭력범죄의 피해자 및 그 법정대리인(이하 '피해자 등'이라 한다)은 형사절차상 입을 수 있는 피해를 방어하고 법률적 조력을 보장하기 위하여 변호사를 선임할 수 있다.

⑥ 검사는 피해자에게 변호사가 없는 경우 국선변호사를 선정하여 형사절차에서 피해자의 권익을 보호할 수 있다. 다만, 19세미만피해자등(→ 19세 미만인 피해자나 신체적인 또는 정신적인 장애로 사물을 변별하거나 의사를 결정할 능력이 미약한 피해자)에게 변호사가 없는 경우에는 국선변호사를 선정하여야 한다. 〈개정 2023.7.11.〉 20. 보호7

제34조【신뢰관계에 있는 사람의 동석】① 법원은 다음 각 호(생략)의 어느 하나에 해당하는 피해자를 증인으로 신문하는 경우에 검사, 피해자 또는 법정대리인이 신청할 때에는 재판에 지장을 줄 우려가 있는 등 부득이한 경우가 아니면 피해자와 신뢰관계에 있는 사람을 동석하게 하여야 한다. 〈개정 2023.7.11.〉
1. 제3조부터 제8조까지, 제10조, 제14조, 제14조의2, 제14조의3, 제15조(제9조의 미수범은 제외한다) 및 제15조의2에 따른 범죄의 피해자
2. 19세미만피해자등

② 제1항은 수사기관이 같은 항 각 호의 피해자를 조사하는 경우에 관하여 준용한다. 〈개정 2023.7.11.〉

③ 제1항 및 제2항의 경우 법원과 수사기관은 피해자와 신뢰관계에 있는 사람이 피해자에게 불리하거나 피해자가 원하지 아니하는 경우에는 동석하게 하여서는 아니 된다.

특정범죄신고자 등 보호법

제6조 【범죄신고자 등 보좌인】 ① 사법경찰관, 검사 또는 법원은 <u>범죄신고자 등이나 그 친족 등이 보복을 당할 우려가 있는 경우에는 직권으로 또는 범죄신고자 등, 그 법정대리인이나 친족 등의 신청에 의하여 범죄신고자 등 보좌인</u>(이하 '보좌인'이라 한다)을 지정할 수 있다. 16. 사시

범죄피해자보호기금법

제3조 【기금의 설치】 정부는 범죄피해자 보호·지원에 필요한 자금을 확보·공급하기 위하여 범죄피해자 보호기금(이하 "기금"이라 한다)을 설치한다.

제4조 【기금의 조성】 ① 기금은 다음의 재원으로 조성한다.
1. 제2항에 따른 벌금 수납액
2. 「범죄피해자 보호법」 제21조 제2항에 따라 대위하여 취득한 구상금
3. 정부 외의 자가 출연 또는 기부하는 현금, 물품, 그 밖의 재산
4. 기금의 운용으로 인하여 생기는 수익금
② 정부는 「형사소송법」 제477조 제1항에 따라 집행된 벌금에 100분의 6 이상의 범위에서 대통령령으로 정한 비율(→ 100분의 8)을 곱한 금액을 기금에 납입하여야 한다. 22. 교정7

제5조 【기금의 관리·운용】 ① 기금은 법무부장관이 관리·운용한다.

제6조 【기금의 용도】 기금은 다음 각 호의 어느 하나에 해당하는 용도에 사용한다.
1. 「범죄피해자 보호법」 제16조 제1항에 따른 범죄피해 구조금 지급
2. 「범죄피해자 보호법」 제34조 제1항에 따른 보조금의 교부
3.~5. 생략

3. 피해자에 대한 보상 - 범죄피해자 보상제도

(1) 의의

① 범죄피해자는 가해자를 상대로 「민법」상 불법행위로 인한 손해배상(제750조)을 청구하거나, 「소송촉진 등에 관한 특례법」의 배상명령제도(제25조)를 통하여 피해를 배상받을 수 있다. 그러나 가해자가 체포되지 않아서 불명하거나 체포되더라도 무자력인 경우 등에는 이러한 수단은 아무런 실효성이 없다.

② 1950년대에 들어서 프라이 여사(M. Fry)는 『피해자를 위한 정의』라는 논문을 통해 범죄피해자에 대한 공적 구제에 대한 관심을 촉구하였고, 그 영향으로 1963년 뉴질랜드에서 범죄피해자 보상법이 제정되었다. 우리나라는 1987년 제9차 헌법 개정을 통해 처음으로 이 제도를 도입하였다. 11. 사시

(2) 「범죄피해자 보호법」의 주요 내용

제3조 【정의】 ① 이 법에서 사용하는 용어의 뜻은 다음과 같다.
1. '범죄피해자'란 <u>타인의 범죄행위로 피해를 당한 사람과 그 배우자</u>(사실상의 혼인관계를 포함한다), <u>직계친족 및 형제자매</u>를 말한다. 20. 보호7☆

4. '**구조대상 범죄피해**'란 대한민국의 영역 안에서 또는 대한민국의 영역 밖에 있는 대한민국의 선박이나 항공기 안에서 행하여진 <u>사람의 생명 또는 신체를 해치는 죄(→ 대인범죄)</u>에 해당하는 행위「형법」제9조(→ <u>형사미성년자</u>), 제10조 제1항(→ <u>심신상실자</u>), 제12조(→ <u>강요된 행위</u>), 제22조 제1항(→ <u>긴급피난</u>)에 따라 처벌되지 아니하는 행위를 <u>포함</u>하며, 같은 법 제20조(→ <u>정당행위</u>) 또는 제21조 제1항(→ <u>정당방위</u>)에 따라 처벌되지 아니하는 행위 및 <u>과실에 의한 행위는 제외한다</u>]로 인하여 사망하거나 장해 또는 중상해를 입은 것을 말한다. 19. 승진☆

② 제1항 제1호에 해당하는 사람 외에 <u>범죄피해 방지 및 범죄피해자 구조 활동으로 피해를 당한 사람도 범죄피해자로 본다</u>. 13. 사시

제8조【형사절차 참여 보장 등】 ① 국가는 범죄피해자가 해당 사건과 관련하여 <u>수사담당자와 상담하거나 재판절차에 참여하여 진술하는 등 형사절차상의 권리를 행사할 수 있도록 보장하여야 한다</u>. 13. 사시

② 국가는 범죄피해자가 요청하면 가해자에 대한 수사 결과, 공판기일, 재판 결과, 형 집행 및 보호관찰 집행 상황 등 <u>형사절차 관련 정보를 대통령령으로 정하는 바에 따라 제공할 수 있다.</u>

제11조의2【범죄피해자 인권 주간】 범죄피해자에 대한 사회적 관심을 높이고 범죄피해자의 복지를 증진하기 위하여 대통령령으로 정하는 바에 따라 1년 중 1주간을 범죄피해자 인권 주간으로 한다.

[본조신설 2024.9.20.]

제15조【범죄피해자보호위원회】 ① 범죄피해자 보호 · 지원에 관한 기본계획 및 주요 사항 등을 심의하기 위하여 <u>법무부장관 소속으로 범죄피해자보호위원회</u>(이하 '보호위원회'라 한다)를 둔다. 13. 사시

③ 보호위원회는 위원장(→ <u>법무부장관</u>)을 포함하여 20명 이내의 위원으로 구성한다.

제16조【구조금의 지급요건】 국가는 구조대상 범죄피해를 받은 사람(이하 '구조피해자'라 한다)이 다음 각 호의 어느 하나에 해당하면 구조피해자 또는 그 유족에게 범죄피해 구조금(이하 '구조금'이라 한다)을 지급한다. 14. 보호7☆

1. <u>구조피해자가 피해의 전부 또는 일부를 배상받지 못하는 경우</u>

2. 자기 또는 타인의 형사사건의 수사 또는 재판에서 고소 · 고발 등 수사단서를 제공하거나 진술, 증언 또는 자료제출을 하다가 구조피해자가 된 경우 16. 사시☆

제17조【구조금의 종류 등】 ① 구조금은 유족구조금 · 장해구조금 및 중상해구조금으로 구분한다. 〈개정 2024.9.20.〉 19. 승진☆

② 유족구조금은 구조피해자가 사망하였을 때 제18조에 따라 <u>맨 앞의 순위인 유족</u>에게 지급한다. 다만, 순위가 같은 유족이 2명 이상이면 똑같이 나누어 지급한다.

③ 장해구조금 및 중상해구조금은 해당 <u>구조피해자</u>에게 지급한다. 다만, 장해구조금 또는 중상해구조금의 지급을 신청한 구조피해자가 <u>장해구조금 또는 중상해구조금을 지급받기 전에 사망</u>(해당 구조대상 범죄피해의 원인이 된 범죄행위로 사망한 경우는 제외한다)한 경우에는 제18조에 따라 <u>맨 앞의 순위인 유족</u>에게 지급하되, 순위가 같은 유족이 2명 이상이면 똑같이 나누어 지급한다. 〈개정 2024.9.20.〉

④ 구조금은 <u>일시금으로 지급</u>한다. 다만, 구조피해자 또는 그 유족이 연령, 장애, 질병이나 그 밖에 대통령령으로 정하는 사유로 <u>구조금을 관리할 능력이 부족</u>하다고 인정되는 경우로서 다음 각 호의 어느 하나에 해당하는 경우에는 대통령령으로 정하는 바에 따라 <u>구조금을 분할하여 지급</u>할 수 있다. 〈신설 2024.9.20.〉

1. 구조피해자나 그 유족이 구조금의 분할 지급을 <u>청구</u>하여 제24조 제1항에 따른 범죄피해구조심의회가 구조금의 분할 지급을 결정한 경우

2. 제24조 제1항에 따른 <u>범죄피해구조심의회가 직권</u>으로 구조금의 분할 지급을 결정한 경우

제18조 【유족의 범위 및 순위】 ① 유족구조금이나 제17조 제3항 단서에 따라 유족에게 지급하는 장해구조금 또는 중상해구조금(이하 "유족구조금등"이라 한다)을 지급받을 수 있는 유족은 다음 각 호의 어느 하나에 해당하는 사람으로 한다. 〈개정 2024.9.20.〉

1. 배우자(사실상 혼인관계를 포함한다) 및 구조피해자의 사망 당시 구조피해자의 수입으로 생계를 유지하고 있는 구조피해자의 자녀

2. 구조피해자의 사망 당시 구조피해자의 수입으로 생계를 유지하고 있는 구조피해자의 부모, 손자 · 손녀, 조부모 및 형제자매

3. 제1호 및 제2호에 해당하지 아니하는 구조피해자의 자녀, 부모, 손자 · 손녀, 조부모 및 형제자매
   17. 교정9

② 제1항에 따른 유족의 범위에서 태아는 구조피해자가 사망할 때 이미 출생한 것으로 본다. 14. 사시

③ 유족구조금등을 받을 유족의 순위는 제1항 각 호에 열거한 순서로 하고, 같은 항 제2호 및 제3호에 열거한 사람 사이에서는 해당 각 호에 열거한 순서로 하며, 부모의 경우에는 양부모를 선순위로 하고 친부모를 후순위로 한다. 16. 사시

④ 유족이 다음 각 호의 어느 하나에 해당하면 유족구조금등을 받을 수 있는 유족으로 보지 아니한다.

1. 구조피해자를 고의로 사망하게 한 경우

2. 구조피해자가 사망하기 전에 그가 사망하면 유족구조금등을 받을 수 있는 선순위 또는 같은 순위의 유족이 될 사람을 고의로 사망하게 한 경우

3. 구조피해자가 사망한 후 유족구조금등을 받을 수 있는 선순위 또는 같은 순위의 유족을 고의로 사망하게 한 경우

제19조 【구조금을 지급하지 아니할 수 있는 경우】 ① 범죄행위 당시 구조피해자와 가해자 사이에 다음 각 호의 어느 하나에 해당하는 친족관계가 있는 경우에는 구조금을 지급하지 아니한다. 17. 교정9☆

1. 부부(사실상의 혼인관계를 포함한다)

2. 직계혈족

3. 4촌 이내의 친족

4. 동거친족

② 범죄행위 당시 구조피해자와 가해자 사이에 제1항 각 호의 어느 하나에 해당하지 아니하는 친족관계가 있는 경우에는 구조금의 일부를 지급하지 아니한다.

③ 구조피해자가 다음 각 호의 어느 하나에 해당하는 행위를 한 때에는 구조금을 지급하지 아니한다.

1. 해당 범죄행위를 교사 또는 방조하는 행위

2. 과도한 폭행 · 협박 또는 중대한 모욕 등 해당 범죄행위를 유발하는 행위

3. 해당 범죄행위와 관련하여 현저하게 부정한 행위

4. 해당 범죄행위를 용인하는 행위

5. 집단적 또는 상습적으로 불법행위를 행할 우려가 있는 조직에 속하는 행위(다만, 그 조직에 속하고 있는 것이 해당 범죄피해를 당한 것과 관련이 없다고 인정되는 경우는 제외한다)

6. 범죄행위에 대한 보복으로 가해자 또는 그 친족이나 그 밖에 가해자와 밀접한 관계가 있는 사람의 생명을 해치거나 신체를 중대하게 침해하는 행위

④ 구조피해자가 다음 각 호의 어느 하나에 해당하는 행위를 한 때에는 구조금의 일부를 지급하지 아니한다.

1. 폭행 · 협박 또는 모욕 등 해당 범죄행위를 유발하는 행위

2. 해당 범죄피해의 발생 또는 증대에 가공한 부주의한 행위 또는 부적절한 행위 23. 보호7

⑤ 유족구조금등을 지급하지 아니할 수 있는 경우에 관하여는 제1항부터 제4항까지를 준용한다. 이 경우 "구조피해자"는 "구조피해자 또는 맨 앞의 순위인 유족"으로 본다. 〈개정 2024.9.20.〉

⑥ 구조피해자 또는 그 유족과 가해자 사이의 관계, 그 밖의 사정을 고려하여 구조금의 전부 또는 일부를 지급하는 것이 사회통념에 위배된다고 인정될 때에는 구조금의 전부 또는 일부를 지급하지 아니할 수 있다.

⑦ 제1항부터 제6항까지의 규정에도 불구하고 구조금의 실질적인 수혜자가 가해자로 귀착될 우려가 없는 경우 등 구조금을 지급하지 아니하는 것이 사회통념에 위배된다고 인정할 만한 특별한 사정이 있는 경우에는 구조금의 전부 또는 일부를 지급할 수 있다. 17. 교정9☆

제21조 【손해배상과의 관계】 ① 국가는 구조피해자나 유족이 해당 구조대상 범죄피해를 원인으로 하여 손해배상을 받았으면 그 범위에서 구조금을 지급하지 아니한다. 17. 교정9☆

② 국가는 지급한 구조금의 범위에서 해당 구조금을 받은 사람이 구조대상 범죄피해를 원인으로 하여 가지고 있는 손해배상청구권을 대위한다. 15. 사시

③ 국가는 제2항에 따라 손해배상청구권을 대위할 때 대통령령으로 정하는 바에 따라 가해자인 수형자나 보호감호 대상자의 작업장려금 또는 근로보상금에서 손해배상금을 받을 수 있다.

제23조 【외국인에 대한 구조】 구조피해자 또는 그 유족이 외국인인 때에는 다음 각 호의 어느 하나에 해당하는 경우에만 이 법을 적용한다.

1. 해당 국가의 상호 보증이 있는 경우
2. 해당 외국인이 구조대상 범죄피해 발생 당시 대한민국 국민의 배우자이거나 대한민국 국민과 혼인관계(사실상의 혼인관계를 포함한다)에서 출생한 자녀를 양육하고 있는 자로서 다음 각 목의 어느 하나에 해당하는 체류자격을 가지고 있는 경우
   가. 「출입국관리법」 제10조 제2호의 영주자격
   나. 「출입국관리법」 제10조의2 제1항 제2호의 장기체류자격으로서 법무부령으로 정하는 체류자격
[전문개정 2024.9.20.]

제24조 【범죄피해구조심의회 등】 ① 구조금 지급 및 제21조 제2항에 따른 손해배상청구권 대위에 관한 사항을 심의·결정하기 위하여 각 지방검찰청에 범죄피해구조심의회(이하 '지구심의회'라 한다)를 두고 법무부에 범죄피해구조본부심의회(이하 '본부심의회'라 한다)를 둔다. 〈개정 2024.9.20.〉 16. 보호7

제25조 【구조금의 지급신청】 ① 구조금을 받으려는 사람은 법무부령으로 정하는 바에 따라 그 주소지, 거주지 또는 범죄 발생지를 관할하는 지구심의회에 신청하여야 한다. 11. 교정7

② 제1항에 따른 신청은 해당 구조대상 범죄피해의 발생을 안 날부터 3년이 지나거나 해당 구조대상 범죄피해가 발생한 날부터 10년이 지나면 할 수 없다. 15. 사시☆

제27조 【재심신청】 ① 지구심의회에서 구조금 지급신청을 기각(일부기각된 경우를 포함한다) 또는 각하하면 신청인은 결정의 정본이 송달된 날부터 2주일 이내에 그 지구심의회를 거쳐 본부심의회에 재심을 신청할 수 있다. 23. 보호7

제28조 【긴급구조금의 지급 등】 ① 지구심의회는 제25조 제1항에 따른 신청을 받았을 때 구조피해자의 장해 또는 중상해 정도가 명확하지 아니하거나 그 밖의 사유로 인하여 신속하게 결정을 할 수 없는 사정이 있으면 신청 또는 직권으로 대통령령으로 정하는 금액의 범위에서 긴급구조금을 지급하는 결정을 할 수 있다.

제29조의2【자료요청】 ① 지구심의회는 제21조 제2항에 따른 손해배상청구권 대위에 관한 업무와 관련하여 가해자의 손해배상금 지급능력을 조사하기 위하여 필요한 경우에는 다음 각 호(생략)의 자료를 보유하고 있는 법원행정처 · 행정안전부 · 국토교통부 · 국세청 등 국가기관과 지방자치단체의 장 및 「국민건강보험법」에 따른 국민건강보험공단 등 관계 기관 · 단체의 장(이하 이 조에서 "관계 기관의 장"이라 한다)에게 다음 각 호의 자료의 제공 또는 관계 전산망의 이용을 요청할 수 있다.
[본조신설 2024.9.20.]

제29조의3【금융정보등의 제공 요청】 ① 지구심의회는 제21조 제2항에 따른 손해배상청구권 대위에 관한 업무와 관련하여 가해자에 대한 다음 각 호(생략)의 자료 또는 정보(이하 "금융정보등"이라 한다)에 의하지 아니하고는 가해자의 손해배상금 지급능력이나 재산은닉 여부를 확인할 수 없다고 인정하는 경우에는 「금융실명거래 및 비밀보장에 관한 법률」 제4조에도 불구하고 같은 법 제2조 제1호에 따른 금융회사등의 장이나 그 특정점포에 가해자에 대한 금융정보등의 제공을 요청할 수 있다. 이 경우 금융정보등의 제공 요청은 필요한 최소한의 범위에 그쳐야 한다.
② 지구심의회는 다음 각 호의 어느 하나에 해당하는 경우에만 제1항에 따른 금융정보등의 제공을 요청할 수 있다.
  1. 구조대상 범죄피해를 원인으로 하여 가해자에게 유죄판결이 선고되거나 약식명령이 확정된 경우
  2. 구조대상 범죄피해를 원인으로 하는 수사 또는 재판 절차에서 가해자가 범죄사실 또는 공소사실을 자백하는 경우
⑥ 제1항부터 제3항까지에 따라 제공된 금융정보등은 가해자 또는 제3자에 대한 수사 또는 형사재판에서 증거로 할 수 없다.
[본조신설 2024.9.20.]

제30조【구조금의 환수】 ① 국가는 이 법에 따라 구조금을 받은 사람이 다음 각 호의 어느 하나에 해당하면 지구심의회 또는 본부심의회의 결정을 거쳐 그가 받은 구조금의 전부 또는 일부를 환수할 수 있다.
  1. 거짓이나 그 밖의 부정한 방법으로 구조금을 받은 경우 23. 보호7
  2. 구조금을 받은 후 제19조(→ 구조금을 지급하지 아니할 수 있는 경우)에 규정된 사유가 발견된 경우
  3. 구조금이 잘못 지급된 경우

제31조【소멸시효】 구조금을 받을 권리는 그 구조결정이 해당 신청인에게 송달된 날부터 2년간 행사하지 아니하면 시효로 인하여 소멸된다. 23. 보호7☆

제32조【구조금 수급권의 보호】 구조금을 받을 권리는 양도하거나 담보로 제공하거나 압류할 수 없다.
  19. 승진☆

제34조【보조금】 ① 국가 또는 지방자치단체는 제33조에 따라 등록한 범죄피해자 지원법인(이하 '등록법인'이라 한다)의 건전한 육성과 발전을 위하여 필요한 경우에는 예산의 범위에서 등록법인에 운영 또는 사업에 필요한 경비를 보조할 수 있다. 16. 보호7

제38조【재판 등에 대한 영향력 행사 금지】 범죄피해자 보호 · 지원 업무에 종사하는 자는 형사절차에서 가해자에 대한 처벌을 요구하거나 소송관계인에게 위력을 가하는 등 수사, 변호 또는 재판에 부당한 영향을 미치기 위한 행위를 하여서는 아니 된다. 11. 사시

4. 「스토킹범죄의 처벌 등에 관한 법률」의 주요 내용

제1조【목적】 이 법은 스토킹범죄의 처벌 및 그 절차에 관한 특례와 스토킹범죄 피해자에 대한 보호절차를 규정함으로써 피해자를 보호하고 건강한 사회질서의 확립에 이바지함을 목적으로 한다.

제2조【정의】 이 법에서 사용하는 용어의 뜻은 다음과 같다. 〈개정 2023.7.11.〉

1. "스토킹행위"란 상대방의 의사에 반(反)하여 정당한 이유 없이 다음 각 목의 어느 하나에 해당하는 행위를 하여 상대방에게 불안감 또는 공포심을 일으키는 것을 말한다. 23. 보호7
   가. 상대방 또는 그의 동거인, 가족(이하 "상대방등"이라 한다)에게 접근하거나 따라다니거나 진로를 막아서는 행위
   나. 상대방등의 주거, 직장, 학교, 그 밖에 일상적으로 생활하는 장소(이하 "주거등"이라 한다) 또는 그 부근에서 기다리거나 지켜보는 행위
   다. 상대방등에게 우편·전화·팩스 또는 「정보통신망 이용촉진 및 정보보호 등에 관한 법률」 제2조 제1항 제1호의 정보통신망(이하 "정보통신망"이라 한다)을 이용하여 물건이나 글·말·부호·음향·그림·영상·화상(이하 "물건등"이라 한다)을 도달하게 하거나 정보통신망을 이용하는 프로그램 또는 전화의 기능에 의하여 글·말·부호·음향·그림·영상·화상이 상대방등에게 나타나게 하는 행위
   라. 상대방등에게 직접 또는 제3자를 통하여 물건등을 도달하게 하거나 주거등 또는 그 부근에 물건등을 두는 행위
   마. 상대방등의 주거등 또는 그 부근에 놓여져 있는 물건등을 훼손하는 행위
   바. 다음의 어느 하나에 해당하는 상대방등의 정보를 정보통신망을 이용하여 제3자에게 제공하거나 배포 또는 게시하는 행위
      1) 「개인정보 보호법」 제2조 제1호의 개인정보
      2) 「위치정보의 보호 및 이용 등에 관한 법률」 제2조 제2호의 개인위치정보
      3) 1) 또는 2)의 정보를 편집·합성 또는 가공한 정보(해당 정보주체를 식별할 수 있는 경우로 한정한다)
   사. 정보통신망을 통하여 상대방등의 이름, 명칭, 사진, 영상 또는 신분에 관한 정보를 이용하여 자신이 상대방등인 것처럼 가장하는 행위
2. "스토킹범죄"란 지속적 또는 반복적으로 스토킹행위를 하는 것을 말한다. 23. 보호7
3. "피해자"란 스토킹범죄로 직접적인 피해를 입은 사람을 말한다.
4. "피해자등"이란 피해자 및 스토킹행위의 상대방을 말한다.

제3조【스토킹행위 신고 등에 대한 응급조치】 사법경찰관리는 진행 중인 스토킹행위에 대하여 신고를 받은 경우 즉시 현장에 나가 다음 각 호의 조치를 하여야 한다. 24. 보호9

1. 스토킹행위의 제지, 향후 스토킹행위의 중단 통보 및 스토킹행위를 지속적 또는 반복적으로 할 경우 처벌 서면경고
2. 스토킹행위자와 피해자등의 분리 및 범죄수사
3. 피해자등에 대한 긴급응급조치 및 잠정조치 요청의 절차 등 안내
4. 스토킹 피해 관련 상담소 또는 보호시설로의 피해자등 인도(피해자등이 동의한 경우만 해당한다)

제4조【긴급응급조치】 ① 사법경찰관은 스토킹행위 신고와 관련하여 스토킹행위가 지속적 또는 반복적으로 행하여질 우려가 있고 스토킹범죄의 예방을 위하여 긴급을 요하는 경우 스토킹행위자에게 직권으로 또는 스토킹행위의 상대방이나 그 법정대리인 또는 스토킹행위를 신고한 사람의 요청에 의하여 다음 각 호에 따른 조치를 할 수 있다. 24. 보호9

1. 스토킹행위의 상대방등이나 그 주거등으로부터 100미터 이내의 접근 금지
2. 스토킹행위의 상대방등에 대한 「전기통신기본법」 제2조 제1호의 전기통신을 이용한 접근 금지

제5조【긴급응급조치의 승인 신청】 ① 사법경찰관은 긴급응급조치를 하였을 때에는 지체 없이 검사에게 해당 긴급응급조치에 대한 사후승인을 지방법원 판사에게 청구하여 줄 것을 신청하여야 한다.

② 제1항의 신청을 받은 검사는 긴급응급조치가 있었던 때부터 48시간 이내에 지방법원 판사에게 해당 긴급응급조치에 대한 사후승인을 청구한다. 이 경우 제4조 제2항에 따라 작성된 긴급응급조치결정서를 첨부하여야 한다.

⑤ 긴급응급조치기간은 1개월을 초과할 수 없다.

제8조【잠정조치의 청구】 ① 검사는 스토킹범죄가 재발될 우려가 있다고 인정하면 직권 또는 사법경찰관의 신청에 따라 법원에 제9조 제1항 각 호의 조치를 청구할 수 있다.

제9조【스토킹행위자에 대한 잠정조치】 ① 법원은 스토킹범죄의 원활한 조사·심리 또는 피해자 보호를 위하여 필요하다고 인정하는 경우에는 결정으로 스토킹행위자에게 다음 각 호의 어느 하나에 해당하는 조치(이하 "잠정조치"라 한다)를 할 수 있다. 24. 보호9

1. 피해자에 대한 스토킹범죄 중단에 관한 서면 경고
2. 피해자 또는 그의 동거인, 가족이나 그 주거등으로부터 100미터 이내의 접근 금지
3. 피해자 또는 그의 동거인, 가족에 대한 「전기통신기본법」 제2조 제1호의 전기통신을 이용한 접근 금지
3의2. 「전자장치 부착 등에 관한 법률」 제2조 제4호의 위치추적 전자장치(이하 "전자장치"라 한다)의 부착
4. 국가경찰관서의 유치장 또는 구치소에의 유치

② 제1항 각 호의 잠정조치는 병과(併科)할 수 있다.

⑦ 제1항 제2호·제3호 및 제3호의2에 따른 잠정조치기간은 3개월(← 2개월), 같은 항 제4호에 따른 잠정조치기간은 1개월을 초과할 수 없다. 다만, 법원은 피해자의 보호를 위하여 그 기간을 연장할 필요가 있다고 인정하는 경우에는 결정으로 제1항 제2호·제3호 및 제3호의2에 따른 잠정조치에 대하여 두 차례에 한정하여 각 3개월(← 2개월)의 범위에서 연장할 수 있다.

제10조【잠정조치의 집행 등】 ① 법원은 잠정조치 결정을 한 경우에는 법원공무원, 사법경찰관리, 구치소 소속 교정직공무원 또는 보호관찰관으로 하여금 집행하게 할 수 있다.

제17조【스토킹범죄의 피해자에 대한 전담조사제】 ① 검찰총장은 각 지방검찰청 검사장에게 스토킹범죄 전담 검사를 지정하도록 하여 특별한 사정이 없으면 스토킹범죄 전담 검사가 피해자를 조사하게 하여야 한다.

② 경찰관서의 장(국가수사본부장, 시·도경찰청장 및 경찰서장을 의미한다. 이하 같다)은 스토킹범죄 전담 사법경찰관을 지정하여 특별한 사정이 없으면 스토킹범죄 전담 사법경찰관이 피해자를 조사하게 하여야 한다.

제17조의2【피해자 등에 대한 신변안전조치】 법원 또는 수사기관이 피해자등 또는 스토킹범죄를 신고(고소·고발을 포함한다. 이하 이 조에서 같다)한 사람을 증인으로 신문하거나 조사하는 경우의 신변안전조치에 관하여는 「특정범죄신고자 등 보호법」 제13조 및 제13조의2를 준용한다. 이 경우 "범죄신고자 등"은 "피해자등 또는 스토킹범죄를 신고한 사람"으로 본다.

[본조신설 2023.7.11.]

제17조의4【피해자에 대한 변호사 선임의 특례】 ① 피해자 및 그 법정대리인은 형사절차상 입을 수 있는 피해를 방어하고 법률적 조력을 보장받기 위하여 변호사를 선임할 수 있다.

② 제1항에 따라 선임된 변호사(이하 이 조에서 "변호사"라 한다)는 검사 또는 사법경찰관의 피해자 및 그 법정대리인에 대한 조사에 참여하여 의견을 진술할 수 있다. 다만, 조사 도중에는 검사 또는 사법경찰관의 승인을 받아 의견을 진술할 수 있다.

③ 변호사는 피의자에 대한 구속 전 피의자심문, 증거보전절차, 공판준비기일 및 공판절차에 출석하여 의견을 진술할 수 있다. 이 경우 필요한 절차에 관한 구체적 사항은 대법원규칙으로 정한다.

④ 변호사는 증거보전 후 관계 서류나 증거물, 소송계속 중의 관계 서류나 증거물을 열람하거나 복사할 수 있다.

⑤ 변호사는 형사절차에서 피해자 및 법정대리인의 대리가 허용될 수 있는 모든 소송행위에 대한 포괄적인 대리권을 가진다.

⑥ 검사는 피해자에게 변호사가 없는 경우 <u>국선변호사를 선정</u>하여 형사절차에서 피해자의 권익을 보호할 수 있다.

[본조신설 2023.7.11.]

제18조【스토킹범죄】 ① <u>스토킹범죄를 저지른 사람은 3년 이하의 징역 또는 3천만원 이하의 벌금에 처한다.</u>

② <u>흉기 또는 그 밖의 위험한 물건을 휴대하거나 이용하여</u> 스토킹범죄를 저지른 사람은 5년 이하의 징역 또는 5천만원 이하의 벌금에 처한다.

③ 삭제(← 제1항의 죄는 피해자가 구체적으로 밝힌 의사에 반하여 공소를 제기할 수 없다.)〈2023.7.11.〉

제19조【형벌과 수강명령 등의 병과】 ① 법원은 스토킹범죄를 저지른 사람에 대하여 <u>유죄판결(선고유예는 제외한다)</u>을 선고하거나 약식명령을 고지하는 경우에는 <u>200시간</u>의 범위에서 다음 각 호의 구분에 따라 재범 예방에 필요한 <u>수강명령</u>(「보호관찰 등에 관한 법률」에 따른 수강명령을 말한다. 이하 같다) 또는 스토킹 치료프로그램의 <u>이수명령</u>(이하 "이수명령"이라 한다)을 병과할 수 있다. 23. 보호7

1. 수강명령: 형의 집행을 유예할 경우에 그 집행유예기간 내에서 병과

2. 이수명령: 벌금형 또는 징역형의 실형을 선고하거나 약식명령을 고지할 경우에 병과

② 법원은 스토킹범죄를 저지른 사람에 대하여 <u>형의 집행을 유예</u>하는 경우에는 제1항에 따른 <u>수강명령</u> 외에 그 집행유예기간 내에서 <u>보호관찰 또는 사회봉사</u> 중 하나 이상의 처분을 병과할 수 있다.

④ 제1항에 따른 수강명령 또는 이수명령은 다음 각 호의 구분에 따라 각각 집행한다. 23. 보호7

1. 형의 집행을 유예할 경우: 그 집행유예기간 내

2. 벌금형을 선고하거나 약식명령을 고지할 경우: 형 확정일부터 6개월 이내

3. 징역형의 실형을 선고할 경우: 형기 내

5. 피해자 없는 범죄

(1) 개념

① 피해자 없는 범죄(Victimless Crime)란 법익침해 내지 그 위험성을 수반하지 않는 범죄, 즉 보호법익이 명백하지 않은 범죄를 의미한다.

② 피해자 없는 범죄는 주로 공공법익에 관한 범죄로서 개인적 법익을 침해하지 않는다는 점에서 슈어(E. Schur)가 피해자 없는 범죄라고 하였다.

(2) 특징

① 피해자 없는 범죄는 법에 의하여 금지되어 있지만, 동의에 의한 범죄이거나, 가해자와 피해자의 대립구도가 명확하지 않고, 개인적 법익을 침해하지 않는다는 특징이 있다.

> 예 동의낙태죄, 성매매, 도박죄, 간통죄, 동성애, 경미한 마약 사용, 공연음란죄 등 14. 교정7

② 이로 인해 특별히 피해를 입은 자가 없고 잘 적발되지도 않아 대부분 암수범죄가 된다. 특히 피해자 없는 범죄는 <u>절대적 암수범죄</u>와 관련이 깊다고 한다. 24. 보호9☆

(3) 비범죄화의 주장

① 피해자 없는 범죄는 피해자가 없음에도 불구하고 형벌로써 처벌할 필요성이 있는가의 문제(비범죄화)가 거론되지만, 보호법익이 사회나 공공의 이익과 같은 보편적 법익의 경우(예 경제범죄·환경범죄 등)에 대하여 피해자 없는 범죄로 보아 비범죄화하는 것은 옳다고 할 수 없다는 비판이 있다.

② 피해자 없는 범죄란 원칙적으로 있을 수 없으며, 단지 그 피해자가 <u>전통적 범죄의 피해자와는 다른 성격을 가진다</u>고 본다.

> 예 가해자가 동시에 피해자인 경우, 피해자가 불특정 다수인 경우 등

(4) 피해자 없는 범죄의 유형

① 피해자와 가해자가 동일인인 범죄: 매춘, 약물남용 등

② 피해자가 불특정 다수인 범죄: 기업범죄

> 예 독과점과 같은 공정거래위반 관련범죄, 허위광고, 위험물질의 생산과 판매, 환경범죄, 안전위해범죄 등

5 회복적 사법

1. 의의

(1) 회복적 사법(Restortive Justice)이란 범죄로 인한 피해자와 가해자, 그 밖의 관련자 및 지역사회가 함께 범죄로 인한 피해를 치유하고 해결하는 데에 적극적으로 참여하여 사회재통합을 추구하는 절차를 의미한다(회복주의 정의 개념). 23. 교정9☆

(2) 회복적 사법과 유사한 개념으로 지역사회사법, 긍정적 사법, 재통합적 사법, 공동사법, 배상적 사법, 관계적 사법, 전환적 사법 등의 다양한 용어가 사용되고 있다. 12. 경채

(3) 연혁적으로 피해자 권리운동의 발전과 관련하여 1970년대 이후 미국과 유럽에서 시행되고 있는 다양한 형태의 배상명령제도 및 가해자−피해자 화해(중재와 화합) 프로그램 등이 기원이라고 하며, 미국에서 시행된 가장 대규모의 회복적 사법제도는 버몬트 주의 배상적 보호관찰 프로그램이라고 한다. 12. 교정9

피해자 – 가해자 중재(화해) 모델	최초의 공식적인 회복적 사법 프로그램의 모델로서 1970년대 캐나다 온타리오에서 시작되었다.
양형 써클 모델	아메리칸 인디언과 캐나다 원주민들에 의해 사용되던 것으로 범죄상황을 정리하여 피해자와 가해자를 공동체 내로 재통합하려는 시도에서 유래하여, 가해자 처벌과 관련하여 형사사법기관에 적절한 양형을 권고하는 데 중점을 둔 제도이다.
가족집단 회합모델	뉴질랜드 마오리족의 전통에서 유래하는 모델로서, 중재자와 당사자 외에 그 가족 및 친구 등이 모두 참여할 수 있어 참여자의 범위가 매우 넓다는 특징이 있다.

(4) 국제연합(UN)은 회복적 사법의 개념을 다음의 세 가지로 분류하였다. 16. 사시☆

대면 개념	범죄의 피해자와 가해자가 함께 만나 범죄에 대하여 이야기를 하고 이를 시정하기 위하여 어떠한 일을 하여야 하는가에 대해서 토론하는 것
회복(배상) 개념	범죄로부터 받은 피해를 회복하는 데에 중점을 두는 것 예 피해자의 공판절차 참여, 법원의 피해회복적 조치 등
변환 개념	가장 넓은 의미의 회복적 사법으로서 범죄원인의 구조적 · 개인적 불의를 시정하여 변화를 가져오는 것 예 빈곤문제나 차별적 교육제도의 개선 등

(5) 브레이스웨이트(Braithwaite)의 재통합적 수치이론은 회복적 사법의 이론적 근거가 되었는데, 처벌을 통해 범죄자가 반성을 하면서 지역사회의 구성원으로 재통합하려는 노력을 병행하여 장래의 범죄 가능성을 줄이도록 하겠다는 입장이다. 22. 교정7

2. 목표

(1) 가해자의 처벌만이 능사가 아니라, 피해자의 피해회복을 통하여 사회적 화합을 성취하는 것이 중요하다(범죄예방 및 통제에서 비처벌적 방식을 주장). 23. 교정9☆

(2) 가해자에게 사회복귀의 기회를 열어주고 재범을 방지하며, 낙인의 부정적 효과를 감소시킨다. 23. 교정9☆

(3) 가해자와 피해자의 재활을 지원하여 범죄를 방지할 수 있는 지역사회를 건설한다. 12. 교정9

(4) 형사사법체계의 운용 및 절차 지연으로 인한 사회적 · 경제적 비용을 절감한다.

(5) 회복적 사법은 과거의 응징적 · 강제적 · 사후대응적 사법제도에 대한 반성에서 출발하여 범죄를 인간관계의 침해로 보아(범죄를 개인 간의 갈등으로 인식) 범죄자가 책임감 있는 시민이 되도록 능력개발이 이루어져야 한다는 목표를 지향한다. 23. 교정9☆

(6) 응징적 패러다임과 회복주의 패러다임의 비교

구분	응징적 패러다임(응보적 사법)	회복주의 패러다임(회복적 사법)
초점	법의 위반 (국가에 대한 침해행위)	인간관계의 위반 (특정인 또는 지역사회에 대한 침해행위)
내용	응징적 (응보, 억제, 무능력화를 위한 유죄확정과 처벌)	복구적 (피해자 회복, 가해자 교화개선, 조화의 회복)
방식	강제적	협조적
주체	정부, 범죄자	(정부), 지역사회, 가해자, 피해자, 가족 12. 교정9
장소	시설 내	사회 내
시기	사후 대응적	사전 예방적
관심	적법절차의 준수	참여자의 만족을 극대화
역점	공식적 절차를 통한 개인의 권리를 보호	비공식적 절차를 통한 범죄자의 책임감 강조와 집단적 갈등의 해결
가해자 역할	비난 수용, 결과 감내	책임 수용, 배상, 교화
피해자 역할	고소인 및 증인에 한정, 형사사법절차의 주변인	형사사법절차의 직접 참여자, 범죄해결과정의 중심인물

3. 유형 15. 교정7

내부 프로그램	형사사법제도 안에서 행해지는 경우(명문규정 有) 예 피해자와 가해자의 조정제도 등
외부 프로그램	형사사법제도 밖에서 행해지는 경우(명문규정 無) 예 지역공동체와 가족그룹 간의 협의, 원탁양형, 평화조성 서클, 회복적 보호관찰, 지역 사회위원회 등

4. 현행법상 회복적 사법 관련 제도

(1) 형사조정제도

① 형사조정제도는 형사사건에 대해 형사절차를 거치지 않고 분쟁을 해결한다는 점에서 대안적 분쟁해결 프로그램이며 광의의 회복적 사법으로 볼 수 있다.

② 현행 「범죄피해자 보호법」에 형사조정에 관한 조문이 신설되었다(동법 제41조 이하).

> **범죄피해자 보호법**
> **제41조【형사조정 회부】** ① 검사는 피의자와 범죄피해자(이하 '당사자'라 한다) 사이에 형사분쟁을 공정하고 원만하게 해결하여 범죄피해자가 입은 피해를 실질적으로 회복하는 데 필요하다고 인정하면 당사자의 신청 또는 직권으로 수사 중인 형사사건을 형사조정에 회부할 수 있다. 23. 보호7☆
> ② 형사조정에 회부할 수 있는 형사사건의 구체적인 범위는 대통령령으로 정한다. 다만, 다음 각 호의 어느 하나에 해당하는 경우에는 형사조정에 회부하여서는 아니 된다. 20. 보호7☆

1. 피의자가 도주하거나 증거를 인멸할 염려가 있는 경우
2. 공소시효의 완성이 임박한 경우
3. 불기소처분의 사유에 해당함이 명백한 경우(다만, 기소유예처분의 사유에 해당하는 경우는 제외한다) 23. 보호7☆

제42조【형사조정위원회】 ① 제41조에 따른 형사조정을 담당하기 위하여 각급 지방검찰청 및 지청에 형사조정위원회를 둔다. 20. 승진

② 형사조정위원회는 2명 이상의 형사조정위원으로 구성한다. 20. 승진

③ 형사조정위원은 형사조정에 필요한 법적 지식 등 전문성과 덕망을 갖춘 사람 중에서 관할 지방검찰청 또는 지청의 장이 미리 위촉한다. 20. 승진

⑤ 형사조정위원의 임기는 2년으로 하며, 연임할 수 있다. 20. 승진

⑥ 형사조정위원회의 위원장은 관할 지방검찰청 또는 지청의 장이 형사조정위원 중에서 위촉한다. 20. 승진

제43조【형사조정의 절차】 ① 형사조정위원회는 당사자 사이의 공정하고 원만한 화해와 범죄피해자가 입은 피해의 실질적인 회복을 위하여 노력하여야 한다.

③ 형사조정위원회는 필요하다고 인정하면 형사조정의 결과에 이해관계가 있는 사람의 신청 또는 직권으로 이해관계인을 형사조정에 참여하게 할 수 있다. 23. 보호7☆

제45조【형사조정절차의 종료】 ④ 검사는 형사사건을 수사하고 처리할 때 형사조정 결과를 고려할 수 있다. 다만, 형사조정이 성립되지 아니하였다는 사정을 피의자에게 불리하게 고려하여서는 아니 된다. 23. 보호7☆

(2) 화해권고제도

① 화해권고제도는 소년보호사건에서 활성화되어 있는 제도로, 법관이 전문적인 지식과 경험이 있는 사람을 화해권고위원으로 위촉하여 가해자에게 피해자의 피해를 배상하고 화해하도록 권고하는 대신 보호처분을 완화할 수 있도록 하고 있다.

② 현행 「소년법」에서 화해권고제도를 규정하고 있다(동법 제25조의3).

(3) 회복적 경찰활동

① 경찰은 회복적 사법에 대한 이해를 바탕으로 2019년부터 범죄피해회복과 공동체의 평온을 위한 '회복적 경찰활동'을 시범 운영하였는데, 회복적 경찰활동이 학교폭력, 가정폭력, 층간소음으로 인한 범죄 등의 문제해결에 효과적이었고 당사자 및 경찰관 모두 그 제도에 긍정적 반응을 보여, 2021년부터 전국적으로 시행하고 있다.

② 이는 지역사회에서 범죄·분쟁이 발생하였을 때 경찰이 범인을 검거·처벌함에 그치지 않고, 당사자의 동의를 전제로 가해자와 피해자간 회복적 대화모임을 제공하여 상호 대화를 통해 근본적 문제해결 방안을 모색할 수 있도록 지원하는 활동이다(경찰수사규칙 제82조).

(4) 배상명령제도와 형사소송 절차에서의 화해제도

① 회복적 사법과 관련한 현행법상 제도 중 공판 절차와 관련된 제도는 「소송촉진 등에 관한 특례법」('소송촉진법')상의 배상명령신청제도(동법 제25조 제2항)와 형사소송에서의 화해제도(동법 제36조)가 있다.

② 소송촉진법상 배상명령신청제도와 형사소송에서의 화해제도는 <u>형사사건에서 피고인과 피해자가 합의를 한 경우 합의 사실을 판결문 내지 조서에 기재하여 그 권리를 공적으로 인정해주는 방식</u>을 취하고 있다. 이는 피해자가 별도의 민사소송을 하지 않더라도 형사사건에서 배상명령을 통해 보다 빠르고 손쉽게 손해배상을 받을 수 있도록 한다거나 피고인과 피해자가 합의한 내용을 조서에 기재하고 그 조서에 <u>확정판결과 같은 효력</u>을 부여하여 피해자의 권리를 보다 확실하게 보장한다는 점에서 피해자를 조금 더 보호하는 측면이 있다.

4 범죄방지대책

(1) 집단현상으로서의 범죄와 관련하여 범죄방지대책은 일반 사회인 내지 사회 자체에 대한 예방적 기능을 가져야 하는데(일반예방), 특히 입법정책과 사법정책이 일반예방과 관련된다.

(2) 개별현상으로서의 범죄와 관련하여 범죄방지대책은 범죄자의 범죄성 원인을 발견·제거하여 개선·교화시킴으로써 사회에 복귀시키는 기능을 가져야 하는데(특별예방), 특히 교정정책과 보안처분 등이 특별예방과 관련된다.

04 형사정책의 연구방법

1 범죄 연구의 목적

범죄 연구의 목적은 (1) 범죄의 현상과 실태를 파악하여, (2) 범죄의 원인을 규명하고, (3) 범죄예방 대책을 강구하는 것이다.

2 구체적 연구방법

1. 설문조사(조사연구)

의의	설문조사(survey research)란 특정 집단을 대상으로 면접이나 설문을 통해 자료를 수집하는 연구방법이다.
장·단점	① 장점: 설문조사의 장점으로는 직접 관찰이 어려운 사회현상에 대한 자료수집이 가능하고, 큰 규모의 표본을 이용한 조사가 가능하며, 자료수집이 상대적으로 용이하고, 통계분석이 가능하여 연구결과를 일반화하기 용이하다는 점을 들 수 있다. 또한 공식범죄통계 연구가 어려운 주제의 연구에 적합하며, 공식범죄통계와 달리 두 변수(독립변수와 종속변수, 원인과 결과) 사이의 관계를 넘어서는 다변량 관계를 연구할 수 있다고 평가된다. ② 단점: 설문 개발에 시간과 노력이 많이 소요되며, 사회현상에 대한 깊이 있는 연구가 곤란하다는 단점이 있다. 또한 대상자들이 불성실 또는 부정직한 응답을 할 경우 조사결과의 신뢰성이 문제되므로 이에 대한 고려가 필요하다.

2. 개별조사(직접관찰·사례연구)

의의	① 개별조사란 범죄자 개인(특정한 범죄자)에 대하여 출생, 성장과정, 교우관계, 학교생활, 직장생활, 가족관계, 범죄경력 등 다양한 인격·환경 등의 측면을 종합적으로 분석하고 각 요소 간의 상호관련을 밝힘으로써 범죄의 원인을 해명하고 이를 기초로 해당 범죄자의 치료·처우를 행하는 방법이다(임상범죄학). 20. 보호7☆ ② 대상이 범죄자 개인, 즉 개별현상으로서 범죄이므로 통상 개별 행위자의 범죄원인을 규명하거나 그 처우방법을 모색하기 위하여 사용하는 경우가 많다(미시적 연구방법). ③ 조사 대상자에 대한 개별적 사례조사나 과거사를 조사하는 것도 이에 포함된다[예 서덜랜드 (E. H. Sutherland)의 직업절도범 연구]. 23. 교정7☆
장·단점	① 장점: 개별조사방법은 참여적 관찰과 마찬가지로 조사 대상자에 대해 가장 깊이 있는 이해를 할 수 있으며, 이를 기초로 장래 대책(치료·처우)을 수립하는 것이 용이하다. 23. 교정7 ② 단점: 조사자의 개인적 견해나 편견에 의해 결과가 왜곡될 우려가 있고, 연구결과를 일반화하기 곤란하며, 일정한 조건들이 범죄에 미치는 영향의 경중을 정확히 파악하기 어렵다.

3. 표본집단조사

의의	① 표본집단조사란 범죄의 종류·수법, 범인의 연령·범죄경력 또는 특정한 환경 등에 공통점을 가진 구체적 집단을 대상으로 하여 공통된 범인성을 규명하고, 어떤 특징과 관련되는가를 연구하여 범죄방지대책도 수립하는 방법을 말한다. ② 국가·사회 전체를 대상으로 범죄자 집단을 조사하는 것이 사실상 불가능하므로, 대개 표본집단조사에 의하고 있다. 이에 있어서는 일반적으로 범죄인군에 해당하는 <u>실험집단</u>과 이와 대비되는 정상인군에 해당하는 <u>통제집단(대조집단)</u>을 선정하여 비교(수평적 비교방법)하는 방법을 사용한다. 이를 통해 나온 결과를 전체 범죄자에게 유추적용함으로써 그 전체 상황을 파악하게 된다(예 쌍생아 연구 등). 24. 교정7☆ ③ 집단의 등가성 확보(무작위 할당방법을 주로 활용), 사전과 사후조사, 대상집단과 통제집단이라는 세 가지 전제조건을 특징으로 하고, <u>연구의 내적 타당성에 영향을 미치는 요인들을 통제하는 데 유리한 연구방법</u>으로 평가된다(연구자가 자극·환경·처우시간 등을 통제하여 관리 가능). 24. 교정7☆
장·단점	① 장점: 표본집단조사에 의하면 비교적 체계적이고 객관적인 방법으로 많은 자료를 수집할 수 있고, 이를 통해 범죄문제의 일반적인 경향파악이 가능하다. ② 단점 　㉠ 표본집단(실험집단)이 전체 집단을 어느 정도 대표할 수 있는지가 문제된다(<u>표본의 대표성 문제</u>). 　㉡ 표본집단조사는 통계조사의 문제점을 그대로 갖고 있다. 수치로 제시되는 결과에 대한 맹신 및 기초사실(조사결과와 실제 상황) 간의 상호연결 관계가 명확하지 않다.

4. 범죄통계(대량관찰) 13. 경채

의의	① 범죄통계란 범죄와 범죄자에 대한 다각적인 분석 결과를 집계한 것으로서 범죄현상에 대한 대량적 관찰을 가능하게 하는 연구방법이다. 19. 교정7☆ ② 최근까지 범죄통계는 경찰·검찰 등 수사기관의 공식적 범죄통계를 토대로 하여 범죄정보를 획득하였다(경찰청의 '경찰백서'·'경찰범죄통계'·'경찰통계연보', 대검찰청의 '범죄분석'·'검찰연감', 법무부의 '법무연감', 법무연수원의 '범죄백서', 법원행정처의 '사법연감', 여성가족부의 '청소년백서', 교정본부의 '교정통계연보' 등).
장·단점	① 장점 　㉠ 범죄통계는 사회의 대량현상으로서의 범죄에 대한 수량적 연구를 통해 범죄에 대한 일정한 경향을 파악할 수 있다(양적 연구방법). 18. 보호7☆ 　㉡ 범죄관련자료를 매년 정기적으로 취합하므로 시간적 비교연구가 가능하다. ② 단점 　㉠ 범죄통계는 형사사법기관의 독자적 목적을 우선시하여 작성된 것이기 때문에 범죄학적 연구를 위한 통계로는 한계가 있다. 즉, 범죄와 범죄자에 관한 일반적 경향만을 나타낼 뿐이므로, 범죄현상의 인과적 상관관계나 범죄원인을 분석하기 위한 조사는 포함되어 있지 않다. 따라서 범죄피해의 구체적 상황이나 범죄자의 개인적 특성 등의 파악에는 한계가 있다. 19. 승진 　㉡ 현실적으로 발생한 범죄량과 통계상 나타난 범죄량과의 사이에는 상당한 차이가 있어 객관적인 범죄상황을 정확히 나타내 주지 못한다는 비판(암수범죄의 문제)을 받는다. 24. 교정7☆ 　㉢ 공식범죄통계는 공식적으로 낙인찍힌 범죄자들의 범죄행위만 기록되고, 낙인의 가능성이 사람에 따라 다르다는 점에서 실제 범죄자와 범죄행위를 대표한다고 볼 수 없다.

범죄율 20. 보호7☆	① 의의: 범죄통계와 관련하여 인구 10만 명당 범죄발생 건수를 계산한 것을 '범죄율'이라고 한다(범죄수/인구 × 100,000). ② 장·단점: 범죄율은 인구변동에 관계없이 인구대비 범죄발생 건수를 비교할 수 있다는 점에서 유용한 자료이지만, <u>중대범죄와 상대적으로 가벼운 범죄가 동등한 범죄로 취급되어 통계화</u>되며, 암수범죄를 포함하지 못한다는 비판이 있다. 23. 보호7
범죄시계 18. 보호7	① 의의: '범죄시계'란 매 시간마다 범죄발생 현황을 표시한 것을 말한다. 이는 범죄의 종류별 발생빈도를 시간단위로 분석하며, 종류별 사건의 수를 시간으로 나눈 수치로 표시된다. ② 장·단점: 범죄시계는 일반인들에게 범죄경보 기능을 한다는 장점이 있으나, 인구성장률을 반영하지 않고 있으며 시간을 고정적인 비교단위로 사용하는 문제점이 있어서 통계적 가치는 없다고 할 수 있다.
검거율	① 검거율이란 인지된 범죄사건에 대한 검거된 사건의 비율을 말한다. 보통 경찰이 <u>1년 동안 범인을 검거한 사건수를 1년 동안 발생한 사건수로 나눈 비율로 계산한다</u>(1년 동안 범인을 검거한 사건수 / 1년 동안 발생한 사건수 × 100). ② 실제로 범인이 시간이 한참 지난 후에 검거되는 경우도 많으므로, 범죄율은 1년 동안 발생한 사건 중에서 범인이 검거된 비율을 나타내는 것은 아니며, 결과적으로 <u>검거율이 100%가 넘는 경우도 있다.</u>

5. 실험적 방법(실험 연구)

의의	① 실험적 방법이란 설정된 가정(가설)을 검증하기 위하여 제한된 조건하에서 반복적으로 이루어지는 관찰을 의미한다. 20. 교정7☆ ② 실험적 방법은 보통 새로운 형사제도의 효율성을 미리 점검하는 데 많이 이용되며[예] 가택구금제도를 새로이 설정해놓고 그 안에서 일어나는 피구금자의 행동과 반응의 차이를 교도소 내에서의 경우와 비교), 암수범죄의 조사방법으로도 활용될 수 있다[예] 블랑켄부르크(Blankenburg)의 연구]. 16. 사시☆
장·단점	① 장점: 실험적 방법에 의하면 상대적으로 적은 비용으로 신속하게 연구결과를 얻을 수 있고 (반복된 실험 가능), 연구자가 필요한 조건을 통제하여 <u>내적 타당성을 확보하는 것이 용이하다.</u> 23. 교정7 ② 단점: 실험적 방법은 중대한 범죄는 제외되고 사소한 범죄만이 대상이 될 수 있고, 실험조건 및 대상의 확보가 쉽지 않으며(윤리적 문제점), 대상자가 소규모이므로 결과를 일반화하기 어렵다. 19. 교정7☆

6. 참여적 관찰 12. 보호7

의의	① 참여적 관찰이란 연구자가 직접 범죄자 집단에 들어가 함께 생활하면서 그들의 생활을 관찰하는 조사방법을 말한다(현장조사). 24. 교정7☆ ② 참여적 관찰의 대표적 예로는 오스번(T. M. Osborne)이 자원수형자 생활을 하면서 교도소 상태를 관찰한 것을 들 수 있다. 그는 후에 오번교도소의 소장으로 취임하여 자원수형자 생활에서 경험한 것을 토대로 '수형자자치제'를 고안하였다. 12. 사시
장·단점	① 장점: 서덜랜드(E. H. Sutherland)가 '자유로운 상태에 있는 범죄자의 연구'라고 표현한 것처럼, 참여적 관찰은 체포되지 않은 범죄자들의 일상을 관찰할 수 있다. 24. 교정7 ② 단점: 참여적 관찰에 대해서는 연구대상이 되는 범죄유형이 극히 제한적인 점, 조사가 소규모로 진행되기 때문에 연구결과를 일반화할 수 없다는 점, 조사방법의 성격상 많은 시간과 비용이 소요된다는 점, 객관성을 유지하지 못한 채 조사 대상자들에게 동화되거나 반대로 이들을 혐오하는 감정을 가질 수 있다(주관적 편견의 개입)는 점, 연구 중 대상자가 실제로 범죄를 저지른 경우에 윤리적·법적 책임문제가 발생할 수 있다는 점 등이 문제점으로 지적된다. 23. 보호7☆

7. 추행조사 12. 보호7

의의	① 추행조사(추적조사, Follow-up Study)란 일정 수의 범죄자(또는 비범죄자)들을 일정기간 동안 직접 접촉하면서 그들의 인격이나 사회적 조건의 변화를 기록·분석하거나, 기록 등을 통하여 범죄경과를 추급하는 연구방법이다(수직적 비교방법). 16. 사시 ② 추행조사는 중범죄자를 대상으로 초범 시부터 재범 시까지 범죄자의 범죄행태의 변화를 연구하기에 가장 적합한 방법으로 평가되고 있다.
장·단점	① 장점: 추행조사는 일정한 시간적 연속성 속에서 연령·환경 등의 변동에 따라 조사 대상자의 변화를 관찰할 수 있다. 10. 보호7 ② 단점: 조사방법상 사생활 침해의 우려가 있으며, 범죄자 자신이 조사대상임을 알게 된 경우에는 조사하기 어렵다.

8. 코호트 연구

의의	① 코호트 연구(cohort research)는 특정 지역에 거주하며 공통의 특성을 갖는 집단을 대상으로 상당한 기간 동안 관찰하며 연구를 수행하는 것을 말한다. 예 울프강(M. Wolfgang) 등의 필라델피아 코호트 연구 ② 주로 대상 범죄자나 그의 가족과의 면담을 통해 자료를 수집하고, 각종 기록(학교, 병원, 복지시설, 경찰, 법원, 교도소 등)을 통해 이를 검증하는 작업을 진행한다.
장·단점	① 장점: 다른 범죄학 연구방법의 대부분이 시계열적 분석이 미흡하고, 범죄경력의 진전이나 범죄율의 증감에 대한 분석이 간과되기 쉽다는 단점이 있어서 이를 보완하기 위해 고안된 연구방법이다. ② 단점: 대상자를 시간의 흐름에 따라 추적하는 것이 쉽지 않은 경우에는 조사수행의 곤란도가 높고, 자료수집에 비용이 많이 들며 시간이 많이 소요된다.

구분	양적 연구방법	질적 연구방법
개념	경험적 자료를 수집하고 계량화하여 사회현상을 통계적으로 분석	연구자의 직관적 통찰로 사회현상의 의미를 해석하고 이해
목적	<u>사회현상의 일반적 법칙을 발견·설명</u>	사회현상에 대한 심층적 이해
특징	• 경험적, 통계적 연구 • 가설 검증 및 법칙 발견에 유리 • 객관적이고 정밀한 연구 가능	• 대화록, 관찰일지, 비공식문서 등 자료 활용(소규모 분석) • 대상자의 주관적 의식 및 행동에 대한 심층적 이해 • 인간 행위의 동기와 의미 중시 • 연구결과의 내적 타당성의 확보 유리
한계	• 계량화하기 어려운 영역의 연구에 부적합 • 인간의 의식과 행위에 대한 깊이 있는 접근이 어려움	• 연구자의 주관적 가치 개입 우려 • 객관적인 법칙을 발견하여 일반화하기 어려움 (외적 타당성의 확보가 어려움)

II

범죄원인론

01 미시적 범죄이론

1 생물학적 범죄원인론

1 생물학적 범죄원인론

1. 범죄인류학

롬브로조 (C. Lombroso)	범죄자는 진화론적으로 퇴행한 것으로서 격세유전을 통해 원시인류의 야만적 속성이 유전된 돌연변이적 존재라고 본다(생래적 범죄인설). 23. 보호7
고링 (C. Goring)	① 롬브로조(C. Lombroso)의 생래적 범죄인설과 같은 범죄자 분류는 현실적으로 불가능하다고 비판하여 방법론에 있어 비과학적인 것으로 간주하였으며, 범죄행위란 신체적 변이형태와 관계된 것이 아니라, 유전학적 열등성에 의한 것이라고 주장하였다. 24. 교정7☆ ② 통계를 통하여 유전적 소질과 환경의 영향을 동시에 고려하고 객관적으로 상호비교하였다. 연구 결과, 부모와 자녀의 범죄성은 상관성이 매우 큰 것으로 나타났고, 범죄성은 유전에 의해 전수되는 것이라고 주장하였다.
후튼 (A. Hooton)	고링(C. Goring)의 주장은 후튼(A. Hooton)에 의해 다시 반박된다. 약 17,000명을 대상으로 107개의 신체부위의 특징을 조사한 결과, 범죄의 원인은 생물학적(신체적) 열등성에 있고, 열등성의 근본적인 원인은 유전이라고 봄으로써 범죄인 가계를 인정하였다.

2. 체형이론

(1) 크레취머(E. Kretshmer) 14. 사시☆

체형	특징 및 성격	기질 및 정신병질	정신병
비만형 16. 보호7	① 키가 작고 풍뚱한 체형, 상쾌와 비애 사이를 동요, 자극에 동요가 많으며 사교적이고 정이 많음 ② 범죄의 확률이 적음, 범죄를 저지른다면 주로 사기범이 많고 폭력범도 종종 있음	순환성 순환병질	조울증
운동형 (투사형)	① 근육이 잘 발달된 체형으로 둔중하고 무미건조한 성격, 귀찮고 끈덕지며 때로는 촉발적으로 불만 발산 ② 범죄의 가능성이 높음, 주로 폭력범죄를 행하며 조발상습범 중에서 가장 많은 유형임	점착성 간질병질	간질
세장형 (쇠약형)	① 키가 크고 마른 체형으로 비사교적인 성격, 민감과 둔감 사이를 동요, 자극에의 반응 약함, 비사교적이고 변덕스러움 ② 사기범·절도범이 많고 누범율이 높음	분열성 분열병질	정신 분열증

(2) 셀던(W. Sheldon) 23. 보호7

체형	특징 및 성격	긴장부분
내배엽형	① 소화기관이 발달, 살이 찐 편, 전신이 부드럽고 둥근 편, 짧은 사지와 골격 ② 편안한 사람, 가벼운 사치품을 좋아함, 온순하지만 본질적으로 외향적	내장 긴장형
중배엽형	① 근육·골격이 발달, 큰 몸통, 손목과 손이 큼, 각진 체형 또는 우람한 체형 ② 활동적이고 역동적, 단호한 제스처, 공격적으로 행동	신체 긴장형
외배엽형	① 피부와 신경계통이 발달, 여위고 섬세한 체형, 작은 얼굴과 높은 코, 몸집은 작지만 상대적으로 큰 체표면 ② 내향적, 항상 신체불편을 호소(알레르기·피부병·만성피로·불면증 등), 소음·외부자극에 민감, 비사교성	두뇌 긴장형

★ 핵심 POINT | 크레취머(E. Kretshmer)와 셀던(W. Sheldon)의 체형 비교

크레취머	셀던	기질	긴장	정신병질	정신병	범죄형태
비만형	내배엽형	순환성	내장 긴장	순환병질	조울증	범죄 적음
운동형	중배엽형	점착성	신체 긴장	간질병질	간질	범죄 많음(폭력)
세장형	외배엽형	분열성	두뇌 긴장	분열병질	정신분열증	사기, 절도, 누범
혼합형	–	–	–	–	–	비폭력 풍속범

2 생물사회학적 범죄이론

1. 범죄인 가계 연구

(1) 주요 연구내용

① 덕데일(R. Dugdale)의 쥬크家 연구, 고다드(H. Goddard)의 칼리카크家 연구, 고링(C. Goring)의 통계적 연구 등에서는 부모와 자식의 범죄성은 상관관계가 매우 높다고 주장하였다(범죄성의 유전을 긍정). 21. 교정9

② 서덜랜드(E. H. Sutherland)의 에드워드家 연구에서는 선조의 살인성향이 후대에 이어지지 않았다는 점을 들어 범죄성의 유전을 부정하였다.

(2) 평가

범죄인 가계 연구는 통계방법상의 잘못이 지적된다. 표본이 부족한 조사였고, 범죄생물학적·정신병리적 연구가 병행되지 않았으며, 환경의 영향을 해명하지 못하였다. 23. 보호7

2. 쌍생아 연구(쌍둥이 연구)

(1) 의의

쌍생아 연구란 일란성 쌍생아와 이란성 쌍생아의 범죄일치율을 비교함으로써 유전이 범죄소질에 미치는 영향을 알 수 있다는 연구이다(표본조사방법에 기한 대표적 연구). 13. 사시

(2) 주요 연구내용

① 랑에(J. Lange)

  ㉠ 30쌍의 쌍둥이를 대상으로 연구를 하였는데 일란성의 경우 13쌍 중에서 10쌍이 범죄를 저질렀으며, 이란성의 경우는 17쌍 중에 2쌍만이 범죄를 저지른 것으로 나타났다고 한다(일란성 쌍생아들이 이란성 쌍생아들보다 범죄일치율이 현저히 높음). 21. 교정9☆

  ㉡ 기회범죄(예 교통범죄 등)와 소질범죄(예 성범죄 등)를 같은 일치율의 개념으로 포섭하였다는 점에서 비판을 받는다.

② 슈툼플(F. Stumpfl)

  ㉠ 종래의 연구가 소질적인 요소가 많은 개선 불가능한 누범이나 단순한 기회적인 교통사범을 모두 일치로 취급한 점을 비판하면서 일치개념을 구체화하였다.

  ㉡ 일치의 태양을 5단계(ⓐ 쌍생아가 모두 처벌되는 경우 → ⓑ 범죄의 비중이 일치하는 경우 → ⓒ 범죄의 실행방법이 일치하는 경우 → ⓓ 일상의 사회적 태도가 일치하는 경우 → ⓔ 성격구조까지 일치하는 경우)로 나누어, 일란성 쌍생아의 경우는 조발성의 누범인 경우에 거의 일치한다고 보았다.

③ 크리스챤센(K. O. Christiansen) 14. 사시

  ㉠ 가장 광범위한 표본을 대상으로 연구를 시행하고, 쌍생아 계수를 사용하였다.

  ㉡ 쌍생아의 범죄일치율은 범죄의 종류·출생지역·사회계층·범죄에 대한 집단저항의 강도에 따라 차이가 난다. 따라서 유전소질의 영향은 여러 환경요인들에 의해 제약되어 범죄일치율이 낮아진다. 결국 범죄원인은 유전적 요인이 중요하지만 사회적 변수에 따라 많은 영향을 받는다고 보았다. 13. 사시

④ 달가드와 크링글렌(Dalgard & Kringlen) 15. 사시

  ㉠ 쌍생아 연구에서 유전적 요인 이외에 환경적 요인을 함께 고려하여 연구하였다.

  ㉡ 일란성 쌍생아들이 다소 높은 범죄일치율을 보인 것을 유전적 요인이 아닌 양육 과정상의 유사성에 기인한다. 결국 범죄발생에서 유전적 요소의 중요성이란 존재하지 않는다고 주장하였다. 21. 교정9

(3) 평가

쌍생아 연구는 범죄에서 유전소질의 영향이 적지 않음을 보여준 대표적 연구이다. 그러나 일란성과 이란성의 분류방법, 표본의 대표성, 공식 범죄기록에 의한 일치율의 조사, 환경의 영향 무시, 불일치 현상의 문제 등의 비판을 받는다. 13. 사시

3. 입양아 연구(양자 연구)

(1) 의의

입양아 연구는 범죄자 중에 입양아를 조사하여 그 생부의 범죄성을 대비해 보는 연구이다. 생부가 범죄성이 있었던 경우에 양자가 범죄자가 되는 확률이 양부가 범죄자였던 경우보다 높게 나타나면 범죄에 유전성이 있는 것을 입증하는 증거가 된다는 것이다.

(2) 허칭스와 메드닉(B. Hutchings & S. Mednick)의 주장

① 생부와 양부 그리고 입양아 본인의 범죄기록을 모두 조사한 결과 생부와 양부 둘 중 한 쪽만 범죄를 저질렀을 때에는 양쪽 모두 범죄자인 경우보다 입양아에 대한 영향력이 약하며, <u>양부의 범죄성은 생부의 범죄성보다 영향력이 약하다</u>고 보았다. 21. 교정9☆

② 범죄유발에 유전적 요인뿐만 아니라 환경적 요인 역시 중요한 역할을 한다고 보았다. 가정적 결함이라는 환경적 요인이 범죄에 상당한 영향을 미친다는 점을 보여준다는 것이다.

(3) 평가

① 입양아 연구는 유전이 어느 정도 중요한 범죄원인이 되고 성장환경 또한 무시할 수 없는 원인이 된다는 점을 증명하였다.

② 반면, 입양아 연구에 대해서는 입양기관이 연결하는 입양가정은 대개 중산층 이상인 경우가 많기 때문에 연구의 표본이 모집단에 실재하는 다양한 환경을 대표하지 못하는 경우가 있어 환경의 영향을 일반화하기 어렵다고 평가된다. 23. 보호7

3 유전학적 이론

1. 유전적 비정상(유전적 결함)과 범죄

(1) 유전학적 이론은 유전적 결함을 물려받은 자와 범죄성의 상관관계를 연구하는 입장이다. 유전적 결함이란 혈연관계 가운데 내인성 정신병(예 정신분열증 · 조울증 · 간질 등), 정신병질, 정신박약, 음주벽, 범죄성 등이 존재하는 경우를 말한다(유전부인).

(2) 범죄와 유전적 비정상이 직접적으로 관계가 있다고 단언하기는 어렵다. 유전적 결함이 곧 범죄성향이 되는 것이 아니라 정신병질 등이 있는 부모를 둔 가정환경이 자녀를 범죄성향을 가진 자로 만든다고 볼 수 있기 때문이다.

2. 성염색체 연구

(1) 의의

① 성염색체 연구도 범죄발생에 있어서 유전적 특성의 역할을 강조하나, 유전적 특성이 가계로 전승되는 것이 아니라 수태 전후의 변이에 의해 형성된다고 본다.

② 1959년 제이콥스와 스트롱(P. Jacobs & J. A. Strong)은 성염색체의 형태 · 구성 · 개수 등의 이상이 성격적 결함을 초래하고 나아가 범죄성향과 연관된다는 연구를 하였다.

(2) 연구내용

X염색체의 증가 (XXX형 · XXY형), 클라인펠터 증후군	① 특히 문제가 되는 여성형 남성(XXY형)의 경우는 대개 고환이 작고, 무정자증이 있으며, 여성형의 유방을 갖거나, 장신이 되는 등의 신체적 특징을 보인다. 또한 지능이 낮고, 반사회적이며, 미숙하고, 자신감이 결여되어 있다. ② 범죄학적으로 크게 위험이 있지는 않다고 하나, 경우에 따라 동성애의 경향을 보이며 성범죄 · 조포범 · 절도 등을 저지를 가능성이 높다.
Y염색체의 증가 (XYY형), 초남성형 16. 보호7☆	① 클라인펠터 증후군보다 더욱 범죄성향을 띠기 쉬운 염색체 이상이다. 신장이 크고, 지능이 낮으며, 성적으로 조숙하여 조발성 범죄자(평균 초범연령이 13~14세)가 많다. 공격성이 강해서 성범죄, 방화죄, 살인 등의 강력범죄를 저지를 확률이 높다고 한다. 다만, 유전보다는 돌연변이에 의한 것으로 보아 비유전성이 특징이다. 15. 사시 ② 정신병자들 중 XYY형으로 파악된 사람의 비율이 일반인의 경우에 비해 매우 높았다. 또한 XYY형은 일반인에 비해 수용시설에 구금되는 정도가 높다는 특징이 있다.

(3) 평가

① 연구방법론상 문제점 등이 아직 해소되지 않았고 XYY형이라고 하여 반드시 범죄자가 되는 것도 아니므로, XYY형 범죄자가 존재한다는 점이 범죄가 소질에 기인하는 것이라는 주장의 논거로 되기는 어렵다.

② 비판범죄학의 테일러(I. Taylor) 등은 XYY형을 가진 사람은 신체적 특징 때문에 범죄인지율이 높고, 범죄혐의를 받은 후에 체포나 유죄판결을 피할 확률이 거의 없다는 점을 들어 이러한 연구결과를 비판한다.

4 기타 이론

1. 여성범죄(성별과 범죄)

(1) 양적 특성

① 의의: 일반적으로 여성범죄율은 남성의 10~20% 정도로 본다.

② 양적 특성의 부정

  ㉠ **롬브로조(Lombroso)**: 여성범죄는 선천적 · 잠재적 소질이 기초로 되며 여성범죄가 적은 것은 단지 표면적일 것이고, 실제로 여성의 매춘을 고려한다면[범죄대상(犯罪代償)] 남성범죄를 훨씬 능가한다고 한다.

  ㉡ **폴락(Pollak)**: 여성범죄는 은폐성을 특징으로 하므로, 여성범죄가 남성보다 비율이 낮은 것은 은폐성으로 인하여 통계상에 잘 나타나지 않을 뿐이고 범죄적 성향은 남성에 못지않다고 한다(암수범죄의 문제). 16. 보호7

  ㉢ **아들러(Adler)**: 여성의 사회적 역할이 변하고 생활 형태가 남성의 생활상과 유사해지면서 여성의 범죄 활동도 남성과 동일화되어 간다고 주장한다(신여성범죄론). 16. 보호7

ⓔ 체스니 – 린드(Chesney–Lind): 소년사법체계에서 소녀가 소년보다 더 가혹하게 취급되며, 이는 사법체계가 소녀가 전통적 성역할 기대를 저버린 것으로 보아 그 처리절차에서 성차별을 하기 때문이라고 주장한다. 22. 보호7

(2) 질적 특성

　　일반적으로 여성범죄의 질적 특성은 수동성에 있다(피해자적 특성). 여성범죄의 배후에는 많은 경우에 남성이 있고, 그 남성이 진정한 원인 제공자인 경우가 적지 않으며, 죄질에 있어서도 공격적인 범죄가 적은 편이다. 또한 여성범죄는 대개 잘 아는 사람을 대상으로 하는 경우가 많고, 범행수법도 비신체적인 경우가 많으며, 경미한 범행을 반복하는 경우가 많다. 16. 보호7

2. 연령과 범죄

(1) 연령별 특징

　　① 범죄가 가장 많이 나타나는 연령층은 청장년기이다. 외국의 통계에 의하면 대체로 20세~25세의 연령층이 가장 높은 범죄율을 보이고 있다.

　　② 연령층별로 특징을 보면, 청장년기에는 폭력적인 유형의 범죄가 많고, 갱년기 · 노년기에는 지능적인 범죄(예 사기죄 · 횡령죄 · 배임죄 · 위조죄 등)가 많다.

(2) 연령과 범죄에 관한 이론

성숙이론	25~30세까지는 범죄를 반복하나, 30세 이후에는 범죄를 중단하게 된다[글룩 부부(S. Glueck & E. Glueck)].
성장효과이론	직장과 가족에 대한 책임감 및 기대 충족의 동기로 인해 범죄가 감소한다[맛차(Matza)].
노쇠화이론	수형기간 중에는 범행의 기회가 차단되며, 석방 후에도 연령 증가에 따라 범죄가 감소된다[지겔(Siegel)].
정착 과정이론	교정에 의해 재사회화된 결과로 고연령층의 범죄율이 낮다[레클리스(Reckless)].

(3) 청소년비행

가정적 요인	가정에 결함 내지 장애가 있는 경우 또는 가정 그 자체가 없는 경우에는 가정이 갖는 긍정적 기능을 기대할 수 없을 뿐만 아니라 청소년의 인격형성에 불리한 영향을 미치고, 나아가 범죄행위로 나아갈 위험성이 크게 된다. 예 결손가정, 빈곤가정, 부도덕가정, 갈등가정, 시설가정 등
학교기능의 저하	학교는 교육을 통하여 사회의 관습적인 태도와 행위를 내면화시키고 있으나, 청소년이 학교생활에서 경험하는 좌절감이나 학교에 대하여 갖는 반항심은 청소년을 비행으로 유도하는 요인이 되기도 한다. 예 코헨의 비행하위문화이론
사회환경의 변화	전통적 윤리관이 무너지고 물질적 성공을 중시하는 가치관의 변화와 아노미한 사회상황은 청소년에게도 큰 영향을 미치고 청소년비행의 중요한 요인이 되고 있다.

2 심리학적 범죄원인론

1 정신분석학적 범죄이론

1. 프로이드(S. Freud)의 정신분석학

(1) 의의

정신분석학적 범죄이론에서는 콤플렉스에 기한 잠재적인 죄악감과 망상을 극복할 수 없는 경우에 범죄로 나아간다고 설명하였다. 15. 사시

(2) 성격구조의 기본적 토대

① 성격구조의 기본 토대에서 <u>의식의 개념은 에고(Ego)로</u>, <u>무의식의 개념은 이드(Id)와 슈퍼에고 (Super ego)</u>로 나누어 설명하였다. 24. 보호9☆

② 이드는 쾌락을 요구하고(쾌락원칙), 슈퍼에고는 욕구에 대한 죄의식을 느끼게 하며(도덕원칙), 에고는 협상을 시도하여 욕구 충족을 위한 활동에 참여할 수 있게 한다(현실원칙). 24. 보호9

이드 (Id)	생물학적 · 심리학적 충동의 커다란 축적체로서, 모든 행동의 밑바탕에 놓여 있는 충동을 의미하며, 그 핵심요소에는 성(性)적 에너지인 리비도(libido)가 있다. 24. 보호9
슈퍼에고 (Super ego)	자아비판과 양심의 힘으로서, 개인의 특수한 문화적 환경에서의 사회적 경험으로부터 유래하는 요구를 반영한다. 이는 유년기에 부모에게 받는 애정으로부터 생겨난다.
에고 (Ego)	의식할 수 있는 성격 내지 인격으로서, 현실원리에 따라 생활하며 본능적 충동에 따른 이드(Id)의 요구와 사회적 의무감을 반영하는 슈퍼에고(Super ego)의 방해 사이에서 중재를 시도하며 살아가는 현실세계를 지향한다.

(3) 콤플렉스와 범죄

① 유아기의 어린아이들이 부모와의 관계를 성공적으로 형성하지 못하면, 특히 슈퍼에고(Super ego)가 강한 경우에 콤플렉스를 갖게 되며(예 오이디푸스 콤플렉스, 엘렉트라 콤플렉스), 이로 인해 무의식적인 죄의식을 갖게 된다. 이러한 죄의식을 에고(Ego)가 적절히 조절하지 못하면 각자의 성격에 중요한 영향을 미쳐 향후 행동에 심각한 영향을 미친다.

② 성심리의 단계적 발달이 인성형성에 중요한 역할을 한다고 보면서, 각 단계별로 필요한 욕구가 충족되지 못하면 긴장이 야기되고 이러한 긴장이 사회적으로 수용되지 못할 때 범죄적 적응이 유발될 수 있다고 주장하였다.

③ <u>인간의 성심리의 발달단계를 성적 쾌감을 느끼는 신체부위의 변화에 따라 구순기(Oral Stage), 항문기(Anal Stage), 남근기(Phallic Stage), 잠복기(Latent Stage), 생식기(Genital Stage) 순으로 제시하였다.</u> 24. 보호9☆

구순기 (oral stage)	0세~1세 정도의 시기로서 입과 입술을 통한 빨기나 물기를 통해 쾌감을 경험하는 시기이다.
항문기 (anal stage)	2세~3세 정도의 시기로서 배변의 억제 또는 배설을 하며 쾌감을 느끼는 시기이다.
남근기 (phallic stage)	3세~6세 정도의 시기로서 자신의 성기에 관심을 갖고 남녀의 구별과 이성 부모에 대한 성적 감정 및 동성 부모에 대한 적대감을 느끼는 시기이다[오이디푸스 콤플렉스(남자아이), 엘렉트라 콤플렉스(여자아이)].
잠복기 (latency stage)	7세~12세 정도의 시기로서 성적 충동이 억제되는 시기이다.
생식기 (genital stage)	12세 이후의 시기로서 이성에 대한 성적 만족을 추구하는 시기이다.

2. 범죄에 대한 설명

(1) 프로이드(S. Freud)

어떤 사람들은 과도하게 발달한 슈퍼에고로 인하여 항상 죄책감과 불안을 느끼기 때문에 범죄에 따른 처벌을 통하여 죄의식을 해소하고 심리적인 균형감을 얻고자 하는 시도로 범죄를 저지를 수 있다고 본다.

(2) 아이히호른(A. Aichhorn)

슈퍼에고의 미발달을 범죄의 원인이라고 하여, 비행소년을 슈퍼에고(Super ego)가 제대로 형성되지 않아 이드(Id)가 제대로 통제되지 못한 경우로 이해한다. 15. 사시

(3) 아들러(A. Adler)

인간의 무의식에는 열등감 콤플렉스가 내재해 있고, 이를 극복하여 우월감을 획득하고자 하는 무의식의 동기(우월의 욕구)가 있다고 한다. 비행은 열등감을 갖는 자가 이를 과도하게 보상하기 위해 타인의 주의를 끌고자 하는 행동이라고 본다.

(4) 기타 연구자

① 바울비(Bowlby)는 어렸을 때 어머니가 없는 경우에는 자녀가 기초적인 애정관계를 형성하지 못하여 불균형적인 인성구조를 형성하고 이후 범죄와 같은 반사회적 행위에 빠져든다고 보았다(모성의 영향을 중시, 애착이론).

② 레들과 와인맨(Redl & Wineman)은 비행소년들이 적절한 슈퍼에고(Super ego)를 형성하지 못하고 에고(Ego) 또한 이드(Id)의 충동을 무조건 옹호하는 방향으로 구성되었다고 본다. 이처럼 에고(Ego)가 슈퍼에고(Super ego)의 규제 없이 이드(Id)의 욕구대로 형성된 경우를 '비행적 자아'라고 한다.

2 성격과 범죄

1. 인격심리학적 이론(인성이론)

(1) 인격심리학적 이론에서는 범죄인이 정상인과 달리 도덕적 인성을 형성하지 못해 제재의 위험성이 있는데도 순간적인 자기통제력이 결핍되어 범죄를 저지른다고 보았다.

(2) 아이젠크(H. Eysenck)는 범죄행동과 성격특성 간의 관련성을 정신병적 경향성(Psychoticism), 외향성(Extraversion), 신경증(Neuroticism) 등의 세 가지 차원에서 설명한다.

(3) 범죄인의 대부분이 외향적이고 동시에 신경증적 성격을 가지며 이들은 자기통찰력이 부족하고 충동적이며 정서적으로 불안정하여 이성적 판단이 어렵다고 주장한다. 즉, 외향적 사람은 내성적 사람에 비해 규범합치적 행동성향이 불안정하므로, 잘못된 방향으로 행동한다는 것이다. 23. 보호7

2. 인지발달이론

(1) 인지발달이론은 인간의 인지발달에 따라 도덕적 판단능력이 내재화되는 과정을 통해 범죄원인을 연구하는 입장이다(피아제, 콜버그 등). 내재화란 사회의 규범이나 가치체계를 자기의 행동기준으로 받아들이는 작업을 말한다.

(2) 콜버그(Kohlberg)는 도덕성의 발달단계를 ⊙ 관습적 수준 이전 단계(1단계: 타율적 도덕성 준수, 2단계: 이익형평성 고려), ⓒ 관습적 수준 단계(3단계: 타인의 기대 부응, 4단계: 사회 시스템 고려), ⓒ 관습적 수준 이상 단계(5단계: 개인의 권리 및 사회계약 인식, 6단계: 보편적 윤리원칙 고려)로 구분하였다. 그는 대부분의 성인들은 3·4단계 정도의 도덕적 수준이 발달하기 때문에 사회의 규범을 준수하고 범죄를 하지 않지만, 1·2단계의 도덕적 수준을 가진 사람들은 일탈과 범죄를 행한다고 주장한다(도덕발달이론). 24. 교정7☆

(3) 처벌을 피하기 위해 또는 자기이익을 위해 법을 지키는 사람은 법이 다른 사람의 이익을 위해 존재하는 것으로 보는 사람에 비해 범죄인이 될 가능성이 높다고 하면서 성장 과정의 도덕심 배양을 중요시한다.

3. 행동·학습이론

(1) 의의

① 행동·학습이론이란 인간의 행위를 경험을 통하여 학습된 내용의 표현으로 이해하는 입장이다.

② 인간은 자기의 행동에 대한 다른 사람의 반응을 본 후 그 반응에 따라 자신의 행동을 변경한다.

③ 사람들이 학습한 내용을 전부 행동으로 옮기는 것은 아니고, 실행에 대한 자극이나 동기가 별도로 필요하다.

④ 행동의 동기요인은 주로 재강화와 보상으로 설명된다.

⑤ 행동·학습이론은 범죄자의 행동수정요법에 원용되고 있다.

(2) 스키너(B. F. Skinner)의 연구

① 스키너는 아동이 성장기에 한 행동에 대하여 칭찬·보상이 주어지면 그 행동이 강화되지만, 처벌·제재를 받으면 그러한 행동을 억제하게 된다고 주장한다(조작적 조건화 이론).

② 위와 같은 스키너의 이론은 '인간의 행동이 내적 요인보다 외적 자극(칭찬·보상과 처벌·제재 등)에 의하여 영향을 받는다'는 점을 전제로 한다.

(3) 반두라(A. Bandura)의 연구

① 반두라는 "사람들은 폭력행위를 할 수 있는 능력을 가지고 태어나는 것이 아니라 그들의 삶의 경험을 통해서 공격적 행동을 하는 것을 배우게 되는 것이다."라고 하여 학습행동이 범죄와 깊은 관련이 있음을 주장한다(사회학습이론).

② 또한 반두라는 아무런 보상과 처벌이 없어도, 아무런 자극이나 반응이 없어도 다른 사람의 행동을 단순하게 관찰하는 것만으로도 중요한 학습은 발생한다고 본다(보보인형 실험).

3 정신적 결함과 범죄

1. 정신병과 범죄

(1) 정신병(Psychosis)이란 정신 기능의 이상으로 정상적 사회생활이 어려운 경우를 말한다.

(2) 통계를 고려하면 정신병 환자의 위험성이 일반인보다 월등하게 높다고 보기는 어렵다. 정신병 환자에 대한 사회적 편견이 더욱 큰 영향이 있는 것으로 판단할 수도 있다.

2. 정신병질과 범죄

(1) 의의

① 정신병질(Psychopathy)은 계속적인 성격이상이나 병적 성격으로 외부 자극에 부자연스러운 반응을 보이고 신체 기능이 협동적으로 이루어지지 않음으로써 사회적으로 적응하기 힘든 상태를 말한다.

② 정신병질은 성격이상이므로 질적으로는 일반인과 큰 차이가 나타나지 않는다고 하며, 정신병질이 가장 나타나기 쉬운 시기는 20대라고 한다.

(2) 유형 - 슈나이더(H. Schneider)의 10분법

구분	성격의 특징	관련되는 범죄유형
발양성	낙천적 태도, 경솔 및 불안정, 비판·감정제어 능력의 결여	상습범·누범 중에 많음, 무전취식 등 가벼운 절도·모욕·사기죄와 관련
우울성	염세적·회의적 인생관, 자책성, 불평이 심함	범죄와 관련 적음, 자살 유혹이 강함, 강박관념에 의한 살상·성범죄 가능
의지박약성	저항력(인내심) 상실, 저지능	청소년 비행과 관련됨, 누범의 60%, 각종 중독자, 무계획적 소규모 절도·사기

무정성 (배덕광)	인간의 고등감정 결여, 이기적·잔인한 행위	흉악범(살인·강도·강간 등), 범죄단체조직, 누범
폭발성	자극에 민감, 병적 흥분, 음주 시 무정성·의지박약성과 결합되면 매우 위험	살상·폭행·모욕·손괴 등 충동범죄의 대부분과 관련됨, 충동적인 자살
기분이변성	기분 동요가 많아 예측 곤란, 정신병질자의 50%로 가장 많음, 폭발성과 유사하나 정도가 낮음	방화, 도벽, 음주광, 격정범으로 상해·모욕·규율 위반 가능
과장성 (자기현시성) 15. 사시	자기중심적, 자신에의 주목·관심 유발, 기망적 허언 남발, 욕구좌절 시 히스테리 반응	기망적 성격에 따른 고등사기, 금고수형자 중 꾀병을 앓는 자가 많음
자신결핍성	내적 열등감, 불확실성, 강박관념, 주변에 대한 인식으로 도덕성 강함	범죄와 관련 적음, 강박관념으로 인한 범죄 가능
광신성 (열광성)	개인적·이념적 사상에 열중, 타인에 대한 불신	양심범·확신범, 소송을 좋아함, 개선이 어려워 재범을 저지르는 경우가 많음
무력성	심신부조화 상태, 타인의 관심 호소, 신경증	범죄와 관련 적음

(3) 사이코패스
① 사이코패스(psychopath)란 일반적으로 반사회적 인격장애를 지닌 사람이다.
② 사이코패스는 ⊙ 현실파악의 의지와 능력이 결여되어 있고, ⓒ 폭발적이며 특정사안에 광적으로 집착하나 일상적으로는 무기력하며, ⓒ 타인의 고통에 대한 공감능력이 결여되어 있고, ⓔ 죄책감이 결여되어 있으며, ⓜ 교활하며 상습적 거짓말로 자신을 합리화하는 특징이 있다고 한다. 23. 보호7
③ 헤어(R. Hare)는 사이코패스의 진단방법으로 PCL-R을 개발하였다.
④ 사이코패스의 특성은 생물학적 요인과 사회적 요인의 상호작용을 통해 형성되는데, 생물학적 요인이 더 강하다고 한다.

(4) 검토
정신병질자는 정신병 환자와 근본적으로 다르므로, 정신치료보다는 성격교정에 중심을 두어야한다.

★핵심 POINT	정신병질과 범죄의 관련성
관련성 높음	기분이변성 > 무정성 > 발양성 > 폭발성 > 과장성
관련성 낮음	무력성, 우울성, 자신결핍성

3. 정신박약과 범죄

(1) 정신박약은 지능발달에 결함이 있거나 지능발달이 일반인에 비해 현저하게 늦은 것을 의미한다 (정신지체, 지적 장애).

(2) 고다드(H. Goddard)는 범죄 · 비행의 원인 가운데 가장 중요(약 50% 정도)한 것이 정신박약이라 고 하면서, 정신박약자는 특별한 억제조건이 주어지지 않는 한 범죄자가 된다고 보았다. 또한 정 신박약자의 범죄를 예방하기 위해서는 단종 · 격리 등의 방법이 필요하다고 주장하였다. 23. 보호7

(3) 최근에는 지능과 범죄는 큰 상관관계가 없다는 것이 일반적이다. 정신박약자에 대해서는 일반적 인 치료가 큰 효과를 거두지 못하는 것으로 알려져 있다. 따라서 필요한 보호와 함께 그 능력에 따른 직업훈련을 행하여 자립을 촉진시킬 필요가 있다.

3 범죄의 미시환경적 원인

1 가정환경과 범죄

1. 가정환경 문제

(1) **결손가정**

① 유형

형태적 결손가정	㉠ 양친 모두 또는 어느 한 사람이 없는 가정(일반적 의미)
	㉡ 사별 · 이혼 · 별거 · 유기 · 실종 · 수형 · 장기부재 등이 원인
기능적 결손가정	㉠ 양친이 모두 있더라도 가정의 본질적인 기능인 생활의 상호보장과 자녀에 대한 심리적 · 신체적 양육이 결여되어 있는 가정
	㉡ 양친의 불화 · 갈등 · 방임 및 가족의 부도덕 등이 원인

② 우리나라에서는 결손가정과 비행의 직접적 연관성이 통계적으로는 입증되지 않고 있다.

(2) **빈곤가정**

① 빈곤가정이란 사회의 평균치에 밑도는 낮은 소득수준으로 인하여 경제적으로 어려운 가정을 말한다.

② 우리나라의 소년범죄에서 빈곤가정 청소년의 비율은 점차 감소하고 있기는 하지만 여전히 높게 나타나고 있다. 이는 아직도 소년의 비행 · 범죄에 가정의 빈곤이 매우 중요한 범죄원인이 되고 있음을 의미한다. 다만, 최근에는 중류층 가정의 소년범죄가 증가하고 있는 추세이다.

2. 가정폭력 문제

(1) **가정폭력의 개념 및 유형**

① 개념: 일반적으로 가정폭력은 가정구성원 사이의 신체적 · 정신적 · 재산상의 피해를 수반하는 행위라고 본다.

② 가정폭력의 유형

신체적 폭력	가해자가 피해자의 신체에 대하여 직접 폭행을 하거나 도구로 물리적 공격을 하여 상해 등을 입히는 행위
정신적 폭력	가해자가 피해자에게 심리적 압박감 또는 공포심리를 조장하여 정신적으로 피해를 가하는 행위
성적 폭력	가해자가 피해자에게 성적으로 고통을 주는 행위
방임	경제적 자립능력이 부족하고 일상생활에 도움이 필요한 아동이나 노인 등을 책임지지 않거나 유기하는 행위

(2) 형사정책적 중요성

① 형법은 사회통제체계 안에서 보충성을 가지므로 가정문제에 대한 개입을 자제한다.

② 가정폭력의 세습화도 무시할 수 없는 악영향 중 하나이다(소년범죄의 원인).

③ 문제가 되는 가정폭력은 대부분 상습적으로 은밀하게 자행된다(암수범죄).

(3) 「가정폭력범죄의 처벌 등에 관한 특례법」의 주요 내용

제1조 【목적】 이 법은 가정폭력범죄의 형사처벌 절차에 관한 특례를 정하고 가정폭력범죄를 범한 사람에 대하여 환경의 조정과 성행의 교정을 위한 보호처분을 함으로써 가정폭력범죄로 파괴된 가정의 평화와 안정을 회복하고 건강한 가정을 가꾸며 피해자와 가족구성원의 인권을 보호함을 목적으로 한다.

제2조 【정의】 이 법에서 사용하는 용어의 뜻은 다음과 같다.

1. '가정폭력'이란 가정구성원 사이의 신체적·정신적 또는 재산상 피해를 수반하는 행위를 말한다.
2. '가정구성원'이란 다음 각 목의 어느 하나에 해당하는 사람을 말한다.
    가. 배우자(사실상 혼인관계에 있는 사람을 포함한다. 이하 같다) 또는 배우자였던 사람
    나. 자기 또는 배우자와 직계존비속 관계(사실상의 양친자 관계를 포함한다. 이하 같다)에 있거나 있었던 사람
    다. 계부모와 자녀의 관계 또는 적모(嫡母)와 서자(庶子)의 관계에 있거나 있었던 사람
    라. 동거하는 친족
5. '피해자'란 가정폭력범죄로 인하여 직접적으로 피해를 입은 사람을 말한다.

제3조의2 【형벌과 수강명령 등의 병과】 ① 법원은 가정폭력행위자에 대하여 유죄판결(선고유예는 제외한다)을 선고하거나 약식명령을 고지하는 경우에는 200시간의 범위에서 재범예방에 필요한 수강명령(「보호관찰 등에 관한 법률」에 따른 수강명령을 말한다. 이하 같다) 또는 가정폭력 치료프로그램의 이수명령(이하 '이수명령'이라 한다)을 병과할 수 있다.

③ 법원이 가정폭력행위자에 대하여 형의 집행을 유예하는 경우에는 제1항에 따른 수강명령 외에 그 집행유예기간 내에서 보호관찰 또는 사회봉사 중 하나 이상의 처분을 병과할 수 있다.

제5조 【가정폭력범죄에 대한 응급조치】 진행 중인 가정폭력범죄에 대하여 신고를 받은 사법경찰관리는 즉시 현장에 나가서 다음 각 호의 조치를 하여야 한다.

1. 폭력행위의 제지, 가정폭력행위자·피해자의 분리
1의2. 「형사소송법」 제212조에 따른 현행범인의 체포 등 범죄수사
2. 피해자를 가정폭력 관련 상담소 또는 보호시설로 인도(피해자가 동의한 경우만 해당한다)
3. 긴급치료가 필요한 피해자를 의료기관으로 인도

4. 폭력행위 재발 시 제8조에 따라 임시조치를 신청할 수 있음을 통보
5. 제55조의2에 따른 피해자보호명령 또는 신변안전조치를 청구할 수 있음을 고지

제6조【고소에 관한 특례】 ② 피해자는 「형사소송법」 제224조에도 불구하고 가정폭력행위자가 자기 또는 배우자의 직계존속인 경우에도 고소할 수 있다. 법정대리인이 고소하는 경우에도 또한 같다.

제9조【가정보호사건의 처리】 ① 검사는 가정폭력범죄로서 사건의 성질·동기 및 결과, 가정폭력행위자의 성행 등을 고려하여 이 법에 따른 보호처분을 하는 것이 적절하다고 인정하는 경우에는 가정보호사건으로 처리할 수 있다. 이 경우 검사는 피해자의 의사를 존중하여야 한다.

제29조【임시조치】 ① 판사는 가정보호사건의 원활한 조사·심리 또는 피해자 보호를 위하여 필요하다고 인정하는 경우에는 결정으로 가정폭력행위자에게 다음 각 호의 어느 하나에 해당하는 임시조치를 할 수 있다.
1. 피해자 또는 가정구성원의 주거 또는 점유하는 방실(房室)로부터의 퇴거 등 격리
2. 피해자 또는 가정구성원이나 그 주거·직장 등에서 100미터 이내의 접근 금지
3. 피해자 또는 가정구성원에 대한 「전기통신기본법」 제2조 제1호의 전기통신을 이용한 접근 금지
4. 의료기관이나 그 밖의 요양소에의 위탁
5. 국가경찰관서의 유치장 또는 구치소에의 유치
6. 상담소 등에의 상담위탁

제40조【보호처분의 결정 등】 ① 판사는 심리의 결과 보호처분이 필요하다고 인정하는 경우에는 결정으로 다음 각 호의 어느 하나에 해당하는 처분을 할 수 있다. 16. 보호7
1. 가정폭력행위자가 피해자 또는 가정구성원에게 접근하는 행위의 제한
2. 가정폭력행위자가 피해자 또는 가정구성원에게 「전기통신기본법」 제2조 제1호의 전기통신을 이용하여 접근하는 행위의 제한
3. 가정폭력행위자가 친권자인 경우 피해자에 대한 친권 행사의 제한
4. 「보호관찰 등에 관한 법률」에 따른 사회봉사·수강명령
5. 「보호관찰 등에 관한 법률」에 따른 보호관찰
6. 법무부장관 소속으로 설치한 감호위탁시설 또는 법무부장관이 정하는 보호시설에의 감호위탁
7. 의료기관에의 치료위탁
8. 상담소 등에의 상담위탁
② 제1항 각 호의 처분은 병과할 수 있다.

제41조【보호처분의 기간】 제40조 제1항 제1호부터 제3호까지 및 제5호부터 제8호까지의 보호처분의 기간은 6개월을 초과할 수 없으며, 같은 항 제4호의 사회봉사·수강명령의 시간은 200시간을 각각 초과할 수 없다. 21. 교정7

제55조의2【피해자보호명령 등】 ① 판사는 피해자의 보호를 위하여 필요하다고 인정하는 때에는 피해자, 그 법정대리인 또는 검사의 청구에 따라 결정으로 가정폭력행위자에게 다음 각 호의 어느 하나에 해당하는 피해자보호명령을 할 수 있다.
1. 피해자 또는 가정구성원의 주거 또는 점유하는 방실로부터의 퇴거 등 격리
2. 피해자 또는 가정구성원이나 그 주거, 직장 등에서 100미터 이내의 접근 금지
3. 피해자 또는 가정구성원에 대한 「전기통신사업법」 제2조 제1호의 전기통신을 이용한 접근 금지
4. 친권자인 가정폭력행위자의 피해자에 대한 친권행사의 제한
5. 가정폭력행위자의 피해자에 대한 면접교섭권행사의 제한

② 제1항 각 호의 피해자보호명령은 이를 <u>병과</u>할 수 있다.

제57조【배상명령】 ① 법원은 제1심의 가정보호사건 심리절차에서 <u>보호처분을 선고할 경우 직권으로 또는</u> <u>피해자의 신청</u>에 의하여 다음 각 호의 금전 지급이나 배상(이하 '배상'이라 한다)을 명할 수 있다.
1. 피해자 또는 가정구성원의 부양에 필요한 금전의 지급
2. 가정보호사건으로 인하여 발생한 <u>직접적인 물적 피해 및 치료비 손해의 배상</u>
② 법원은 가정보호사건에서 가정폭력행위자와 피해자 사이에 <u>합의된 배상액</u>에 관하여도 제1항에 따라 배상을 명할 수 있다.

★ 핵심 POINT | 배상명령제도의 비교

구분	「소송촉진 등에 관한 특례법」	「가정폭력범죄의 처벌 등에 관한 특례법」
대상	• 제1심·제2심의 형사공판 절차에서 <u>유죄판결을 선고할 경우</u> • 법원의 직권 또는 피해자의 신청	• 제1심의 가정보호사건 심리 절차에서 <u>보호처분을 선고할 경우</u> • 법원의 직권 또는 피해자의 신청
범위	직접적인 물적 피해, 치료비 손해, <u>위자료</u>	<u>부양에 필요한 금전의 지급</u>, 직접적인 물적 피해, 치료비 손해

---

3. 아동학대 문제

(1) 아동학대(child abuse)란 보호자를 포함한 성인이 아동의 건강·복지를 해치거나 정상적 발달을 저해할 수 있는 신체적·정신적·성적 폭력이나 가혹행위를 하는 것과 아동의 보호자가 아동을 유기하거나 방임하는 것을 말한다(「아동복지법」 제3조 제7호). 아동은 18세 미만인 사람을 말한다(동법 제3조 제1호).

(2) 「아동학대범죄의 처벌 등에 관한 특례법」은 아동학대범죄의 처벌 및 그 절차에 관한 특례와 피해아동에 대한 보호절차 및 아동학대행위자에 대한 보호처분을 규정함으로써 아동을 보호하여 아동이 건강한 사회구성원으로 성장하도록 함을 목적으로 한다(제1조). 동법의 주요 내용은 아래와 같다.

> **아동학대범죄의 처벌 등에 관한 특례법**
>
> **제2조【정의】** 이 법에서 사용하는 용어의 뜻은 다음과 같다.
> 3. "아동학대"란 「아동복지법」 제3조 제7호에 따른 아동학대(→ 보호자를 포함한 성인이 아동의 건강 또는 복지를 해치거나 정상적 발달을 저해할 수 있는 <u>신체적·정신적·성적 폭력이나 가혹행위를 하는 것과 아동의 보호자가 <u>아동을 유기하거나 방임하는 것</u>)를 말한다. 다만, 「유아교육법」과 「초·중등교육법」에 따른 <u>교원의 정당한 교육활동과 학생생활지도는 아동학대로 보지 아니한다.
> 4. "아동학대범죄"란 보호자에 의한 아동학대로서 다음 각 목(생략)의 어느 하나에 해당하는 죄(→ 상해, 폭행, 유기, 학대, 체포, 감금, 협박, 약취, 유인, 인신매매, 강간, 추행, 명예훼손, 주거·신체 수색, 강요, 공갈, 손괴, 아동학대살인·치사·중상해 등)를 말한다.
>
> **제7조【아동복지시설의 종사자 등에 대한 가중처벌】** 제10조 제2항 각 호에 따른 아동학대 신고의무자가 보호하는 아동에 대하여 아동학대범죄를 범한 때에는 그 죄에 정한 형의 2분의 1까지 가중한다.

제8조【형벌과 수강명령 등의 병과】 ① 법원은 아동학대행위자에 대하여 유죄판결(선고유예는 제외한다)을 선고하면서 200시간의 범위에서 재범예방에 필요한 수강명령(「보호관찰 등에 관한 법률」에 따른 수강명령을 말한다. 이하 같다) 또는 아동학대 치료프로그램의 이수명령(이하 "이수명령"이라 한다)을 병과할 수 있다.

제9조【친권상실청구 등】 ① 아동학대행위자가 제5조 또는 제6조의 범죄를 저지른 때에는 검사는 그 사건의 아동학대행위자가 피해아동의 친권자나 후견인인 경우에 법원에 「민법」 제924조의 친권상실의 선고 또는 같은 법 제940조의 후견인의 변경 심판을 청구하여야 한다. 다만, 친권상실의 선고 또는 후견인의 변경 심판을 하여서는 아니 될 특별한 사정이 있는 경우에는 그러하지 아니하다.

제10조의4【고소에 대한 특례】 ② 피해아동은 「형사소송법」 제224조에도 불구하고 아동학대행위자가 자기 또는 배우자의 직계존속인 경우에도 고소할 수 있다. 법정대리인이 고소하는 경우에도 또한 같다.

제12조【피해아동 등에 대한 응급조치】 ① 제11조 제1항에 따라 현장에 출동하거나 아동학대범죄 현장을 발견한 경우 또는 학대현장 이외의 장소에서 학대피해가 확인되고 재학대의 위험이 급박·현저한 경우, 사법경찰관리 또는 아동학대전담공무원은 피해아동, 피해아동의 형제자매인 아동 및 피해아동과 동거하는 아동(이하 "피해아동등"이라 한다)의 보호를 위하여 즉시 다음 각 호의 조치(이하 "응급조치"라 한다)를 하여야 한다. 이 경우 제3호의 조치를 하는 때에는 피해아동등의 이익을 최우선으로 고려하여야 하며, 피해아동등을 보호하여야 할 필요가 있는 등 특별한 사정이 있는 경우를 제외하고는 피해아동등의 의사를 존중하여야 한다.
1. 아동학대범죄 행위의 제지
2. 아동학대행위자를 피해아동등으로부터 격리
3. 피해아동등을 아동학대 관련 보호시설로 인도
4. 긴급치료가 필요한 피해아동을 의료기관으로 인도

제13조【아동학대행위자에 대한 긴급임시조치】 ① 사법경찰관은 제12조 제1항에 따른 응급조치에도 불구하고 아동학대범죄가 재발될 우려가 있고, 긴급을 요하여 제19조 제1항에 따른 법원의 임시조치 결정을 받을 수 없을 때에는 직권이나 피해아동등, 그 법정대리인(아동학대행위자를 제외한다. 이하 같다), 변호사(제16조에 따른 변호사를 말한다. 제48조 및 제49조를 제외하고는 이하 같다), 시·도지사, 시장·군수·구청장 또는 아동보호전문기관의 장의 신청에 따라 제19조 제1항 제1호부터 제3호까지(→ 임시조치 중 피해아동등 또는 가정구성원의 주거로부터 퇴거 등 격리, 피해아동등 또는 가정구성원의 주거, 학교 또는 보호시설 등에서 100미터 이내의 접근 금지, 피해아동등 또는 가정구성원에 대한 전기통신을 이용한 접근 금지)의 어느 하나에 해당하는 조치를 할 수 있다.
② 사법경찰관은 제1항에 따른 조치(이하 "긴급임시조치"라 한다)를 한 경우에는 즉시 긴급임시조치결정서를 작성하여야 하고, 그 내용을 시·도지사 또는 시장·군수·구청장에게 지체 없이 통지하여야 한다.

제16조【피해아동에 대한 변호사 선임의 특례】 ① 아동학대범죄의 피해아동 및 그 법정대리인은 형사 및 아동보호 절차상 입을 수 있는 피해를 방지하고 법률적 조력을 보장하기 위하여 변호사를 선임할 수 있다.

제19조【아동학대행위자에 대한 임시조치】 ① 판사는 아동학대범죄의 원활한 조사·심리 또는 피해아동 등의 보호를 위하여 필요하다고 인정하는 경우에는 결정으로 아동학대행위자에게 다음 각 호의 어느 하나에 해당하는 조치(이하 "임시조치"라 한다)를 할 수 있다.

1. 피해아동등 또는 가정구성원(「가정폭력범죄의 처벌 등에 관한 특례법」 제2조 제2호에 따른 가정 구성원을 말한다. 이하 같다)의 주거로부터 퇴거 등 격리
2. 피해아동등 또는 가정구성원의 주거, 학교 또는 보호시설 등에서 100미터 이내의 접근 금지
3. 피해아동등 또는 가정구성원에 대한 「전기통신기본법」 제2조 제1호의 전기통신을 이용한 접근 금지
4. 친권 또는 후견인 권한 행사의 제한 또는 정지
5. 아동보호전문기관 등에의 상담 및 교육 위탁
6. 의료기관이나 그 밖의 요양시설에의 위탁
7. 경찰관서의 유치장 또는 구치소에의 유치

제36조【보호처분의 결정 등】 ① 판사는 심리의 결과 보호처분이 필요하다고 인정하는 경우에는 결정으로 다음 각 호의 어느 하나에 해당하는 보호처분을 할 수 있다.
1. 아동학대행위자가 피해아동 또는 가정구성원에게 접근하는 행위의 제한
2. 아동학대행위자가 피해아동 또는 가정구성원에게 「전기통신기본법」 제2조 제1호의 전기통신을 이용하여 접근하는 행위의 제한
3. 피해아동에 대한 친권 또는 후견인 권한 행사의 제한 또는 정지
4. 「보호관찰 등에 관한 법률」에 따른 사회봉사 · 수강명령
5. 「보호관찰 등에 관한 법률」에 따른 보호관찰
6. 법무부장관 소속으로 설치한 감호위탁시설 또는 법무부장관이 정하는 보호시설에의 감호위탁
7. 의료기관에의 치료위탁
8. 아동보호전문기관, 상담소 등에의 상담위탁

제47조【가정법원의 피해아동에 대한 보호명령】 ① 판사는 직권 또는 피해아동, 그 법정대리인, 변호사, 시 · 도지사 또는 시장 · 군수 · 구청장의 청구에 따라 결정으로 피해아동의 보호를 위하여 다음 각 호의 피해아동보호명령을 할 수 있다.
1. 아동학대행위자를 피해아동의 주거지 또는 점유하는 방실(房室)로부터의 퇴거 등 격리
2. 아동학대행위자가 피해아동 또는 가정구성원에게 접근하는 행위의 제한
3. 아동학대행위자가 피해아동 또는 가정구성원에게 「전기통신기본법」 제2조 제1호의 전기통신을 이용하여 접근하는 행위의 제한
4. 피해아동을 아동복지시설 또는 장애인복지시설로의 보호위탁
5. 피해아동을 의료기관으로의 치료위탁
5의2. 피해아동을 아동보호전문기관, 상담소 등으로의 상담 · 치료위탁
6. 피해아동을 연고자 등에게 가정위탁
7. 친권자인 아동학대행위자의 피해아동에 대한 친권 행사의 제한 또는 정지
8. 후견인인 아동학대행위자의 피해아동에 대한 후견인 권한의 제한 또는 정지
9. 친권자 또는 후견인의 의사표시를 갈음하는 결정

제49조【국선보조인】 ① 다음 각 호의 어느 하나에 해당하는 경우 법원은 직권에 의하거나 피해아동 또는 피해아동의 법정대리인 · 직계친족 · 형제자매, 아동학대전담공무원, 아동보호전문기관의 상담원과 그 기관장의 신청에 따라 변호사를 피해아동의 보조인으로 선정하여야 한다.
1. 피해아동에게 신체적 · 정신적 장애가 의심되는 경우
2. 빈곤이나 그 밖의 사유로 보조인을 선임할 수 없는 경우
3. 그 밖에 판사가 보조인이 필요하다고 인정하는 경우

2 직업과 범죄

1. 의의

(1) 직업별 범죄율

전통적으로 공무원·전문자유업자·농림업자·가사사용인의 범죄율이 낮은 편이고, 일정한 직업이 없는 자유노동자·상공업자·교통업 종사자 등의 범죄율이 비교적 높은 편이라고 한다.

(2) 실업의 영향

계절적·경기적 실업은 단기적인 것으로서 자연적·경제적 조건 및 자본주의 경제의 조절 기능에 의하여 어느 정도 해소될 수 있으므로 큰 문제가 없다. 반면에 만성적 실업은 장기적으로 생활곤란을 초래하고, 장기화되는 경우에는 인격형성에 큰 영향을 미치게 되며, 가정환경이 어려워짐에 따라 소년비행이 증가하는 결과를 가져오게 된다.

2. 화이트칼라 범죄

(1) 의의

① 화이트칼라 범죄(White-collar Crime)는 '사회·경제적 지위가 높은 사람들이 그 직업상 저지르는 범죄'를 말한다(Sutherland). 18. 보호7☆

② 서덜랜드((Sutherland)의 주장에 의하면, 다른 범죄는 사회제도·조직에 그다지 큰 영향을 미치지 아니하나, 화이트칼라 범죄는 신뢰를 파괴하고 불신을 초래하며 대규모의 사회 해체를 유발하며 사회적 도덕을 저하시킨다고 한다(사회적 신뢰의 위반). 22. 교정7

③ 근래에 들어 화이트칼라 범죄의 개념은 더욱 확대되고 있다. 그리하여 '하류계층보다 사회적 지위가 높고 비교적 존경받는 사람들이 자신의 직업수행 과정에서 행하는 직업적 범죄'라고 정의하는 것이 보통이다. 22. 교정7

④ 개인에 의한 경우뿐만 아니라 집단에 의한 경우도 포함한다(예 기업범죄 등). 10. 사시

(2) 원인에 대한 설명

심리적 소질론	화이트칼라 범죄자는 비범죄자와 다른 심리학적 기질(예 기회만 주어진다면 남을 속이려는 타고난 소질, 법을 위반할 의향, 유혹에 대한 저항이 낮은 인성 등)을 가지고 있다.
차별적 접촉이론	화이트칼라 범죄자는 화이트칼라 범죄를 부정적으로 규정하는 정직한 기업인들보다 그것을 긍정적으로 규정하는 다른 화이트칼라 범죄자와 더 많은 접촉을 했기 때문에 그 범죄행위를 학습하게 된다.
중화기술 이론	일상적 사회생활에서 사람들이 자신의 행동을 합리화하는 것처럼, 화이트칼라 범죄자들도 자신의 범행에 대해 책임의 부정, 가해의 부정, 피해자의 부정 등을 통해 합리화한다.

(3) 특징

① 화이트칼라 범죄는 직업적 전문지식을 활용하여 계획적이고 매우 은밀한 방법으로 이루어지는 특징을 가지고 있다. 따라서 전통적인 범죄에 비하여 범죄피해가 크고 그 결과로서 범죄로 인한 이익도 크기 때문에 그만큼 행위자의 입장에서 범죄유혹을 받기 쉽다.

② 업무활동에 섞여서 일어나기 때문에 적발이 용이하지 않을 뿐만 아니라 피해자의 피해의식도 약하며 증거수집도 어려운 점이 있다. 그러므로 암수범죄의 비율이 높고 선별적 형사소추가 가장 문제되는 범죄 유형이기도 하다(피해자의 무의식적 협조, 사회의 무관심). 22. 교정7☆

③ 인·허가 내지 세금징수와 관련한 공무원범죄, 정경유착관계에서 드러나는 매우 지능적인 뇌물수수와 돈세탁행위, 금융사고에서 나타나는 교묘한 사기·위조·횡령범죄, 기업범죄 등이 전형적인 화이트칼라 범죄에 속한다.

(4) 대책

① 먼저 사회적 인식과 문화적 풍토의 개선을 통해 화이트칼라 범죄가 가지는 폐해의 심각성을 인식할 수 있도록 해야 한다.

② 대표적 화이트칼라 범죄인 기업범죄 등에 대해 처벌을 강화해야 한다. 현행 행정형법상 양벌규정의 미비를 보완하여 최고위층까지 처벌할 수 있도록 해야 하며, 보호관찰제도나 악덕기업공표제도 등도 고려해 볼 수 있을 것이다.

③ 화이트칼라 범죄는 청소년이나 하위계층의 모방이라는 부정적 영향을 미치므로 이에 대한 양형의 강화를 통해 일반인의 법 감정을 충족시키고 일반예방 효과를 도모해야 한다. 22. 교정7

④ 화이트칼라 범죄에 대한 통제방안으로는 ㉠ 법규 준수에 대한 보상을 부여하여 법질서에 순응하게 하는 준수전략(compliance strategy), ㉡ 법규 위반자를 처벌하여 위법행위를 억제하고 법질서에 복종하게 하는 억제전략(deterrence strategy) 등이 있다.

02 거시적 범죄이론

1 범죄의 거시환경적 원인

1 경제환경과 범죄

1. 소득 · 물가와 범죄

(1) 물가변동과 범죄

① 마이어(G. V. Mayer)는 최초로 곡물 가격과 절도의 상관관계(정비례관계)를 증명하였다. 16. 보호7

② 곡물가격곡선과 절도곡선의 상관관계는 일정한 경제발전단계를 지나면 깨어진다고 한다(F. Exner).

(2) 소득변동과 범죄

① 종래의 연구에서는 임금(소득)과 재산범죄는 반비례관계라고 보았다.

② 실질임금에 대한 범죄의 의존성을 처음으로 지적한 학자는 렝거(E. Renger)이며, 실질임금이 일정수준을 넘어서면 범죄율은 다소의 임금변동에는 큰 영향을 받지 않는다고 주장하였다. 11. 사시

2. 경기변동과 범죄

(1) 경기변동이 범죄생성에 미치는 영향력에 대해 다음과 같은 견해의 대립이 있다.

침체론	범죄는 호경기일 때에 감소하고 침체기일 때에 증가한다.
팽창론	범죄는 팽창기일 때에 증가하고 침체기일 때에 감소한다.
침체 · 팽창론	범죄는 경제안정기에만 감소하고, 경기변동이 있으면 호황이든 불황이든 범죄는 증가한다.

(2) 불황기에는 실업자가 증가하면서 생활이 불안정하게 되고, 재산범(특히 절도)의 증가를 가져오게 되며, 인격적으로도 환경의 영향을 받아 도덕적 타락이 생기기 쉽다. 특히 청소년의 경우에 양친의 실직은 가정의 훈육적 기능에 장애요인이 된다고 한다. 10. 보호7

(3) 호황기에는 종업원과 젊은 층의 사기 · 횡령 · 배임이 증가하는 데 반하여, 불황기에는 기업주 또는 고연령층의 이러한 범죄가 증가한다고 한다.

3. 화폐가치 변동과 범죄

일반적으로 인플레이션(Inflation)의 경우에는 물건 자체에 대한 범죄가 증가하고, 디플레이션 (Deflation)의 경우에는 금전에 대한 범죄가 증가하는 경향이 있다.

4. 빈곤과 범죄

(1) 빈곤이 범죄원인임을 설명하는 관점

구조적 관점	경제적 빈곤으로 인한 교육기회의 부족과 그에 따른 기회와 수단의 부족이라는 사회의 구조적 모순이 범죄적 기회와 수단을 선택하게 한다.
빈곤문화적 관점	게으름이나 장기쾌락의 추구 등 범죄적 부문화에 가까운 빈곤계층만의 독특한 빈곤문화가 그들의 범죄를 조장한다.
상대적 박탈감의 관점	절대적 빈곤 외에도 상대적 빈곤과 상대적 박탈감이 범죄의 충동을 느끼게 할 수 있다.

(2) 절대적 빈곤과 범죄(곤궁범죄)

빈곤이 범죄의 결정적 원인은 아니라도 범죄발생을 촉진하는 것은 부정할 수 없다. 그러나 절대적 경제생활 수준이 낮다는 의미의 빈곤은 범죄의 결정적 요인이라기보다는 빈곤에 수반되는 현상, 즉 열등감·좌절감·소외, 목표와 수단의 단절, 가정의 기능적 결함 등이 매개가 되어 범죄를 유발하는 경우가 많다는 것이 일반적인 견해이다.

(3) 상대적 빈곤과 범죄(복지범죄)

토비(J. Toby)의 상대적 빈곤 연구에 의하면 개인의 절대적 경제생활 수준이 중요한 것이 아니라 자신이 속한 사회에서 느끼고 경험하는 상대적 결핍감이 범죄원인이 된다고 한다. 따라서 범죄발생에 있어서 빈곤의 영향은 단지 하류계층에 국한된 현상이 아니라, 어떤 계층이든지 느낄 수 있는 것이므로 광범위한 사회계층에 작용하는 문제라고 지적하였다. 11. 사시

(4) 검토

우리나라에서는 아직까지 경제적 빈곤계층과 결부되어 범죄가 많이 발생하며 중·상류계층의 상대적으로 낮은 범죄율을 고려해 볼 때, 절대적 빈곤이 범죄발생의 중요한 요인으로 작용한다.

5. 전쟁과 범죄

엑스너(F. Exner)는 전쟁과 범죄의 관련성을 설명하면서 전쟁단계를 구분하였다. 16. 보호7

감격기	전쟁 발발 단계에는 국민적 통합 분위기에 의해 범죄발생이 감소한다.
의무이행기	전쟁의 진행으로 물자가 곤궁하게 되나 범죄율의 특별한 변화는 없지만, 통제가 약화된 틈을 타서 소년범죄가 다소 증가한다.
피폐기 (피로이완기)	전쟁이 장기화되면 범죄는 증가세를 보이며, 특히 향락에 치우치는 청소년범죄와 생활에 대한 불안감에 빠진 여성범죄가 증가한다.
붕괴기	정치·경제의 파탄으로 도덕심이 극도로 약화되어 범죄가 급속히 증가한다.
전후기	정치·사회적 혼란, 악성 인플레이션 등으로 패전국의 범죄가 급증한다.

2 범죄지리학

1. 지역별 범죄성에 관한 연구

(1) 도시와 농촌의 범죄

일반적으로 재산범죄 · 풍속범죄는 도시의 범죄라고 하며, 각종 위조 · 사기 · 횡령 · 배임 등 지능적 · 기술적 범죄, 공갈 · 장물 등 직업적 범죄가 많다. 반면에 농촌에서는 본능적이고 충동적 행위가 비교적 많기 때문에 폭력범죄는 농촌의 범죄라고 보는 것이 일반적이다.

(2) 도시화와 범죄

도시의 유리한 범죄조건	① 도시화의 범죄원인은 인구과밀로 인한 정적 통제의 해체, 생활불안정으로 인한 가치관의 혼란 그리고 이에 따른 규범의식의 저하에 있다. 10. 보호7 ② 도시 특유의 비인격성과 익명성은 범죄자를 은폐시켜 주고 피해발각을 어렵게 하기 때문에 범죄가 매우 용이한 측면이 있다.
범죄인의 도시 유입	① 도시라는 지역성 그 자체가 아니라 도시의 우범시설에 모이는 사람들이 만들어 내는 환경이 범죄의 원인이 된다. ② 범죄자는 범행 발각을 우려해 대부분 자신이 살고 있는 지역에서는 범행대상을 물색하지 않는다는 것도 도시의 높은 범죄율과 관련이 있다.

2. 비행지역과 범죄

(1) 도시와 범죄의 관계를 고찰하는 데에는 범죄발생 장소도 중요하지만, 범죄자의 거주지의 생활환경 · 인격환경의 특수성에 주목할 필요가 있다. 이에 대한 연구로 가장 유명한 것은 쇼우와 맥케이(C. Shaw & H. D. Mckay)의 '시카고 범죄지도 연구'이다.

(2) 이들은 1920년대에 미국 시카고 지역을 대상으로 범죄다발 지역의 장소적 특징을 파악하고자 하였다. 이에 의하면 시의 중심부일수록 범죄율이 높고, 중심에서 멀어질수록 범죄율은 감소하였다. 또한 범죄다발 지역은 대체로 주위환경 · 생활상태가 열악한 장소들이었다.

3 사회환경과 범죄

1. 문화갈등과 범죄 - 셀린(T. Sellin)의 문화갈등이론

일차적 문화갈등	일정한 문화지역에 속하는 규범이 다른 지역에 이입됨으로써 행위규범 간의 충돌이 생기는 경우이다(문화적 관습의 갈등으로서의 문화갈등). 예 국가 병합 시에 원주민 · 이주민의 갈등, 고유문화 · 외래문화의 갈등
이차적 문화갈등	단일한 동질적인 문화를 가진 사회 내에서 문화의 진전에 따른 사회분화의 과정에서 발생하는 규범의 갈등이다(사회적 분화의 부산물로서의 문화갈등). 예 신 · 구세대 간의 갈등, 도시인과 농촌인의 갈등

2. 매스컴(매스미디어)과 범죄

(1) 매스컴과 범죄발생의 상관성을 긍정 - 범죄유발 기능

① 자극성 가설

㉠ 매스컴이 범죄학습 효과를 가짐으로써 직접 범죄를 유발하는 원인이 된다는 견해이다(단기효과이론·직접효과설). 12. 사시

㉡ 매스컴은 폭력을 위장하여 묘사·표출함으로써 시청자의 모방충동을 야기하고 범죄의 수법·과정 등을 시사해 주며, 폭력을 우상화·영웅화하여 미화시킴으로써 직접 범죄를 상상하게 하는 요인이 된다. 또한 부유층의 생활을 보여줌으로써 소외계층의 상대적 박탈감을 자극하고, 성적 표현이 자주 등장함으로써 성범죄를 유발하기도 한다(모방효과).

② 습관성 가설

㉠ 매스컴의 폭력장면에 끊임없이 노출되다 보면 자기도 모르게 폭력에 길들여질 개연성이 높다는 이론이다(장기효과이론·간접효과설). 16. 보호7☆

㉡ 매스컴과 범죄의 관계를 태도·성향 내지 감수성의 문제로 보아 매스컴은 취미생활의 변화를 조장하고 건전한 정신발달을 저해하며 취미를 편협하게 만들어 일반적으로 폭력·범죄·오락에 탐닉하게 한다. 또한 범죄를 미화하여 범죄를 동경하도록 가치관을 변화시키거나 범죄에 대한 무비판적·무감각적 성향으로 변모시키고 심지어는 범죄의 과잉묘사로 엽기적 취향마저 유인할 수 있다고 한다(둔감화 작용). 12. 사시☆

(2) 매스컴과 범죄발생의 상관성을 부정 - 범죄억제 기능

① 매스컴에서 등장하는 범죄 또는 그 범죄자에 대한 처벌은 일반인들에게 카타르시스의 역할을 하여 오히려 범죄를 억제하는 기능을 한다는 이론이다(카타르시스 가설). 12. 사시☆

② 매스컴은 대량의 정보와 지식을 전달하는 중요한 기능을 수행하고 계층을 통합시키는 기능을 한다(문화계발이론). 매스컴을 통해 범죄에 대한 적개심을 불러일으킬 수 있고, 범죄의 충격적 장면은 잠재적 범죄충동을 억제·해소하는 기회가 될 수 있다(억제 가설). 그리고 반사회적 범죄를 자행한 자의 명단과 범죄내용을 공개함으로써 일반국민들에게 경각심을 불러일으키고 유사 범죄의 재발방지 기능을 할 수 있다(민감화 작용). 12. 사시

2 범죄사회학이론

1 미국의 범죄사회학이론 개관

(1) 범죄사회학에서는 범죄인 분류보다는 범죄유형론이 발달하고, 행형·교정절차의 연구가 활발하다.

(2) 1980년대 이후에는 고전주의에 입각하여 일반예방, 선별적 구금, 형벌에 의한 무력화 등의 복고적 경향이 등장하기도 하였다(현대적 고전주의).

> **참고**
>
> **사회구조이론과 사회과정이론의 분류**
>
> | 사회구조이론 | 범죄의 유형과 정도의 다양성을 설명하기 위해 하위문화를 포함한 문화 및 사회제도의 속성을 중시하는 입장
예 사회해체이론, 갈등이론, 아노미이론(긴장이론), 하위문화이론 등 |
> | --- | --- |
> | 사회과정이론 | 집단과 개인의 상호작용의 결과와 유형에 초점을 두는 입장
예 학습이론, 통제이론, 낙인이론 |

2 범죄생태학과 사회해체이론

1. 서론

범죄생태학과 사회해체이론은 범죄의 발생을 전통적 사회조직의 붕괴로 인한 규범의식의 변화, 사회통제력의 약화 및 반사회적 행위의 보편화에서 기인하는 것으로 본다.

2. 범죄생태학(시카고학파)

(1) **동심원이론 – 버제스(E. W. Burgess)** 24. 보호9

① 도시는 특정 활동이 특정 지대에 몰리면서 각 지대가 중심부로부터 변두리로 퍼져 나가는 동심원의 유형을 나타내며, 이러한 지대유형은 지가(地價)와 관련을 맺고 있다.

② 각 지역의 범죄를 비교한 결과, 제2지대인 변이지대(퇴화과도지역)에 범죄가 집중적으로 발생하였다. 변이지대는 전통적 사회통제를 약화시키는 생태학적 조건이 두드러진 지역으로서 사회통제가 범죄를 억제하는 데에 역부족인 공간이다.

제1지대	중심지대	상업·공업 등의 중심 업무지역
제2지대	변이지대 (퇴화과도지역)	상·공업에 잠식되는 과정에 있으나, 빈민지대로 빈곤자·이주자·이민자 등의 거주지역
제3지대	노동자 주거지대	2~3세대용 주택이 대부분인 지역
제4지대	중류층 주거지대	단일가구주택으로 구성된 중류층 거주지역
제5지대	통근자 주거지대	교외지역

(2) **범죄지대연구 - 쇼우와 맥케이(C. Shaw & H. D. Mckay)** 24. 보호9☆

① 변이지대에서 범죄율이 가장 높은 현상에 주목하여 그 이유를 분석하였다.

    ⊙ 변이지대는 유럽 이민들과 흑인 이주자들이 혼재되어 <u>문화적 이질성</u>이 매우 높으며 그 결과 사회해체가 촉진된다.

    ⓒ 변이지대에서는 <u>빠른 속도의 사회변화</u>가 발생하며 이것 역시 사회해체를 초래하는 요인으로 작용한다.

    ⓒ <u>사회해체</u>는 결국 개인해체를 가져오고, 나아가 범죄 및 비행으로 연결된다.

② 변이지역의 열악한 사회구조적 여건(빈곤, 주거 불안정, 인종적 이질성 등)은 심각한 사회해체의 원인이 되고, 이는 다시 높은 범죄율로 이어진다.

③ 변이지역 내에서 <u>구성원의 인종 · 국적이 바뀌었음에도 불구하고 계속적으로 높은 범죄율을 보인다는 사실을 통해</u>, 지역의 특성과 범죄발생과는 중요한 연관이 있음을 주장하였다. 24. 보호9☆

④ 범죄 · 비행의 발생은 지역과 관련이 있는 것이며, 행위자의 개인적 특성 또는 사회 전체의 경제수준 등의 산물이 아니라고 보았다.

3. 사회해체이론

(1) **틈새지역과 사회해체**

① **틈새지역**: 인구이동이 많은 지역에서 흔히 볼 수 있듯이 과거의 지배적인 사회관계는 와해되었지만, 아직까지 새로운 관계가 형성되어 있지 않은 지역을 말한다.

② **사회해체**: 틈새지역의 사회적 환경(사회변동, 이민증대, 계층 간의 갈등, 윤리의식의 저하 등)으로 인해 종래의 사회구조가 붕괴됨에 따라, 규범이 개인에게 미치는 영향력이 감소하여 사람들의 반사회적 태도가 증가하는 상태를 말한다(내적 · 외적 사회통제의 약화로 지역사회가 공동체의 문제해결을 하는 능력이 상실된 상태). 20. 보호7☆

(2) **범죄의 발생**

① **쇼우와 맥케이(Shaw & Mckay)**: <u>전통적 사회통제가 규제력을 상실하면 반사회적 가치를 옹호하는 범죄하위문화가 형성되고 계속적으로 주민들 간에 계승됨으로써</u>, 해당 지역에는 <u>높은 범죄율이 유지</u>된다고 하였다(문화전달이론). 15. 사시☆

② **버식과 웹(Bursik & Webb)**: <u>일단 높은 범죄율을 보였던 지역에서는 구성원의 변화에도 불구하고 그러한 경향이 지속된다.</u> 반면에 해당 지역이 안정된 후에는 구성원의 변화가 진행되더라도 전 단계와 별반 차이 없는 범죄율을 보인다. 즉, 개별적으로 거주자가 누구인가에 관계없이 지역적 특성과 범죄발생에 연관성이 있다고 할 것이어서 결국 사회의 해체 여부는 특별한 사정이 없는 한 계속 승계된다고 보았다(<u>거주지 계승</u>). 14. 보호7

③ **버식(Bursik)**: 쇼우와 맥케이(Shaw & Mckay)의 이론이 사회해체와 범죄와의 관계를 명확히 설명하지 못하는 한계를 비판하면서, 사회해체의 원인으로 주민의 <u>이동성</u>과 <u>이질성</u>에 의한 <u>비공식적 감시 기능의 약화</u>, <u>행동지배율의 결핍</u>, <u>직접적인 통제의 부재</u> 등을 주장하였다. 20. 보호7☆

④ 콘하우저(Kornhauser): 지역사회의 사회통제가 작동하지 않는 사회해체가 먼저 진행되고, 그로 인해 비행이 발생하며 비행하위문화는 이러한 비행행위에 대한 사회적 지지를 제공하기 위해 형성된다고 주장한다.

(3) 집합효율성이론 23. 보호7☆

① 지역사회의 구성원들이 상호신뢰 또는 연대하여 무질서나 사회문제를 해결하기 위하여 적극적으로 개입·참여하는 것을 집합효율성이라고 한다(비공식적 사회통제의 결합).

② 샘슨(Sampson)은 지역사회의 범죄율의 차이는 지역사회의 구성원들이 범죄문제를 공공의 적으로 인식하고 이를 해결하기 위해 적극적으로 참여하는 것에 기인하며, 집합효율성이 높은 지역은 범죄가 감소하나, 비공식적 사회통제가 제대로 되지 않고 지역사회의 응집력이 약해지면 범죄는 증가한다고 주장한다.

③ 집합효율성이론은 기존의 경찰중심 범죄예방 전략의 한계를 극복할 수 있는 방안을 제시하고 있다(지역사회 범죄예방에 대한 시민참여의 필요성을 설명).

4. 평가

(1) 공헌

① 범죄생태학과 사회해체이론은 범죄대책으로서 개별 범죄자에 대한 처우보다 도시의 지역사회를 재조직화하여 사회통제력을 증가시킬 것을 주장한다. 24. 보호9☆

② 이에 따라 고안된 '시카고 지역계획(Chicago Area Project)'에 의해 시카고시에 22개의 지역센터를 설립하여 주민들의 공동체 의식을 함양하기 위한 여러 활동을 수행하였다.

(2) 비판

① 보편화의 한계: 사회해체이론은 도시화·산업화가 급진전하던 시대에 타당할 수는 있었을지 모르나, 산업사회를 넘어서 정보사회로 치닫고 있는 현시점에서의 타당성은 별개의 문제이다.

② 단순화의 오류: 비행지역 안에 있으면서 비행에 가담하지 않는 경우에 대한 설명이 어렵고, 비행지역 밖의 범죄에 대해서도 설명할 수 없다.

③ 암수범죄의 문제: 주로 형사사법기관의 공식통계에 의존한 연구라는 점에서 연구결과의 정확성을 신뢰할 수 있는가가 문제된다.

④ 생태학적 오류의 문제점: 로빈슨(Robinson)은 개인적 상관관계와 생태학적 상관관계를 구분하면서 사회해체이론에 대하여 생태학적 오류(ecological fallacy)의 문제점을 지적하였다. 그는 쇼와 멕케이 등의 학자들이 개인의 특성을 파악하고자 연구하면서 생태학적 상관관계에 근거하여 주장을 펼친다고 비판하였다. 즉, 지역이나 집단을 대상으로 연구를 진행하여 그 추론의 내용을 개인 단위에 적용시킬 경우에 문제가 발생한다는 것이다.

⑤ 또한 초기 사회해체이론에 대해서는 사회해체의 개념이 사회해체의 결과인 범죄 및 비행의 증가와 뚜렷이 구분되지 않는다는 것과 사회해체를 범죄와 연결하는 사회통제의 부재를 실증적으로 측정하기 어렵다는 것이 문제점으로 지적되었다.

3 학습이론

1. 서론

(1) 학습이론(Learning Theory)이란 범죄를 정상적인 사람들의 정상적인 학습행위의 산물로 파악하는 관점이다.

(2) 이는 범죄를 비정상성의 결과로 파악하는 생물학적 · 심리학적 범죄이론(실증주의)을 거부하면서 준법적인 의식이나 행동들과 마찬가지로 범죄도 사회생활상 습득된 행위패턴이라고 주장한다. 18. 교정7

2. 차별적 접촉이론 – 서덜랜드(E. H. Sutherland)

(1) **이론의 출발**

① 범죄란 개인이 타인과 접촉하는 과정에서 서로 다르게 타인을 접촉하면서 상대방의 행동을 학습하는 결과로 발생하게 된다고 파악한다(차별적 교제이론, 분화적 접촉이론). 22. 교정9☆

② 범죄행위의 학습은 비범죄행위의 학습과 비교하여 '좋다 또는 나쁘다'의 평가를 할 수 있는 것이 아니라, 단지 다른 학습으로 파악된다.

③ '왜 사람의 집단에 따라 범죄율이 서로 다른가'에 대해서는 차별적 사회조직화 · 차별적 집단조직화의 개념으로 설명하고, '왜 대부분의 사람들은 범죄자가 되지 않는데 일부는 범죄자가 되는가'에 대해서는 개인의 차별적 접촉으로 설명한다.

④ 서덜랜드는 인종, 성별, 사회경제적 지위 등 다양한 특성에 기인한 범죄원인 연구는 일반화가 어렵고 과학적인 범죄원인 연구에 적합하지 않다고 보아, 범죄와 비행을 설명할 수 있는 일반이론으로서 차별적 접촉이론을 제시하였다.

(2) **범죄학습이 이루어지는 과정(9가지 명제)** 24. 보호7

① 범죄행동은 학습된다.

② 범죄행동은 타인과의 상호작용 속에서 의사소통 과정을 통해 학습된다. 21. 교정7☆

③ 범죄학습의 주요 부분은 친밀한 관계를 맺고 있는 개인집단 안에서 일어난다. 16. 교정9☆

④ 범죄학습 내용은 범죄기술 외에 범죄동기 · 충동 · 합리화 방법 · 태도 등을 포함한다. 21. 교정7☆

⑤ 범죄동기 · 충동의 구체적 방향은 법규범에 대한 긍정적 · 부정적 정의로부터 정해진다. 18. 교정7

⑥ 어떤 사람이 범죄자가 되는 것은 법률 위반에 대한 긍정적 정의가 부정적 정의를 압도하기 때문이다(차별적 접촉). 22. 보호7☆

⑦ 차별적 접촉은 빈도 · 기간 · 순위(우선성) · 강도에 따라 달라진다. 22. 보호7☆

⑧ 범죄자와 접촉을 통해 범죄를 배우는 과정은 다른 모든 행위의 학습과정과 같다. 18. 교정7☆

⑨ 범죄행동은 사회의 일반적 욕구와 가치관의 표현이지만 그것만으로 범죄를 설명하는 것은 한계가 있다. 21. 교정7☆

(3) 사회정책

① 범죄의 감소를 위해서는 비범죄적인 정의에 대한 접촉을 늘려야 한다.

② 집단관계에 기한 요법(집단관계 치료요법), 즉 범죄성향을 가진 사람들을 재사회화 기관에서 집단으로 치료할 수 있도록 도와주는 방법이 유용하다(예 수형자자치제도 등). 10. 사시

(4) 평가

공헌	① 집단현상으로서 범죄의 설명에 유용하다. ② 청소년 비행의 설명에 설득력이 있다.
비판	① 학습 측면을 지나치게 강조하고 인간 본성의 차이를 무시한다(생물학적 범죄원인의 무시). ② 같은 원인에 의해서도 어떤 사람은 범죄자가 되고 다른 사람은 그렇지 않다는 점을 간과한다(이질적 반응을 간과). 22. 보호7 ③ 범죄학습이 매스미디어와 같은 비개인적 접촉 수단에 의해 영향을 받음을 간과한다. 22. 보호7☆ ④ 과실범·격정범 등 학습 없이 행해지는 충동범죄, 개인의 지적 능력에 의한 화이트칼라 범죄 등을 설명할 수 없다. ⑤ 범죄를 학습의 결과로 보게 되면 최초의 범죄(범죄의 시작)를 설명하지 못한다. ⑥ 비행 친구와 비행의 관계가 일방향이 아니라 쌍방향일 수 있다. ⑦ 차별적 접촉 등 주요 개념이 모호하여 경험적 검증에 의한 입증이 어렵다.

3. 차별적 접촉이론의 수정·보완

(1) 차별적 동일시이론

① 의의

㉠ 글래저(D. Glaser)의 주장에 의하면, 사람은 자신의 범행 행동을 수용할 수 있다고 생각되는 실재의 인간이나 관념상의 인간에게 자신을 동일시하는 경우 범죄를 저지른다(분화적 동일화이론). 19. 교정7☆

㉡ 범죄는 행위자가 단순히 범죄적인 가치에 '접촉'됨으로써 발생되는 것이 아니라, 스스로 그것을 자기 것으로 '동일시'하는 단계로까지 나아가야 발생된다(주관적 애착에 의한 동일시를 중요시). 16. 보호7

② 내용

㉠ '동일시'라는 개념을 사용하여 문화 전달의 주체를 직접 접촉하는 사람뿐만 아니라 멀리 떨어져 있는 준거집단·준거인까지 확장함으로써 문화전달의 범위를 보다 탄력적이고 광범위하게 보았다(매스미디어의 중요성 강조, 간접적 접촉의 문제 해결). 18. 보호7☆

㉡ '동일시'라는 단계에 주목하여야 범죄적 문화에 접촉하면서도 범죄를 행하지 않는 사람들의 행동도 설명할 수 있다(차별적 반응의 문제 해결).

③ 차별적 기대이론

㉠ 글래저는 차별적 접촉이론, 차별적 기회구조이론, 사회통제이론을 기초로 차별적 접촉이론이 무시한 기회구조의 문제에 대응하고 사회통제이론의 요소를 가미하려는 시도로서 차별적 동일시이론을 '차별적 기대이론'으로 재구성하였다.

ⓛ 사람은 범죄로부터 얻어지는 만족에 대한 기대감이 부정적 기대감을 상회할 경우에 범죄를 저지른다.

(2) 차별적 강화이론(사회학습이론)과 사회학습이론

① 의의

ⓐ 차별적 강화이론과 사회학습이론은 차별적 접촉이론과 심리학의 학습이론을 결합한 이론이다.

ⓛ 범죄행위는 그것을 강화하고 두드러지게 하는 사회 외적 분위기 또는 사람들과의 사회적 상호작용을 통해 학습된다고 본다. 24. 보호9☆

② 차별적 강화이론

ⓐ 버제스와 에이커스(E. W. Burgess & L. Akers)는 차별적 접촉이론을 수정·보완하면서 스키너(Skinner)의 조작적 조건 형성 개념을 결합한 차별적 강화이론을 주장하였다.

ⓛ 조작적 조건 형성이란 어떤 행동은 그에 따른 결과에 따라 강화되거나 억제되며, 그 과정에서 행동의 학습이 이루어진다는 것이다(조작적 조건화의 논리로 범죄의 과정 설명). 23. 보호7☆

ⓒ 행위에 대해 기대되는 결과가 다를 수 있다는 차별적 재강화의 개념, 즉 자기의 범죄행위에 대한 보답(보상)이나 처벌에 대한 생각의 차이가 범죄학습에서 나름의 의미를 지닌다.

ⓔ 어떤 행동이 보상을 가져오면 그 행동을 지속하게 되고(긍정적 강화, positive reinforcement), 반대로 처벌을 받게 되면 그 행동을 중단하게 된다(부정적 강화, negative reinforcement).

ⓜ 자신의 직접적인 경험이 아니라도 다른 사람들이 하는 행동을 관찰하여 모방(모델링)하는 것도 학습의 내용이 된다.

ⓗ 사회적 상호작용과 함께 비사회적 사항(예 굶주림·성욕의 해소 등)에 의해서도 범죄행위가 학습될 수 있다.

③ 사회학습이론

ⓐ 이후 에이커스(Akers)는 차별적 강화이론을 개선하면서 반두라(Bandura)의 사회학습이론 중 모방 개념을 결합한 사회학습이론을 주장하였다.

ⓛ 에이커스의 사회학습이론은 다음의 4가지 개념으로 구성된다.

차별접촉	ⓐ 개인이 범죄에 대해 우호적 정의 또는 비우호적 정의를 가진 사람 중 어느 성향의 사람과 많이 상호작용을 하는가의 문제이다. ⓑ 차별접촉의 내용으로 직접적 접촉뿐만 아니라, 간접적 접촉과 준거집단에 대한 동일시를 포함한다.
정의	ⓐ 특정 행위에 대하여 사람들이 부여하는 의미와 태도를 말한다. ⓑ 범죄에 대해 우호적인 사람과의 상호작용을 통하여 범죄적 가치관이 형성되고, 이에 따라 행동하게 된다(범죄에 우호적인 정의의 내면화).
차별강화	ⓐ 어떤 행위의 학습은 그 행위의 결과로 얻게 되는 보상과 처벌에 의해 영향을 받는다. ⓑ 차별강화의 유형을 4가지로 제시한다(긍정적 강화, 부정적 강화, 긍정적 처벌, 부정적 처벌).

	@ 다른 사람의 행동을 관찰하여 따라하는 것으로, 모방은 차별강화와 무관하게 발생할 수 있다.
모방	ⓑ 모방은 주로 새로운 행위의 시도나 범행수법의 도입에 더 큰 영향을 미치지만 행위의 지속에도 영향을 미친다.

ⓒ 범죄의 시작은 차별적 접촉으로 내면화한 정의 또는 단순한 모방에 의하여 가능하다.

ⓔ 범죄의 지속은 범죄를 보상하는 차별적 강화가 계속 존재할 경우 가능하다.

ⓜ 차별적 강화의 유형은 다음과 같다.

유형	보상	처벌	결과
긍정적 강화	○		행위 지속·증가
부정적 강화		×	행위 지속·증가
긍정적 처벌		○	행위 중단·감소
부정적 처벌	×		행위 중단·감소

ⓑ 사회학습이론은 학습을 통한 변화의 가능성을 인정하여 광범위하게 범죄예방 및 범죄자 처우 프로그램 개발의 이론적 근거로 사용되고 있다.

4 통제이론

1. 서론

(1) 통제이론(Control Theory)은 범죄연구의 초점을 '개인이 왜 범죄를 행하게 되는가'의 측면이 아니라 '개인이 왜 범죄로 나아가지 않게 되는가'의 측면에 맞추는 이론이다(관점의 전환). 24. 보호7☆

(2) 범죄행위의 동기는 인간본성의 일부여서 사회 속의 개인은 모두 잠재적 범죄인이기 때문에 범죄이론은 그러한 개인이 '왜 범죄행위에 실패하게 되는가'를 설명해야 한다. 18. 교정7☆

(3) 인간의 행동에 대한 통제를 수반하는 적절한 사회화가 선행되지 않으면 인간은 이미 내재되어 있는 기질의 영향으로 범죄를 저지르게 되어 있다고 본다.

(4) 통제이론에서 그 원인으로 주목하는 내용은 개인과 사회의 통제력·억제력이다. 토비(Toby)는 범죄를 통제하는 기제로서 개인적 통제와 사회적 통제를 함께 고려해야 한다고 주장하였다.

2. 개인 및 사회통제이론

(1) 라이스(A. Reiss)의 연구

범죄와 개인의 자기통제력의 관계를 처음으로 지적하여, 소년비행의 원인을 개인통제력의 미비와 사회통제력의 부족에서 파악하였다. 24. 보호7☆

(2) 나이(J. Nye)의 연구

라이스(A. Reiss)의 견해를 발전시켜 가정이 사회통제의 가장 중요한 근본이라고 주장하면서, 청소년의 비행을 예방하는 사회통제의 유형을 직접 통제, 간접 통제, 내부 통제 등으로 분류하였고, 사회통제의 유형 중 가장 효율적인 방법은 비공식적 간접 통제의 방법이라고 보았다. 24. 교정7☆

3. 봉쇄이론(견제이론, 억제이론) - 레클리스(W. C. Reckless)

(1) 의의

레클리스는 모든 사람들에게는 범죄로 이끄는 범죄유발요인과 범죄를 억제하는 범죄억제요인이 부여되어 있지만, 범죄억제요인이 더 강할 경우 범죄로 나아가지 않는다고 한다. 21. 교정7☆

(2) 범죄유발요인과 범죄억제요인

① 범죄유발요인 21. 교정7☆

　　㉠ 압력(Pressures): 사람들을 불만에 빠지게 하는 요소로서 가난, 가족 간의 갈등, 실업, 열등한 지위, 성공기회의 박탈 등이 있다.

　　㉡ 유인(Pulls): 정상적인 생활로부터 이탈하도록 유인하는 요인으로 나쁜 친구, 비행적 대체문화, 범죄조직, 불건전한 대중매체 등이 있다.

　　㉢ 배출(Pushes): 범죄를 저지르도록 하는 개인의 생물학적 · 심리적 요소로서 불안, 불만, 내적 긴장, 증오, 공격성, 즉흥성 등이 있다.

② 범죄억제요인

　　㉠ 외부적 억제요인: 가족이나 주위 사람과 같이 외부적으로 범죄를 차단하는 요인들(사회적 연대와 끈)로서 일관된 도덕교육, 교육기관의 관심, 합리적 규범과 기대체계, 효율적인 감독과 훈육, 소속감과 일체감의 배양 등이 있다(외적 봉쇄).

　　㉡ 내부적 억제요인: 건강한 개인이 사회의 규범 · 도덕을 내면화함으로써 내부적으로 형성한 범죄 차단에 관한 요인들로서 자기통제력, 강한 자아의식, 인내심, 책임감, 성취지향력, 대안발견능력 등이 있다(내적 봉쇄).

③ 범죄억제요인 가운데 어느 하나라도 제대로 작용하면 범죄를 예방할 수 있다고 하며, 특히 내부적 억제요인을 강조하였다. 고도로 개인화된 사회에서 범죄대책은 각 개인의 내부적 억제요인을 강화하는 것에 맞추어질 수밖에 없다는 것이다. 24. 보호7☆

(3) 자기관념이론(자아관념이론)

① 자기관념(자아관념, self-concept)이란 소년이 자기 자신에 대해서 갖는 인식을 말하며, 좋은 자기관념은 비행에 대한 절연체이다. 20. 교정7☆

② 소년들로 하여금 비행을 멀리하게 하는 중요한 절연체의 요소는 가족관계에 있으며 이를 바탕으로 형성된 긍정적 자기관념의 획득 · 유지가 범죄에서 멀어지게 하는 요인이 된다. 10. 보호7

③ 이는 차별적 접촉이론에서 이질적 반응의 문제에 대한 보완방법 중의 하나에 해당한다. 21. 교정7☆

④ 다만, 긍정적 자기관념의 생성에 대한 설명이 부족하며, 자기관념의 변화 과정에 대해 설명하지 못한다는 비판을 받는다. 12. 사시

4. 표류이론 및 중화기술이론 - 맛차와 사이크스(D. Matza & G. Sykes)

(1) 표류이론

① 의의: 표류이론(Drift Theory)이란 비행소년은 항상 하위문화에 지배되어 끊임없이 반사회적 행위를 하는 것이 아니라 비행과 무비행의 생활양식 사이에 떠다니고 있는 존재라고 보는 입장이다. 11. 사시☆

② 대부분의 비행소년들은 사회통제가 느슨한 상태에서 합법과 위법의 사이를 표류하는 표류자일 뿐이다. 중요한 것은 소년들을 표류하게 하는 여건, 즉 사회통제가 느슨하게 되는 조건이 무엇인지를 밝히는 것이다. 15. 교정7

③ 범죄자는 비범죄적 행동양식에 차별적으로 접촉하여 범죄행위로 나아가는 것이 아니며[서덜랜드(E. H. Sutherland)의 차별적 접촉이론을 비판], 지배적인 문화와 구별되는 비행하위문화가 독자적으로 존재하는 것도 아니다[코헨(L. Cohen)의 비행하위문화이론을 비판].

④ 비행소년도 대부분의 경우에는 규범에 순응하지만 특별한 경우에 한하여 위법행위에 빠져들게 되며, 성년이 되면 대부분 정상적인 생활을 하게 된다(성장효과이론). 15. 교정7

(2) 중화기술이론

① 표류원인으로서의 중화기술: 비행소년들도 전통적 가치·문화를 인정하지만, 그들이 범죄자와의 차별적 접촉에서 배우는 것은 규범을 중화(비행을 정당화)시키는 기술·방법이다. 중화기술을 습득한 자들은 사회 속에서 표류하여 범죄·일탈행위의 영역으로 들어가게 된다. 16. 보호7☆

② 중화기술의 유형 22. 교정7☆

비난자에 대한 비난	사회통제기관들은 부패한 자들로 자기를 심판할 자격이 없다고 하면서 그들의 위선을 비난하는 것이다. 21. 교정7☆ 예 경찰·법관은 부패하였고, 선생은 촌지의 노예이며, 부모는 자기의 무능을 자식에게 분풀이하는 사람이라고 하여 죄책감·수치심을 억누르는 것 등
피해자의 부정	피해자는 응당 당해야 마땅할 일을 당했을 뿐이라고 자신의 비행을 정당화하는 것이다. 18. 보호7☆ 예 선생을 구타하면서 학생들에게 불공평하기 때문에 당연하다고 하는 것, 상점에서 절도를 하면서 주인이 정직하지 못하다고 하는 것 등
보다 높은 충성심에의 호소	자신의 비행을 인정하면서도 의리·조직을 위해 어쩔 수 없었다고 하여 형법의 요구보다는 자신이 속한 집단의 연대성이 더 중요하다는 것이다(고도의 상위가치에의 호소). 19. 승진☆ 예 차량 절도를 하면서 규범에 어긋나지만 친구 간의 의리상 어쩔 수 없다고 하는 것, 시위 현장에서 폭력의 사용은 위법하지만 자유·평등을 위한 것이라고 하는 것 등
가해의 부정	자신의 범행에 의한 손해를 사회통제기관과 달리 평가하여 매우 가볍게 여기는 것이다. 20. 보호7☆ 예 절도는 물건을 잠시 빌리는 것이고, 마약복용은 타인에게 피해를 주지 않는다고 하며, 방화 시 보험회사가 피해보상을 해줄 것이라고 하는 것 등
책임의 부정	범죄·비행에 대한 자신의 책임을 인정하지 않고 오히려 자신을 사회상황의 피해자로 여기는 것이다. 24. 보호9☆ 예 비행의 책임을 열악한 가정환경·빈약한 부모훈육·빈곤 등의 외부적 요인으로 전가하여 합리화하는 것 등

5. 사회통제이론(사회유대이론) - 허쉬(T. Hirschi) 17. 교정7

(1) 비행의 원인

'왜 범죄를 저지르는가?'가 아니라 '왜 범죄를 저지르지 않는가?'에 관심을 두고, 개인적 통제보다 사회적 통제를 강조하여 사회유대의 약화를 비행의 원인으로 본다. 가족·학교·동료 등과 같은 사회집단에 밀접하게 연대되어 있는 사람은 여간해서 비행행위를 하지 않는다는 것이다(비공식적 통제를 강조). 24. 보호9☆

(2) 사회유대의 요소

애착	① 애정과 정서적 관심을 통해 개인이 사회와 맺고 있는 유대관계로, 특히 부모·교사·친구 등에 대한 애착이 큰 영향을 미친다. 21. 교정7☆ ② 애착에 의한 사회유대가 가장 중요한 요소이다. 예 자식이 비행을 저지르다가도 부모가 실망할 것을 우려해서 중지하는 것 16. 사시
전념 (수행, 관여)	① 규범 준수에 따른 사회적 보상에 얼마나 관심을 갖는가에 관한 것이다. ② 규범적인 생활에 많은 관심을 두었던 사람은 그렇지 않은 사람에 비해 잃을 것이 많기 때문에 비행이나 범죄를 저지를 가능성이 낮다. 24. 보호7☆ 예 소년들이 미래를 생각해서 공부에 전념하는 것은 비행에 빠지면 자신에게 큰 손실이 있으리라고 판단하기 때문
참여	① 행위적 측면에서 개인이 사회와 맺고 있는 유대의 형태이다. ② 일상적 행위에 참여가 높을수록 비행의 가능성이 적고, '게으른 자에게 악이 번창하듯이' 참여가 낮으면 일탈의 기회가 증가되어 비행의 가능성이 높다. 24. 보호7☆ 예 학교 수업을 태만하고 거리를 배회하는 소년들에서 비행의 정도가 높은 것
신념 (믿음)	① 관습적인 규범의 내면화를 통하여 개인이 사회와 맺고 있는 유대의 형태로서, 내적 통제의 다른 표현이다. 20. 보호7 ② 법과 사회규범의 타당성에 대한 믿음이 강하면 비행에 빠지지 않는다. 예 음주운전은 안 된다는 믿음을 가진 사람이 그렇지 않은 사람보다 음주운전을 자제하는 것

(3) 범죄일반이론 - 고트프레드슨과 허쉬(M. Gottfredson & T. Hirschi) 21. 교정7☆

① 모든 유형의 범죄행위와 범죄유사행위를 설명할 수 있는 범죄의 일반적 원인을 범죄발생의 기회와 낮은 자기통제력이라고 보며(자기통제력이 작용할 수 있는 전제로서 범죄발생의 기회를 제시), 어렸을 때 부정적으로 형성된 자기통제력이라는 내적 성향 요소가 이후 청소년기나 성인기에서 문제행동의 원인이 된다고 주장하였다. 23. 보호7

② 낮은 자기통제의 형성에 가장 많은 영향을 끼치는 것은 부모의 잘못된 자녀양육이며, 그에 대한 대책은 아이들의 행동을 항상 관찰하고 비행을 저질렀을 때, 즉시 확인하여 벌을 주는 것 등의 외적 통제인 것이다(가정에서 부모의 역할을 강조). 23. 보호7☆

③ 이에 대해서는 범죄의 설명에 있어 청소년기에 경험하는 다양한 환경적 요인의 영향을 충분히 고려하지 않는다는 비판이 제기된다.

6. 평가

(1) 통제이론은 평범한 소년들의 사소한 범죄를 대상으로 하기 때문에 대표성이 낮다. 따라서 강력범죄 등 중대범죄에는 설득력이 떨어진다는 한계가 있다. 16. 사시

(2) 비행의 발생에 대해서 거시적 · 외부적 압력을 변수로 고려하지 않은 점도 한계이다.

3 사회구조이론

1 아노미이론(사회적 긴장이론)

1. 이론적 기초

(1) 머튼(R. Merton)은 뒤르껭(E. Durkheim)의 아노미(Anomie) 개념(→ 무규범 상태, 사회통합의 결여)을 도입하여, 미국사회에서 사회적으로 수용 가능한 목표와 합법적인 수단 간의 불일치를 의미하는 것으로 사용한다. 20. 교정9☆

(2) 사람들의 욕구(목표)는 생래적이거나 이기적 동기에 의한 것이 아니라, 사회의 관습이나 문화적 전통과 같은 사회환경에 의해 형성된다(공통가치설, 가치공유설). 미국과 같은 자본주의사회에서는 부의 성취가 구성원들의 공통적 목표(문화적 목표)이다. 24. 교정7☆

(3) 문제는 문화적 목표를 달성하기 위한 수단의 확보기회가 계층에 따라 차별적이라는 점이다. 여기에서 사회적 긴장관계가 형성된다. 24. 교정7☆

(4) 사회적 긴장은 특정 사회에서 문화적 목표에 대해서는 지나치게 강조하는 반면에, 사회구조적 특성에 의해 제도화된 수단으로 문화적 목표를 성취할 수 있는 기회가 제한되었을 때에 발생한다(아노미 상황의 발생). 14. 교정7☆

(5) 이념적으로 성공이라는 목표를 달성할 수 있는 기회는 누구에게나 공평하게 주어진다고 얘기하지만(평등주의적 이념), 실제로는 그 기회가 계층에 따라 차별적이기 때문에 아노미 상황이 발생하게 된다.

(6) 문화적 목표를 정당한 수단으로 달성할 수 있는 가능성이 없고, 목표달성을 위한 정당한 수단이 별로 강조되지 않는 경우에 일탈행위(범죄)가 발생한다. 14. 교정7

2. 반응양식(적응 유형)

(1) 의의

① 머튼(R. Merton)은 대부분의 전통적 범죄가 하류계층에 의해 실행됨을 설명하고자 하며, 개인의 반응양식의 차이는 개인의 속성이 아니라 사회의 문화구조에 의한 것이라고 보았다.

② 개인의 사회적 긴장에 대한 반응양식은 문화적 목표와 제도화된 수단에 따라 각각 수용과 거부의 조합을 기준으로, 5가지의 형태로 나타난다. 22. 교정9

③ 개인의 반응양식(적응양식) 중 '동조'만이 정상적인 사람들의 반응양식이며, 그 외에는 모두 반사회적 적응양식이라고 본다. 13. 사시

(2) **형태** 20. 보호7☆

   ① **동조형**(순응형, Conformity): 정상적인 기회구조에 접근할 수는 없지만, <u>문화적 목표도 승인하고 제도화된 수단도 승인하는 경우</u>이다. 14. 보호7

     예 금전적 성공이 문화적 목표로 강조되고 근면 · 검약 · 교육 등이 제도화된 수단으로 인정되는 경우, 비록 본인은 충분한 교육기회가 없더라도 주어진 조건 내에서 돈을 벌고자 하는 태도 등

   ② **혁신형**(개혁형, Innovation): <u>문화적 목표는 승인하지만 제도화된 수단은 부정하는 경우</u>로서, 범죄자들의 전형적인 반응양식이다. 대부분의 범죄가 이러한 반응양식에 해당하며, 머튼(Merton)이 가장 관심 깊게 다룬 유형이다. 24. 보호7☆

     예 횡령, 탈세, 매춘, 강도 등

   ③ **의례**형(의식주의, Ritualism): <u>문화적 목표를 부인하고 제도화된 수단을 승인하는 것</u>으로서, 수단이 자신의 목표가 되는 경우이다.

     예 자기가 하는 일의 목표는 안중에 없고 무사안일하게 절차적 규범 · 규칙만을 준수하는 하위직 공무원 등

   ④ **은둔**형(도피형, Retreatism): <u>문화적 목표와 사회적으로 승인된 수단 모두를 부정하여 사회활동을 거부하는 경우</u>이다. 18. 교정9☆

     예 정신병자, 빈민층, 부랑자, 방랑자, 폭력배, 만성적 알코올중독자 및 마약상습자 등

   ⑤ **반항형**(혁명형, Rebellion): <u>문화적 목표와 사회적으로 승인된 수단 모두를 부정하는 동시에 기존 사회질서를 다른 사회질서로 대체할 것을 요구하는 경우</u>이다. 18. 교정9☆

     예 욕구불만의 원인을 현재 사회구조에서 규명하고, 사회주의 국가의 건설을 목표로 설정, 이를 위한 수단으로 폭력혁명을 주장하는 경우 등

🔸 **머튼(Merton)의 반응양식** 18. 교정9

반응양식	문화적 목표	제도화된 수단	행위 유형
동조(순응)	+	+	대부분의 정상인
혁신(개혁)	+	−	<u>전통적 재산범죄자</u>
의례(의식주의)	−	+	하층관료, 샐러리맨
은둔(도피, 퇴행)	−	−	약물중독자, 부랑자
반항(혁명)	±	±	반역자, <u>혁명가</u>

참고 '+'는 수용, '−'는 거부, '±'는 이전의 가치는 거부하고 새로운 가치는 수용하는 것

(3) **검토**

현대사회가 사회구성원들에게 공통의 목표(예 부의 획득, 좋은 학교에 입학 등)를 강조하면서도 이를 달성하기 위한 합법적인 수단에 접근할 수 있는 가능성은 개인의 능력이나 사회적 계층에 따라 각기 다른 상태에 두고 있고, 수단에 접근할 기회가 제한된 사람들(하위계층)은 목표의 달성을 위하여 수단의 합법성 여부를 무시한 행동(범죄)으로 나아간다고 본다. 22. 교정9

3. 평가

(1) 구체적 실증의 부재에 대한 비판

① 목표와 수단 간의 괴리 상황에서 반응양식의 차이에 대한 구체적 실증이 명확하지 않다.

② 어느 사회에서나 문화적 목표에 대해서 기본적인 합의가 있다는 공통가치설을 지나치게 강조하고 있다(다양성의 무시). 24. 교정7☆

(2) 보편성의 결여에 대한 비판

① 과실범·격정범·근친상간·동성애·상류계층의 경미한 재산범죄 등을 설명할 수 없다.

② 최근 증가하는 중산층이나 상류층의 범죄를 설명하는 데에는 한계를 나타냄으로써 범죄원인의 일반이론으로 보기는 힘들다. 22. 교정9☆

③ 재산범죄 등 경제적 동기의 비행이나 범죄에 대한 설명에 한정된다는 비판도 제기되었다. 그러나 머튼은 자신의 이론이 합리적 계산에 의한 실리주의적 일탈행동에 한정되는 것은 아니라고 반박하였다. 머튼의 이론은 경제적 동기로 범하는 범죄뿐만 아니라, 긴장과 좌절로 인한 각종 일탈과 폭력범죄 등도 설명할 수 있는 이론이라고 보아야 한다는 입장도 있다.

4. 아노미이론의 발전

(1) 제도적 아노미이론 23. 교정9☆

① 메스너와 로젠펠드(S. Messner & R. Rosenfeld)는 머튼의 아노미이론에 동의하면서 범죄·비행을 미국 사회의 문화적·제도적 영향의 결과로 본다.

② 미국 사회의 경제적 성공을 강조하는 소위 아메리칸 드림은 그 저변에 성취지향, 개인주의, 보편주의, 물신주의(물질만능주의)를 전제하고 있다.

③ 문화와 제도에 있어서 아메리칸 드림이라는 경제적 욕망의 지배는 경제제도와 다른 사회제도 사이에 힘의 불균형 상태를 초래하여(제도적 힘의 불균형), 가족·교회·학교 등에서 시행하는 비공식적 사회통제를 약화시키고 이는 미국 사회의 높은 범죄율로 연결된다는 것이다.

④ 범죄방지대책으로는 시민들이 경제적 안전망(예 복지·연금 등)을 제공받게 된다면(탈상품화, decommodification) 경제적 박탈감의 영향을 극복할 수 있게 되며 범죄율은 감소한다고 본다.

(2) 일반긴장이론 – 애그뉴(R. Agnew) 20. 교정7☆

① 애그뉴(R. Agnew)는 머튼의 이론을 수정하고 미시적으로 계승하여 사회에서 스트레스와 긴장을 경험하는 개인이 범죄를 저지르기 쉬운 이유를 설명하고자 하였다(긴장의 개인적 영향, 미시적 범죄이론). 24. 교정7☆

② 목표달성의 실패(또는 기대와 성취 사이의 괴리), 긍정적 자극의 소멸, 부정적 자극의 발생을 범죄원인으로 제시하고, 경험한 긴장의 강도가 강하고 횟수가 거듭될수록 개인은 부정적 감정의 충격을 많이 받으며 범죄에 빠질 가능성이 높다고 본다(긴장 → 부정적 감정 → 비행). 24. 교정7☆

③ 일반긴장이론은 머튼의 긴장 개념을 확장하여 다양한 상황이나 사건들이 긴장 상태를 유발할 수 있다고 보는 입장으로서, 머튼(R. Merton)의 이론과 같이 하층계급의 범죄에 국한한 것이 아니라, 사회의 모든 계층의 범죄에 대한 일반론적인 설명을 제공하고자 한다. 18. 교정7☆

④ 개인 차원의 일탈을 예측할 수 있고, 나아가 공동체의 범죄율의 차이를 설명하기도 한다.

⑤ 긴장상태에 있더라도 긍정적인 정서를 가진 사람은 자신의 능력을 신뢰하여 범죄로 나아가지 않는다고 보므로, 같은 수준의 긴장에 처한 경우에 모든 사람이 동일한 정도로 범죄를 저지르는 것은 아니라고 한다. 20. 승진

2 갈등이론

1. 범죄에 대한 두 가지 관점 12. 교정7

합의론	합의론(Consensus View)적 관점은 사회합의론과 기능론을 이론적 전제로 하며 범죄에 대한 대책에서는 현상유지적·수정적 경향을 지닌다. 즉, 한 사회의 법률은 사회구성원들에 의해 일반적으로 합의된 행위규범을 반영하는 것으로 그 사회의 가치·신념의 주류를 대변하는 것이고, 범죄는 이러한 법률의 위반으로 사회 전체의 일반적 합의에 모순된 행위로 규정된다.
갈등론	갈등론(Conflict View)적 관점은 이익갈등론과 강제론을 전제로 하며 범죄에 대한 대책에서도 개혁적·변혁적 경향을 띠고 있다. 갈등론자들은 법을 사회구성원의 합의의 산물로 보는 전통적 관점을 배척하고 법의 기원을 선별적인 과정으로 본다. 즉, 사회의 다양한 집단들 중에서 자신들의 정치적·경제적 힘을 주장할 수 있는 집단이 자신들의 이익과 기득권을 보호하기 위한 수단으로 만들어 낸 것이 법률이라는 것이다.

2. 보수적 갈등이론

(1) 범죄분석 - 베버(M. Weber)

범죄는 사회 내 여러 집단들이 자기의 생활기회를 증진시키기 위해 하는 정치적 투쟁, 즉 권력투쟁의 산물이라고 한다. 따라서 범죄는 사회체제 여하를 떠나서 권력체계, 즉 정치체계가 조직되어 있는 모든 사회에 존재한다고 본다.

(2) 집단갈등이론 - 볼드(G. Vold) 10. 교정9

① 집단형성의 동기: 집단갈등이론은 사람이란 원래 집단지향적인 존재이며, 이들의 생활은 대부분 집단에 참여함으로써 가능하다는 전제에서 출발한다. 혼자만의 노력보다 비슷한 이해관계와 요구를 가진 사람들이 집단행동을 통해 자신들의 요구를 보다 잘 실현할 수 있기에 집단이 형성된다.

② 집단갈등의 원인

　㉠ 집단 간에 갈등이 발생하는 이유는 여러 집단들이 추구하는 이익과 목적이 중첩되고, 서로 잠식하며 경쟁적이 되기 때문이다.

　㉡ 법의 제정, 위반, 집행의 모든 측면을 정치적 이익갈등의 차원에서 조명한다. 특히 집단 간의 이익갈등이 가장 첨예한 상태로 대립하는 영역으로 입법정책 부문을 지적하였다. 22. 보호7☆

　㉢ 범죄행위란 집단갈등의 과정에서 자신들의 이익과 목적을 제대로 방어하지 못한 집단의 행위로 인식한다. 16. 사시☆

③ 평가
  ㉠ 긍정: 집단갈등이론은 전통적 범죄이론이 도외시하였던 특정 범죄(예 인종갈등·노사분쟁·확신범죄 등)의 설명에 적합하며, 이후 갈등론적 범죄이론의 발전에 많은 기여를 하였다는 평가를 받는다.
  ㉡ 부정: 이익집단들의 갈등과 연계되지 않는 충동적이고 비합리적인 범죄행위(비이성적·격정적 범죄)에 대해서는 적용할 수 없다는 근본적인 한계에 대해 비판을 받는다.

(3) **권력갈등이론(범죄화론) – 터크(A. Turk)**
  ① 사회질서의 기초: 집단 간에 발생하는 갈등의 원인은 사회를 통제할 수 있는 권위를 추구하는 데에 있다고 보아, 사회의 권위 구조를 집단의 문화규범·행동양식을 타인에게 강제할 수 있는 권위를 가진 지배집단과 그렇지 못한 피지배집단으로 구분하였다. 22. 보호7
  ② 범죄화의 유발요인
    ㉠ 법제도 자체보다는 법이 집행되는 과정에서 특정 집단의 구성원이 범죄자로 규정되는 과정을 중시하였다. 그리하여 어떤 조건하에서 집단간에 갈등이 발생하고, 어떤 사람들이 범죄자로 규정되는지 그 과정과 관련하여 세 가지 조건을 주장하였다. 24. 보호9
      ⓐ 법률의 지배집단에 대한 의미: 현실의 법이 지배집단의 문화규범 및 행동규범과 일치할수록 그러한 법이 우선적으로 집행될 가능성이 크다. 24. 보호9
      ⓑ 법 집행자와 저항자 사이의 상대적 권력관계: 통상적으로 법은 법 집행에 도전할 수 있는 힘을 가진 지배집단보다는 이와 같은 힘을 갖지 못한 피지배집단에 더욱 집요하게 집행된다. 24. 보호9☆
      ⓒ 갈등 진행의 현실성: 집단 간 갈등의 산물인 법규 위반이 실현가능성이 낮은 목표를 주장·관철하려는 경우일수록 법 집행이 강화된다. 24. 보호9
    ㉡ 결국 지배집단의 힘이 강하고 갈등이 그들의 행동규범이나 문화규범에 중요한 경우에 피지배집단의 구성원들이 범죄자로 규정되고 처벌될 가능성이 크다고 본다. 10. 보호7

(4) **문화갈등이론 – 셀린(T. Sellin)**
  ① 범죄원인: 『문화갈등과 범죄』에서 전체 문화가 아닌 개별집단의 상이한 문화를 범죄원인에 대한 설명의 거점으로 삼고 있다. '개별집단의 문화적 행동규범과 사회 전체의 지배적 가치체계 사이에 발생하는 문화적 갈등관계가 범죄원인이 된다'는 것이다. 15. 사시☆
  ② 문화갈등
    ㉠ 전체 사회의 규범과 개별 집단의 규범 사이에는 갈등이 존재하기 쉽고, 개인에게도 이러한 문화갈등이 내면화되어 인격해체가 이루어지고 범죄원인으로 작용한다. 범죄학적으로 의미가 있는 문화갈등은 합법적 행위규범과 비합법적 행위규범이 다른 경우이다.
    ㉡ 일차적 문화갈등과 이차적 문화갈등 모두 범죄의 원인이 된다고 지적한다.

일차적 문화갈등 (횡적 문화갈등)	이질적 문화의 충돌에 의한 문화갈등의 경우 24. 보호9☆ 예 국가병합, 이민의 경우 등
이차적 문화갈등 (종적 문화갈등)	동일문화 안에서 사회변화에 의한 문화갈등의 경우 24. 보호9☆ 예 세대 간 갈등, 빈부 간 갈등, 지역 간 갈등 등

(5) 페미니스트 범죄이론(여성주의 범죄학)

① 의의

　　⊙ 과거 여성범죄에 대한 인식은 잘못된 고정관념(⑩ 기사도, 가족주의, 가부장제도)에 기초한 것이어서, 사회 내의 갈등이 성(gender)의 불평등성에서 발생한 것이므로 성평등이 실현되면 남성과 여성의 범죄성은 비슷해질 것이라는 주장이다.

　　ⓒ 성적 차별에 의해 여성은 가정과 사회에서 이중의 착취를 당하고 있다는 인식이 페미니즘 출현의 동기라고 본다.

② 유형

자유주의적 페미니즘	성의 사회화가 범죄의 원인으로 작용하여 여성보다 남성이 더 많은 범죄를 저지르는 것은 성에 대한 역할기대에 부합하기 때문이며, 성 불평등의 원인은 법적·제도적 기회의 불평등으로 인한 것이라고 보아, 사회의 정책적 노력(동등한 기회 부여, 선택의 자유 허용)에 의해 성 불평등이 제거될 수 있다고 주장한다.
급진주의적 페미니즘	남성은 공격적 성향을 타고났기 때문에 여성을 통제나 지배의 대상으로 인식(남성우월주의)하고, 이는 가부장제도를 통해 남성의 여성에 대한 지배가 사회 전반으로 확장되었다고 주장한다.
마르크스주의적 페미니즘	남성의 재산소유와 생산수단에 대한 통제(사유재산제도)가 남성지배 및 여성억압의 근원이므로(계급불평등) 자본주의-가부장제를 위협하는 여성의 행동은 범죄로 규정된다고 보아, 자본주의에 대한 투쟁을 통해 여성억압과 불평등을 해결할 수 있다고 주장한다.
사회주의적 페미니즘	마르크스주의와 급진주의를 통합하여, 성 불평등은 사회의 구조(가부장제)와 자본주의에 따른 계급불평등의 결과라고 보는 입장에서 여성의 임신·출산·육아는 여성이 생존을 위해 남성에게 의존하도록 만들었고, 이는 노동의 성 분업과 남성의 여성에 대한 지배·통제를 초래하여 남성에게 더 많은 범죄기회가 주어졌다고 주장한다.

(6) 권력통제이론

① 권력통제이론(Power Control Theory)이란 범죄에서 나타나는 성별 차이를 설명하기 위해 급진적인 여성주의 시각을 도입하여, 범죄율이 계급적 권력과 가족 내 권력에 의해 결정된다고 보는 이론이다. 헤이건(J. Hagan)은 범죄나 비행의 발생률이 사회적 지위와 가정 기능이라는 두 가지 요소에 의해 결정된다고 주장한다.

② 가정 기능은 다시 가부장적 기능과 평등주의적 기능으로 나뉜다. 먼저 가부장적 가정에서는 아버지가 생계 유지를 위한 경제활동을 하고, 어머니는 가사와 육아의 활동을 하는데 딸에 대해서는 통제가 강하나 아들에 대해서는 통제가 느슨하다. 따라서 아들의 비행가능성이 높다고 한다.

③ 반면에 평등주의적 가정에서는 아버지와 어머니가 동등한 권력과 지위를 향유하므로 딸에 대한 통제가 약하며 그로 인하여 아들과 딸의 비행가능성에 차이가 없다고 본다. 부모가 비슷한 권력을 소유하고 있는 가정에서 딸은 남자 형제와 비슷하게 직업적 성공에 대한 기대감을 갖고 있으며 그 결과 성별에 관계없이 위험추구적 행동이나 비행을 저지르도록 사회화된다는 것이다.

3 범죄적 하위문화이론(문화적 비행이론)

1. 서론

(1) 범죄적 하위문화이론(비행적 하위문화이론, Cultural Deviance Theory)은 사회해체이론과 아노미이론을 결합하여, 하위계층이 사회적 소외와 경제적 박탈에 대해 어떻게 반응하는지를 설명하는 이론이다. 12. 교정9

(2) 사회의 여러 하위문화 중에서 범죄적 하위문화가 존재하며, 이러한 환경에서 생활하는 사람들은 범죄적 하위문화의 영향으로 인하여 범죄행위에 빠져든다고 본다. 14. 사시☆

2. 하위계층문화이론(하층계급문화이론) – 밀러(W. Miller)

(1) **하위계층의 문화**

① 하위계층에는 중류계층의 문화와는 구별되는 독자적인 문화규범이 존재하고, 이에 따른 행동이 중류계층문화의 법규범에 위반됨으로써 범죄가 발생한다. 23. 보호7☆

② 하위계층의 대체문화는 사회의 주류문화에 대하여 다른 가치를 가지는 문화로 파악된다. 하층계급의 범죄 및 일탈은 병리적인 행위가 아니고 **중류계층의 규범에 대항하는 것도 아니며, 단지 자기가 소속된 해당 문화에 충실한 행위일 뿐이다.** 이는 악의적인 저항이 아니라는 점에서 코헨(A. Cohen)의 비행하위문화이론과 구별된다. 23. 보호7☆

③ 하층계급에 독특한 문화규범이 생기는 이유는 그들의 관심의 초점(중심가치, Forcal Concerns)이 일반인(중류계층)과 다르기 때문이다.

(2) **관심의 초점(중심가치)** 24. 보호7☆

말썽[사고치기] (Trouble)]	하층계급은 유난히 사고를 유발하고, 이를 원활히 처리하는 데에 많은 관심을 갖고 있다. 사고를 저지르고 경찰에 체포되거나 피해자에게 배상하는 것은 어리석은 것이며, 이를 교묘히 피해가는 것이 주위의 주목을 끌고 높은 평가를 받게 된다. 16. 사시
자율성[독자성] (Autonomy)]	경찰, 선생, 부모 등의 권위로부터 벗어나려 하고, 그들의 간섭을 받는 것을 혐오한다. 따라서 사회의 권위 있는 기구들에 대한 경멸적 태도를 취하게 된다.
숙명[운명주의] (Fatalism)]	미래가 자기의 노력보다는 통제할 수 없는 운명에 달려있다는 믿음이다. 범죄를 저지르고 체포된 경우, 반성하기보다는 운이 없었다고 판단하기도 한다.
흥분[자극] (Excitement)]	스릴과 위험한 일을 추구하여 권태감을 해소하는 것이다. 하층계급의 거주지역에서는 도박·싸움·음주·성적 일탈이 많이 발생한다. 16. 사시
교활[기만] (Smartness)]	지적인 총명함이 아니라, 도박·사기·탈법 등과 같이 기만적인 방법으로 다른 사람을 속일 수 있는 능력을 말한다.
강인[억셈] (Toughness)]	감성적이며 부드러운 것을 거부하고, 육체적인 힘이나 싸움능력을 중시하며 두려움을 나타내지 않는다. 이는 여성가장기구에 대한 반작용으로 볼 수 있다.

(3) **범죄의 발생**

하층계급에서는 중심가치(관심의 초점)를 높이 평가하고 깊은 관심을 가짐으로써 일정한 지위를 차지하고 갱단에 속하게 된다. 따라서 이러한 문화적 분위기에 순응하는 과정에서 범죄를 저지르게 된다.

3. 비행하위문화이론 – 코헨(A. Cohen)

(1) 의의

① 밀러(W. Miller)의 이론이 하층문화가 생성되는 과정에 대해서는 관심을 두지 않았다고 비판하면서, 하류계층 청소년들 사이에서 반사회적 가치나 태도를 옹호하는 비행문화가 형성되는 과정을 집중적으로 다루었다. 14. 사시

② 미국과 같이 중류계층의 가치체계의 의해 지배되는 사회에서는 중산층의 가치나 규범을 중심으로 형성된 사회의 중심문화와 빈곤계층 소년들의 익숙한 생활 사이에서 긴장이나 갈등이 발생하며, 이러한 긴장관계를 해소하려는 시도에서 비행적 대체문화가 형성된다. 18. 승진☆

③ 중산층 문화에 적응하지 못한 하류계층의 소년들이 좌절감을 해소하고 삶에 의미를 부여하기 위해서 다른 하류계층 소년들과 함께 주류문화와 전혀 다른 문화(비행하위문화)를 구성하여 중류계층의 거부에 대한 해결책을 찾는다(문화적 혁신). 16. 보호7☆

④ 결국 비행하위문화는 중류계층의 가치와 규범에 대한 반동(저항)적 성격을 지닌다고 본다. 23. 보호7☆

(2) 적응의 문제와 비행집단의 형성

① 하류계층의 비행집단(갱)은 계층사회 내에서 하류계층의 소년들이 학교에 제대로 적응하지 못함으로 인해 발생한다. 학교제도는 중류계층의 척도에 의해 지배되므로 하류계층 소년들에게는 적응의 문제가 발생한다.

② 하류계층 소년들의 반응에는 대학소년 반응, 길모퉁이소년 반응, 비행소년 반응 등이 있다. 비행소년들이 어울려서 집단적으로 반항하면서 비행집단이 형성된다.

(3) 비행하위문화의 특성 24. 보호7☆

다면성(변덕)	하류계층 소년들은 여러 방면의 재주·잡기·융통성을 중요시한다.
단기적 쾌락주의	미래의 성공을 위해 현재의 욕구를 억제하지 못하고 당장의 쾌락을 추구하는 경향을 띤다. 예 폭주족 등
반항성 (부정성)	하류계층의 소년들은 사회의 지배적 가치체계를 무조건 거부하고, 사회의 중심문화와 반대방향으로 하위문화의 가치·규범을 형성한다.
집단자율성	하류계층 소년들은 기존 사회에서 인정받지 못하는 것에 대한 반작용으로, 내적으로 강한 단결력과 외적으로 적대감을 나타낸다.
비공리성 (비합리성)	합리적 계산을 통한 범죄의 이익보다는 타인에게 피해를 입히고 동료로부터 얻는 명예·지위 때문에 범죄행위를 한다.
악의성	타인에게 불편을 주고 금기를 파괴하는 행위를 강조한다.

(4) 평가

① 중산층·상류층 소년들이 저지르는 비행이나 범죄는 설명하지 못한다. 20. 보호7☆

② 하위계층 소년들 중 비행을 저지르지 않는 소년이 많다는 사실을 간과하였다.

③ 실제 체포된 비행소년들의 대부분은 자신의 행동을 후회하고 뉘우치므로, 이들의 행위를 비행하위문화의 영향을 받은 것으로 보기 어렵다. 23. 교정9☆

④ 소년비행은 대부분 비행하위문화와 무관한 개인적 사유로 발생한다.

4. 차별적 기회구조이론 - 클로워드와 오린(R. Cloward & L. Ohlin)

(1) 의의

① 코헨(A. Cohen)의 비행하위문화이론에 동의하면서, 더 나아가 비행자가 왜 그러한 비행하위문화에 빠져들게 되는지를 설명하고자 하였다. 12. 사시

② 아노미이론(R. Merton)과 차별적 접촉이론(E. H. Sutherland)을 통합하여, 성공을 위한 목표로의 수단에는 합법적ㆍ비합법적 기회구조가 있음을 전제로 하여 차별적 기회이론을 제시한다. 23. 교정9☆

③ 비행하위문화를 촉발시키는 요인으로 합법적인 수단을 사용할 수 있는 기회의 불평등한 분포를 든다. 아노미이론과 같이 사회에는 문화적 목표와 이를 합법적인 수단으로 달성할 수 있는 가능성 간에 현격한 차이가 있고, 이로 인해 비행하위문화가 형성된다. 12. 사시

④ 성공하기 위하여 합법적인 수단을 사용할 수 없는 사람들은 비합법적 수단을 사용한다는 머튼의 주장에 대해서는 반대한다. 머튼(R. Merton)의 이론은 비합법적인 수단에 대한 접근가능성을 간과하였으며, 실제 비행하위문화의 성격은 비합법적인 기회가 어떻게 분포되었는가에 따라 다르며 연관된 비행행위의 종류도 다르다고 비판한다(합법적 수단과 비합법적 수단 모두에 대한 차별적 기회의 고려). 23. 교정9☆

(2) 비행하위문화의 기본형태

① 개인이 성공을 위한 목표를 달성하려고 할 때 합법적 수단과 비합법적 수단 중 어느 수단을 취하는가는 사회구조와의 관계에서 어느 수단을 취할 수 있는 지위에 있는가에 달려있다. 23. 교정9☆

② 목표달성을 위한 불법적 수단에 대한 차별적 접근의 개념을 제시하면서, 합법적 수단뿐만 아니라 불법적 수단에 대해서도 기회의 차별을 고려해야 한다고 주장한다.

범죄적 하위문화	㉠ 비합법적 기회구조가 많은 지역에서 형성되는 하위문화로서, 범죄적 가치와 지식이 체계적으로 전승된다. ㉡ 소년들은 범죄로 성공한 성인범죄자를 자신의 미래상으로 인식하고 범죄조직에 관련된 잡일을 하면서 범죄적 가치나 지식을 습득한다. ㉢ 절도 등의 재산범죄가 일상화되어 범죄가 가장 많이 발생한다.
갈등적 하위문화	㉠ 성인들의 범죄가 조직화되지 않아 소년들이 비합법적인 수단에 접근할 수 없는 지역에서 형성되는 하위문화이다. ㉡ 비합법적인 수단을 가르쳐 주는 성공적인 범죄집단은 없지만, 범죄가 없는 것도 아니다. ㉢ 최소한의 통제도 이루어지지 않는 사회해체 속에서 대체로 개인적ㆍ비조직적ㆍ경미한 범죄(예 과시적 폭력범죄)만 발생하므로, 범죄적 하위문화는 형성되지 못한다.
도피적 하위문화	㉠ 문화적 목표를 추구하는 데 필요한 합법적 수단을 이용하기 어렵고 불법적인 기회도 없는 상황에서 형성되는 하위문화이다. ㉡ 대표적 예로는 약물중독자ㆍ정신장애자ㆍ알코올중독자 등이 자포자기하여 퇴행적 생활로 도피하는 것을 든다.

③ 클로워드와 오린(R. Cloward & L. Ohlin)은 머튼(R. Merton)의 반응양식을 수정하여 다음과 같이 설명한다.

구분	목표	합법적 수단	비합법적 수단	폭력수용	머튼
일반인	+	+			동조
범죄적 하위문화	+	−	+		혁신
갈등적 하위문화	+	−	−	+	
도피적 하위문화	−	−	−	−	은둔

④ 합법적 기회와 비합법적 기회가 모두 결여된 경우를 '이중실패자'라고 하는데, 이들 중의 일부는 좌절을 폭력으로 표출하게 되고(갈등적 하위문화), 다른 일부는 내면화된 규범의식 또는 신체적 능력의 결여 때문에 폭력을 사용하지 못하고 좌절하게 된다(도피적 하위문화). 다만, 일반적으로 이중실패자는 도피적 하위문화에 적응하여 반사회적인 행위를 하는 사람들을 지칭한다. 21. 교정7

(3) 평가

① 특정 지역에서 발생하는 일탈 유형을 그 지역의 하위문화의 특성과 관련하여 설명하고, 하위문화의 형성 과정을 합법적 기회구조와 비합법적 기회구조를 통하여 설명함으로써 이후 사회정책의 개발에도 많은 기여를 하였다. 실제 1960년대 미국에서 시행된 지역사회교정이나 비행예방 프로그램들은 차별적 기회이론의 관점에 기초를 두었다.

② 수형자에 대한 교정교육은 합법적 기회구조에 접근할 수 있는 기회를 부여할 수 있으므로 범죄예방에 도움이 된다고 본다. 10. 교정7

5. 폭력적 하위문화이론

(1) 밀러(W. Miller)가 중시한 문화적 영향은 이후 여러 연구에 계승되었다. 그중 울프강과 페라쿠티(M. Wolfgang & F. Feracuti)는 지배적인 문화와는 별도로 특정 지역을 중심으로 폭력사용을 용인하고 권장하는 폭력하위문화가 존재한다고 보았다.

(2) 폭력적 하위문화에서 폭력은 구성원들이 부정적·문제적 환경에 적응하는 효과적 생활양식으로서 오랜 경험에서 학습된 결과라고 본다. 즉, 다른 것보다 폭력을 사용했을 때 문제가 효과적으로 해결된다는 점을 경험적으로 인식하고 있다는 것이다.

(3) 특정 지역의 사람들은 일반인들에 비해서 자신의 명예, 집안의 명예, 남자의 명예 등을 지나치게 강조하고 인간의 생명을 가볍게 보는 경향이 있다. 이러한 문화적 특성은 이들의 생활양식, 사회화 과정, 대인관계 면에서 폭력 사용이 정상적인 행위양식의 하나로 정립되어 있다는 것이다. 미국 필라델피아 지역이 다른 지역에 비해 살인사건이 많은 것은 바로 폭력하위문화의 영향을 보여주는 것이라고 하였다.

4 낙인이론과 비판범죄학

1 낙인이론

1. 의의

(1) 낙인이론(Labeling Theory)에서는 범죄란 일정한 행위속성의 결과가 아니고, **통제기관에 의해 범죄로 규정된다고 본다**(패러다임의 전환). 즉, 범죄는 일정한 원인에 의해 발생하는 것이 아니라 사법기관의 낙인에 의해 선별적으로 만들어진다고 본다(귀속과 낙인의 산물). 15. 사시☆

(2) 낙인이론은 일탈행위와 사회적 낙인화의 관계를 사회적 상호작용이라는 관점에서 파악한다(사회적 반작용이론, 사회적 반응이론). 18. 보호7☆

(3) 낙인이론이 관심을 두는 것은 범죄행위가 아니라 범죄행위에 대한 통제기관의 반작용이다. 범죄는 어느 곳에나 골고루 편재되어 있음에도 일부만 처벌되는 것은 결국 사법기관이 범죄자를 선별하여 범죄자로 낙인을 찍기 때문이라는 것이다(형사사법기관의 역할에 대해 회의적 입장). 이러한 공식적 낙인은 사회적 약자에게 차별적으로 부여될 가능성이 높다고 본다. 18. 교정7☆

(4) 일탈자로 낙인찍힌 자와 이러한 낙인을 찍는 자의 상호작용을 중시하고 일탈행위가 형성되는 사회적 메커니즘에 관심을 가진다(상징적 상호작용론). 16. 사시☆

(5) 낙인이론은 공식적 처벌이 가지는 긍정적 효과보다는 부정적 효과에 주목한다. 19. 승진

(6) 낙인이론은 형사사법제도의 불공정성과 처벌의 부정적 효과를 지적하는데, 패터노스터(Paternoster)와 이오반니(Iovanni)는 낙인이론의 근원은 갈등이론과 상징적 상호작용이론에 있다고 주장한다.

2. 특징

(1) 범죄행위 자체에 중점을 두었던 전통적·심리학적·다원적 범죄원인론을 배척한다.

(2) 전통적 범죄학이 등한시했던 법 집행기관의 역할을 중요시하여 연구대상으로 삼는다. 10. 보호7

(3) 일탈규정을 독립변수(원인)로 보지 않고 종속변수(결과)로 보아 그러한 규정의 형성 과정이나 적응메커니즘을 연구대상으로 한다.

(4) 공식범죄통계의 허점(암수범죄의 문제)을 지적하고, 자기보고조사나 참여적 관찰에 의한 보충을 요구한다.

3. 이론의 전개

(1) 탄넨바움(F. Tannenbaum)

사회에서 범죄자로 규정되는 과정이 일탈 강화의 악순환으로 작용하여 오히려 범죄로 비난받는 특성을 자극하여 강화시켜 준다고 주장하며, 이를 '악의 극화(Dramatization of Evil)'라고 하고, 악의 극화를 만들지 않는 것이 청소년비행을 줄이는 방안이라고 주장하였다. 23. 교정7☆

(2) 레머트(E. Lemert)

① 일탈의 유형

    ㉠ 일탈을 개인의 심리구조나 사회적 역할수행에 거의 영향을 주지 않는 일차적 일탈과 사회가 규범 위반으로 규정하는 이차적 일탈로 구별하고, 특히 이차적 일탈을 중시하였다. 22. 교정9☆

일차적 일탈	우연적 · 일시적 일탈로서 그 원인은 다양하며, 개인의 자아정체감이 훼손되지 않은 상태에서 발생하는 행위이다. 예 학생들이 재미로 물건을 훔치는 상점절도 등
이차적 일탈	일차적 일탈에 대해 제재가 가해지면서 일탈자라는 공식적 낙인을 받게 되고, 그것이 사회적 지위로 작용하여 상응하는 규범 위반행위를 하게 되는 것이다. 이는 행위자의 정체성이나 사회적 역할의 수행에 중요한 영향을 미친다. 15. 교정7☆ 예 상점 절도를 저지른 학생들이 경찰에 체포된 후에 억울하다는 마음으로 다시 상점 절도를 한 경우

    ㉡ 이차적 일탈은 일차적 일탈에 대한 제재를 공격 · 방어하기 위한 동기에서 발생하거나, 일탈자라는 사회적 낙인이 스스로를 일탈자로 자아규정하게 함으로써 발생하기도 한다. 20. 교정9☆

② 공식반응에 의한 낙인효과

    ㉠ 일탈에 대한 사회적 반응을 사회구성원의 비공식반응과 사법기관의 공식반응으로 나누고, 사법기관의 공식반응이 가장 영향력이 크다고 본다. 20. 교정9☆

    ㉡ 일차적 일탈자를 이차적 일탈자로 악화시킴에 따른 공식반응이 미치는 낙인효과를 지적한다. 18. 보호7

오명 씌우기	사법기관의 공식반응으로 일차적 일탈자에게는 도덕적 열등아라는 오명이 씌워진다(대중매체의 보도, 전과기록 등).
불공정에 대한 자각	일차적 일탈자는 법 집행의 불공정성을 경험하고, 사법제도의 공정성에 대한 신뢰 및 사회정의에 대한 신뢰를 상실한다.
제도적 강제의 수용	공식처벌을 받게 되면 일탈자는 사법기관의 판단을 받아들일 수밖에 없다.
비행하위문화에 의한 사회화	공식처벌을 집행하는 시설 특유의 비행하위문화를 접하면서 범죄를 옹호하는 가치나 새로운 범죄기술을 습득한다.
부정적 정체성의 긍정적 측면	사법기관이 부여한 부정적 정체성을 수용하면서 얻는 이익(죄책감으로부터 도피 등) 때문에 부정적 평가를 거부하지 않게 된다. 24. 보호7

(3) 벡커(H. Becker) 22. 교정9

① 규율 위반과 일탈행위의 구분: 일탈행위로 낙인받는 과정은 누가 낙인을 부여하고, 누가 낙인을 받는가에 따라 달라진다. 따라서 단순한 규율 위반과 낙인을 받은 일탈행위는 구분되어야 한다.

② 단계적 모델

    ㉠ 범죄자로 낙인을 찍는 것이 사회적 지위와 같은 효과를 낳게 하여 사회생활에 가장 직접적이고 중요한 '주지위(Master Status)'의 작용을 한다. 24. 보호7☆

ⓒ 사회집단이 일탈을 규정하는 규칙을 정하고 특정인에게 적용하여 국외자(이방인, Out-sider)로 낙인찍음으로써 일탈을 조장한다. 19. 교정9

ⓒ 즉, 사회의 주도적 집단(도덕적 기획가, 도덕적 십자군)으로 대변되는 기득권층이 그들의 가치와 신념을 반영하여 만든 법을 지위가 낮은 사람이 위반하면 일탈자라 낙인찍고(아웃사이더), 이는 그의 주지위가 되어 이후 교육과 직업 등에 방해받으며 결과적으로 일탈을 계속하게 만든다.

ⓒ 범죄자라는 사회적 낙인은 일반인들에게 어떤 보조지위도 무력화시킬 만큼 영향력을 가지고 있고, 온갖 편견·질시·냉대의 원인이 된다. 결국 당사자는 자포자기 상태에 이르게 되고 사회가 규정한 대로 행동하게 되는 결과를 가져온다(단계적 모델).

ⓒ 일탈의 경력을 차례차례 쌓아감으로써 단순한 규범 위반자가 상습적 일탈행위자로 변화되는 과정을 설명한다(경력적 일탈).

(4) 슈어(E. M. Schur)

① 이차적 일탈은 일탈적 자아관념이나 동일시의 표현이다.

② 낙인을 받았더라도 바로 이차적 일탈로 이어지는 것은 아니며, 어떤 범죄자는 낙인을 수용하지 않고 성공적 변호와 협상(낙인에 대한 개인적 적응)으로 그 낙인을 벗어날 수도 있다(낙인 과정의 협상적 측면). 10. 사시

③ 범죄자가 스스로 내면화된 사회적 기대에 따라 이차적 일탈에 이르는 경우도 있다(자아낙인). 12. 보호7☆

④ 범죄대책과 관련하여서는 '눈덩이 효과 가설'을 바탕으로 급진적 불개입주의에 의해 피해자 없는 범죄에 대한 비범죄화를 주장한다.

4. 평가

(1) 공헌

① 낙인이론은 범죄자에 대한 사회제재에는 양면성이 있음을 지적하였다(위하·개선과 낙인으로 인한 악화). 다만, 낙인이론에서도 중한 범죄에 대해서는 형벌의 위하적·개선적 효과를 무시하지는 않는다.

② 기존의 범죄원인론을 비판하고, 비판범죄학과 더불어 인도적 형사정책을 옹호하였다. 14. 사시

③ 소년범죄자·경미범죄자·과실범죄자의 경우 재범방지(이차적 일탈의 방지)에 대한 대책의 수립에 영향을 주었다(4D정책). 19. 승진

④ 단기자유형을 낙인의 부작용으로 인해 상습범으로 되는 요인이라고 보아 단기자유형을 반대한다.

⑤ 시설 내 처우에 따른 악풍 감염의 방지 및 사회 내 처우의 필요성을 주장하였다. 19. 승진☆

> ★ **핵심 POINT | 4D정책(4D원칙) - 낙인이론의 목적(목표)**
>
> 1. 낙인이론의 형사정책적 목적은 <u>비범죄화</u>(Decriminalization), <u>비형벌화</u>(Depenalization), <u>전환</u>(Diversion), <u>비시설처우</u>(탈시설화, Deinstitutionalization)이다. 여기에 <u>법의 적정절차</u>(Due Process of Law)를 덧붙여 5D 원칙이라고도 한다. 20. 교정9☆
> 2. 다른 견해에 따르면 비범죄화, 전환, 탈시설수용화, <u>탈낙인화</u>(Destigmatization, 이미 행해진 사회통제적 낙인은 재사회화가 성과 있게 이루어진 후에는 피낙인자에게 그의 사회적 지위를 되돌려 주어야 함)가 낙인이론의 형사정책적 결론으로 주장되기도 한다. 14. 보호7

(2) 비판

① 일탈자와 사회 간의 상호작용을 지나치게 과장하고 있고, 특히 초범(일차적 일탈)의 경우에는 설명이 부족하다. 19. 승진☆

② 낙인이 없으면 일탈도 없다고 보므로 일탈자의 주체적인 특성을 무시한다.

③ 하층계급의 일탈에 논의를 한정하여 <u>화이트칼라 범죄 등 지배계층의 범죄를 간과</u>한다.

④ 미시적 이론으로서 범죄의 사회구조적 원인을 간과하여 비판범죄학의 형성계기가 되었다.

2 비판범죄학

1. 의의

(1) 비판범죄학은 <u>마르크스주의를 이론적 기초</u>로 하여, 범죄를 개인의 반사회성에 기인하는 것으로 보고 재사회화를 형벌 목적으로 삼는 종래의 이론(실증주의)을 강하게 비판한다. 12. 사시

(2) 비판범죄학은 낙인이론의 기본관점을 차용하나, 낙인이론의 가치중립성과 추상성을 비판하면서 범죄자로 만드는 주체의 정당성을 문제로 삼는다는 점에서 낙인이론과 본질적 차이가 있다(범죄 발생의 이면에 작용하는 구조적 요인을 거시적으로 분석). 16. 사시☆

(3) <u>자본주의 사회의 모순에 관심</u>을 가지고 일탈의 문제도 자본주의 사회의 모순에 대한 총체적 해명 가운데 이해한다.

2. 유물론적 비판범죄학(신범죄학)

테일러(I. Taylor), 왈튼(P. Walton), 영(J. Young) 등은 범죄의 정치경제성과 사회심리성을 중시하여, 권력층의 범죄를 폭로하고 형사사법체계의 불평등을 주장한다. 12. 보호7

3. 급진적 갈등이론(계급주의 범죄학)

(1) 의의

① 급진적 갈등이론에서는 마르크스의 계급갈등론을 바탕으로 범죄를 자본주의 사회의 경제모순에서 야기되는 산물로 파악한다.

② 형법은 지배계급이 사회지배를 위해 사용하는 도구이며, 형벌은 경제적 지배계급(부르주아)이 피지배계급(프롤레타리아트)을 억압·착취하기 위해 사용하는 물리력이라고 본다. 16. 사시☆

③ 자본주의의 모순은 법체계의 억압성으로 은폐되므로, 자본주의 사회의 붕괴와 사회주의에 의한 새로운 사회 건설을 통해서만 범죄문제가 해결될 수 있다.

(2) 범죄분석 – 마르크스(K. Marx)

① 범죄발생의 원인을 계급갈등과 경제적 불평등으로 설명한다. 16. 보호7
② 근본적인 범죄대책은 사회변혁을 통하여 범죄를 야기하는 계급갈등을 없애는 것이다.

(3) 경제결정론 – 봉거(W. Bonger) 15. 사시

① 범죄원인

　㉠ 『범죄성과 경제적 조건』에서 범죄의 원인이 경제적 이유에 있다고 주장한다. 11. 사시

　㉡ 사법체계는 가진 자에게는 그들의 욕망을 달성할 수 있는 합법적 수단을 허용하는 반면, 가난한 자에게는 이러한 기회를 허용하지 않기 때문에 범죄는 하위계급에 집중된다. 16. 보호7

　㉢ 범죄에 영향을 미치는 것은 부의 불평등한 분배의 문제이다. 하류계층의 범죄는 그들의 경제적 종속과 빈곤의 산물로서 설명할 수 있는 반면, 지배계층의 범죄는 자본주의 사회의 비도덕화로서 설명할 수 있다. 10. 보호7

② 범죄대책: 범죄문제에 대한 정책으로 사회주의 사회의 달성을 제시하였다. 만약 사회주의 사회에서 범죄가 있다고 하여도 이는 정신질환에 의한 것밖에 없을 것이며, 이러한 범죄도 법에 의해 처벌받는 것이 아니라 의학적으로 치료될 것이라고 보았다. 10. 사시

(4) 경제계급론 – 퀴니(R. Quinney) 24. 교정7

① 범죄원인: 초기 연구는 다양한 집단들의 갈등 현상을 다루었으나, 후기 연구에서는 보다 마르크스주의적 관점을 취하여 범죄란 자본주의의 물질적 상황에 의해 어쩔 수 없이 유발되는 반응양태라고 보았다. 16. 보호7

② 자본주의 사회의 범죄의 유형

　㉠ 지배와 억압의 범죄: 자본가 계급의 범죄는 그들이 자본주의의 기본모순을 안고 체제유지를 해 나가는 과정에서 자신의 이익을 보호하기 위해 불가피하게 자신이 만든 법을 스스로 위반하는 경우에 발생한다(경제범죄, 정부범죄, 통제범죄).

　㉡ 적응과 저항의 범죄: 노동자 계급의 범죄로서 생산수단을 소유·통제하지 못하는 노동자 계급이 개별적으로 자본주의의 기본모순에 반응하는 형태를 지칭한다. 22. 보호7☆

적응의 범죄 (화해의 범죄)	생존의 필요에 의한 약탈범죄(예 절도죄, 강도죄, 마약거래죄 등), 기본모순의 심화 속에서 야기된 난폭성의 표현인 대인범죄(예 살인죄, 폭행죄, 강간죄 등)로 구성된다.
저항의 범죄 (대항의 범죄)	노동자 집단이 기본모순에 저항하고 극복하려는 과정에서 행하는 행위들을 국가가 범죄로 규정한다.

③ 기타: 법이란 기존의 사회·경제질서를 유지하고 영속시키기 위한 국가와 자본가 계급의 도구라고 규정한다. 주로 사회적으로 열악한 사람들이 범죄자가 되는 이유는 자본가 계급이 법을 만드는 힘과 법을 집행할 수 있는 권력을 갖고 있기 때문이다. 16. 사시

(5) 후기 자본주의 갈등이론 – 스피처(S. Spitzer)

① 후기 자본주의의 문제: 후기 자본주의에서 가장 중요한 사회문제의 하나로 지적한 것은 문제 인구의 생산이었다. 24. 보호9

② 사회통제 방법의 전환

범죄의 정상화	범죄자를 교도소나 교정시설에 수용하지 않고 바로 지역사회에 방치하여 범죄자에 대한 국가관리를 포기하는 것이다.
전환	범죄를 저지를 개연성이 높은 사람이나 재활을 끝낸 범죄자를 보호관찰 보조자, 교도소의 상담인과 같이 국가사법기관의 활동을 보좌하는 보조자로 전환하는 것이다.
억류	문제가 될 수 있는 인구들을 특정 지역에 집중시키고 지역 외부로 나오지 않는 한 이들의 범죄행위를 묵인하는 것이다.
범죄적 사업의 묵인	문제인구들이 나름대로 수입과 직업을 창출하도록 하여 국가가 이들에 대한 관리비용을 절감하는 방법이다.

4. 휴머니즘 비판범죄학 12. 보호7

(1) 슈벤딩어 부부(H. Schwendinger & J. Schwendinger)는 기존의 법적 범죄개념을 비판하고 범죄개념 정의에서 가치판단을 배제하여, 역사적으로 확대되어 온 인권개념에 입각해서 인권 침해행위를 범죄로 보아야 한다고 주장하였다.

(2) 노동력 착취, 인종차별, 성차별 등과 같이 인권을 침해하는 사회제도가 범죄적이라고 평가하게 된다.

5. 평가

(1) 공헌

① 종래의 범죄이론과 달리 범죄원인을 사회구조에서 찾는 거시적 관점이다.

② 규범의 정당성에 의문을 제기하였고, 권력형 범죄의 분석에 유용하다.

③ 공식범죄통계의 신뢰성에 의문을 제기하고, 암수범죄의 인식이 중요함을 지적하였다.

(2) 비판

① 지나치게 이데올로기적 기반이 강하다.

② 범죄통제에만 관심을 두어 범죄원인의 측면에는 소홀하다.

③ 범죄통제 정책이 빈약하고, 중·상류계층의 범죄를 설명함에는 부족하다.

④ 형사사법체계의 개선 및 범죄방지를 위한 구체적 대안을 제시하지 못한다. 12. 보호7

5 발전범죄학(발달범죄학)

1 서설

1. 의의

(1) 발전범죄학(발달범죄학, Development Theory)이란 비행청소년의 <u>어린 시절 경험도</u> 중요하지만, 어린 아이가 청소년으로 <u>성장하면서 경험하는 다양한 변화</u> 또한 범죄의 원인이라고 보는 이론이다. 즉, 범죄경력의 시작과 지속이 전 생애과정을 통해 발전적으로 변화한다고 본다(범죄경력 연구).

(2) 글룩 부부(S. Glueck & E. Glueck)는 1930년대에 비행청소년 500명과 정상청소년 500명을 대상으로 비행원인을 밝히는 연구를 진행하였다. 이를 통해 가정생활의 변화가 범죄에 상당한 영향을 주고, 특히 아동기에 부적응이 클수록 성인기에 적응의 장애를 겪으며, 아동기의 범죄경력이 성인기의 범죄경력으로 이어지는 경향이 강하다는 결과를 얻었다. 23. 교정7

2. 특징

(1) 개인의 발달 과정은 개인과 사회적 환경 간의 상호작용을 통하여 영향을 받으며, 개인의 발달은 동시에 다양한 영역(심리적 · 신체적 · 가정적 · 대인관계적 · 문화적 · 사회적 · 사회생태학적 측면)에서 진행된다고 본다(사회적 발달이론).

(2) 범죄자가 가지는 <u>범죄성향이 평생 동안 지속되면서 변하지 않는 것이 아니라, 결혼 · 취업 등과 같은 인생의 전환점에서 거의 대부분의 사람들은 범죄를 그만두게 된다</u>고 본다.

(3) 범죄와 비행을 연구하는 데 <u>종단적 연구방법</u>을 주로 사용하며, 생애주기에 따른 개인의 행동양식의 변화에 관심을 둔다.

2 상호작용이론

1. 의의

(1) 손베리(Thornberry)의 상호작용이론(Interaction Theory)에 따르면 <u>범죄와 비행의 원인은 양방향</u>이다. 즉, 범죄행위는 행위자와 환경이 상호작용하는 발전적 과정에 의하여 발생한다고 본다.

(2) 약한 사회유대는 청소년들에게 비행을 저지른 친구와의 관계를 발전시키고(사회유대이론), 결국 비행에 참여하도록 유도하며(학습이론), 빈번한 비행 참여는 다른 친구들과의 유대를 약화시키고 결국 관습적 유대관계를 재정립하기가 어려워진다는 것이다. 23. 교정7

2. 특징

청소년기 초기에는 상대적으로 가정에서 부모와의 유대가 비행에 매우 중요한 요인으로 작용하지만, 중기를 거쳐 후기에 이를수록 부모의 영향력은 감소하고 대신 친구의 영향력이 증대된다고 보았다.

3. 상호작용이론 발전모형

패터슨(G. Patterson)은 반사회적 행동의 발전과정을 초기진입자(조기 개시형)와 후기진입자(만기 개시형)로 나누었다(범죄경력의 진입연령 분류).

(1) 초기진입자(early starters)

아동기의 부적절한 양육(역기능적 가정)에 기인하며, 후에 학업의 실패와 친구집단의 거부를 경험하여(이중적 실패) 비행집단에 참가할 가능성이 높다고 보며, 만성적 비행자가 될 가능성이 높다고 한다.

(2) 후기진입자(late starters)

청소년기 중기에 부모의 감시와 감독이 느슨하여 비행친구들과 접촉하게 되나, 이중적 실패를 경험하지 않으며 보다 쉽게 범죄경력에서 이탈할 수 있다고 한다. 23. 교정7

3 이원적 경로이론

1. 의의

모피트(Moffitt)는 어린 시절 가정환경과 문제성향을 청소년비행의 원인으로 파악하지만 그것과 청소년시기의 비행과의 관계 사이에 매개변인으로 작용하는 사회요인을 강조하면서, 비행청소년을 크게 생애지속형과 청소년기 한정형이라는 두 부류로 나누어 설명하였다(발달 분류 모형).

2. 비행청소년의 분류

(1) 모피트는 생래적인 신경심리적 결함과 언어 · 인지능력이 낮음으로 인하여 어려서부터 문제성향과 문제행동을 보인 아이들은 친사회적 유대관계를 형성하지 못하여 **생애지속범죄자**가 될 가능성이 높고, 폭력 등 심각한 비행을 저지를 가능성이 높다고 보았는데 이들은 비행청소년 중 소수를 차지한다고 보았다. 23. 교정7☆

(2) 반면에 대부분의 비행청소년이 포함되는 부류로서 어려서 문제성향을 보이지 않은 아이들은 어느 정도 친사회적인 유대관계를 형성하였으나 청소년기에 성숙의 차이 또는 부모의 감독 미비, 비행친구에게 노출됨으로써 사회적 모방 등을 통해 비행을 저지르는 한시적인 비행청소년, 즉 **청소년지위비행자**로 파악했다(청소년기 한정비행자). 22. 교정7

3. 평가

(1) 모피트에 의하면 청소년지위비행자는 모두 탈(脫)비행에 성공하지만, 생애지속범죄자는 특별한 예외적 상황이 없는 한 탈비행에 성공하기 어렵다고 한다.

(2) 그러나 이러한 주장은 어린 시절부터 심각한 비행을 일삼은 생애지속범죄자 중에서도 청소년기나 성인기에 전환점이 되는 사건을 계기로 탈비행에 성공하는 다수의 경우를 설명하지 못한다는 단점이 있다.

4 생애과정이론

1. 의의

샘슨과 라웁(R. J. Sampson & J. H. Laub)은 사회적 학습이론과 사회적 통제이론에 바탕을 둔 생애과정이론(Life Course Theory, 인생항로이론, 생애주기이론)에서, 범죄경력은 개인의 생애발달에서 다양한 범죄적 영향(개인적 특성, 사회적 경험, 경제적 상황 등의 영향)의 결과에 따라 발생한다고 주장하였다. 23. 교정7

2. 특징

(1) 범죄경력을 가진 사람과 그렇지 않은 사람 간에 **생애발달과정의** 차이가 있다는 것으로, 범죄적 행동은 생애주기를 통하여 뚜렷한 패턴을 보인다는 점을 중시한다. 이에 의하면 범죄성은 청소년기에 나타나는 특징적인 현상으로 청소년기 말기 및 성인기 초기에 가장 현저하게 나타났다가 점차 감소된다.

(2) 인생 전반에서 직업, 결혼, 부모, 범죄 등을 변화요인으로 정하여 행동패턴의 변화를 연구하였는데, 특정인에게 아동기 또는 청소년기, 성인기의 행동에 '연속성'이 있다는 것을 확인하였다. 또한 인생 전반에서 관계를 유지하는 친척과 친구, 직장동료 등과의 상호관계의 범위 역시 매우 중요한 영향을 주는 것으로 보았다.

3. 범죄중단요소로서의 사회자본

(1) 샘슨과 라웁(Sampson & Laub)은 비행을 사회적 통제가 약하거나 깨졌을 때 발생하는 것으로 보지만(허쉬의 사회통제이론을 전제), 범죄경력에 **전환점**이 있다는 사실을 파악하여, 성인 위반자에게서 범죄를 중단하게끔 하는 삶의 사건을 찾아내었다. 즉, 결혼, 취업 및 군입대를 통해 **사회자본**(Social Capital)을 형성하는 것이 범죄를 중단하게 하는 요소(전환점)가 될 수 있다고 보았다(**연령성숙이론**, 연령등급이론).

(2) 이들은 청소년기에 비행을 저지른 아이들도 사회유대(또는 사회자본)의 약화 혹은 강화에 따라 비행청소년으로 발전하기도 하고, 비행을 중단하여 정상인으로 되돌아가기도 한다고 주장한다 (범죄의 지속성과 가변성).

(3) 특히 결혼이나 취업과 같은 성인기의 변화는 새로운 사회유대(사회자본)를 형성하고, 이러한 사회유대(사회자본)가 가하는 비공식적 통제로 인하여 범죄행동의 가능성은 줄어들 수 있다고 본다.

4. 탈비행화 정책의 중요성 강조

샘슨과 라웁(Sampson & Laub)은 아동기나 청소년기의 비행경력에도 불구하고 그 후 발생한 사건, 애착, 사회적 자본 등이 탈비행을 가능하게 한다는 점을 강조하면서, 범죄를 줄이는 방법으로 비행원인을 제거하는 정책보다는 지금 상황에서 비공식적 통제가능성을 높일 수 있는 탈비행화 정책들을 추천한다.

5 평가

1. 공헌

발전범죄학은 청소년기의 발달단계가 비행과 밀접한 관련이 있다는 여러 연구결과를 발표하여 <u>청소년 범죄예방 및 비행청소년에 대한 교정정책의 방향을 제시하였다는</u> 평가를 받는다.

2. 비판

개념정의와 관련하여 생애경로, 전환점, 위험요소, 지속, 단념, 범죄경력 등의 의미가 명확하지 않다는 비판을 받는다.

6 통합적 범죄이론

1. 의의

통합적 범죄이론이란 기존 이론들이 범죄원인의 설명에 한계를 보인다는 점을 지적하면서 사회학적, 심리학적, 경제적 요인 등을 통합하여 보다 복합적 관점에서 범죄의 원인을 규명하는 입장이다.

2. 긴장 – 통제 통합이론

(1) 엘리엇(Elliott)은 비행이나 범죄를 저지르게 되는 경로는 다양하다고 전제하여 아동기에 강한 사회유대가 형성되었는지를 중요하게 고려하여 범죄에 이르는 경로를 사회유대이론, 긴장이론, 학습이론 등을 결합하여 설명하고자 하였다.

(2) 그는 아동기의 사회유대 유형을 통합과 전념으로 구분하였다.

통합	가족, 학교, 친구와 같은 일상적 사회집단과 제도에 관여하여 연결된 정도로서, 개인은 사회적 역할을 담당하면 그에 대한 기대와 관련된 제재를 통해 통제된다(허쉬의 '전념', '참여' 개념과 유사).
전념	일상적 사회집단과 제도 및 사회적 역할에 대한 개인의 애착 정도로서, 사회규범에 대하여 도덕적인 구속감을 느끼는 것을 말한다(허쉬의 '애착', '신념' 개념과 유사).

(3) 아동기에 강한 사회유대를 형성하고 이를 유지할 경우, 청소년기에 비행 가능성이 낮다. 반면에 아동기에 약한 사회유대는 이후 청소년기에 비행집단에 참여할 가능성이 높아지고 지속적 범죄행위로 연결될 수 있다.

(4) <u>강한 사회유대가 형성되었더라도 일부 청소년은 범죄로 나아가는 경우가 있는데, 이는 청소년기에 성공기회의 제약으로 지나치게 긴장을 경험한 것이 사회유대를 약화시키게 되고 비행집단에 참여하게 되어 지속적 범죄행위가 유발</u>된다.

3. 재통합적 수치이론

(1) 형사처벌의 효과에 대하여, 낙인이론은 형사처벌(공식적 낙인)로 또 다른 범죄나 비행이 유발된다고 보지만(이차적 일탈), 전통적 이론들은 형사처벌이 향후 범죄를 억제한다고 주장한다(억제이론). 재통합적 수치이론은 위와 같이 형사처벌의 효과에 대하여 엇갈리는 연구의 결과들을 통합하려는 시도의 일환이라고 할 수 있다. 22. 교정7

(2) 브레이스웨이트(Braithwaite)는 사람들이 범죄를 저지르지 않는 이유는 처벌의 두려움 때문이 아니라 범죄 자체가 수치스러운 것이기 때문이라고 주장한다.

(3) 수치(shaming)는 낙인과 유사한 개념으로 사회적 불승인으로서 당사자에게 양심의 가책을 느끼게 하는 것으로, 반사회적 행위를 저지르면 주위의 비난과 훈계를 경험하게 되는 것을 말한다. 낙인이론에서 일탈적 정체성을 갖는 조건의 구체화와 관련하여 범죄자에 대해 지역사회가 어떤 식으로 반응하는지에 따라 재범율이 달라진다.

(4) 브레이스웨이트는 수치를 재통합적 수치와 해체적 수치로 구분하면서, 강한 사회유대를 형성한 사람은 재통합적 수치를 경험할 가능성이 높다고 본다.

재통합적 수치	범죄자에게 사회와 결속을 위한 고도의 확신을 주는 것으로, 낙인으로부터 벗어나도록 하기 위한 의식, 용서의 말과 몸짓도 포함되며, 이 경우에는 범죄율이 감소하게 된다.
해체적 수치	범죄자에게 공동체의 구성원으로 받아들이지 않겠다는 낙인을 찍는 것으로, 이 경우에는 범죄율이 증가하게 된다(거부적 수치, 오명). 22. 교정7

(5) 범죄자에게 지역사회가 완전히 관계를 끊고 해체적인 수치를 준다면 그는 자신을 더욱 범죄자로 생각하고 재범을 할 가능성이 높을 것이지만, 반대로 지역사회와 범죄자와의 관계를 범죄가 발생하기 전의 상태와 같이 유지하면서 재통합적으로 수치를 줄 때 범죄자는 사회로 복귀할 가능성이 높다고 보았다.

(6) 상호의존적이고 공동체 지향적인 사회일수록 재통합적 수치의 효과가 더 크다고 보며, 재통합적으로 수치를 부여하는 사회는 해체적으로 수치를 부여하는 사회에 비해 재범율이 낮다고 주장한다.

(7) 브레이스웨이트는 형사사법기관의 공식적 개입을 지양하며 가족, 사회지도자, 피해자, 피해자 가족 등 지역사회의 공동체 강화를 중시하는 '회복적 사법(restorative justice)'에 영향을 주었다. 22. 교정7

4. 통제균형이론

(1) 티틀(C. Tittle)은 개인에 대한 통제의 정도와 그 개인이 행사할 수 있는 통제력의 정도(통제비율, control ratio)가 일탈행위의 발생가능성을 결정한다고 주장한다.

(2) 일탈행위의 유형을 강탈, 반항(저항), 항복(굴종), 착취, 약탈(수탈), 퇴폐(부패) 등으로 구분한다.

(3) 개인의 타인에 대한 통제력과 타인으로부터 통제당하는 정도를 비교하여, 양자가 균형이면 순응하지만 불균형이면 범죄를 저지른다.

(4) 개인의 통제력보다 통제당하는 정도가 더 크면(통제결핍, 억압) 통제당하는 것을 피하기 위해 약탈적·반항적 일탈행동을 하게 되고, 반대로 통제당하는 정도보다 개인의 통제력이 더 크면(통제과잉, 자율성) 타인에 대해 더 강한 통제를 하려는 경향을 보여 착취적·퇴폐적 일탈행동을 하게 된다.

← 통제 당하는 정도 (억압, 통제결핍)			통제 균형	통제 하는 정도 → (자율성, 통제과잉)		
굴종	저항	강탈	순응	착취	약탈	부패

5. 마르크스주의 통합이론

(1) 콜빈(Colvin)과 폴리(Poly)는 마르크스주의 범죄이론과 사회통제이론을 결합한 이론을 주장하였다.

(2) 자본가계급은 노동자계급을 효과적으로 통제하기 위해 미숙련 저임금 노동자에게는 강압적 통제방식으로, 노동조합에 가입한 산업체 노동자에게는 물질적 보상으로, 고숙련 노동자나 고임금 전문가에게는 업무자율성과 의사결정권한의 부여 또는 높은 지위의 제공으로 각각 다른 유형의 통제방식을 적용하여 순응하도록 만든다.

(3) 노동자의 지위에 따른 차별적 통제방식은 가정에서 부모의 양육방식과 연관되어 있는데, 특히 미숙련 저임금 노동자의 경우에는 직장에서 강압적 통제방식에 익숙하므로 가정에서 자녀들에게 강압적이고 과도하며 일관성이 결여된 양육방식을 적용하며, 이로 인해 부모와 자녀 사이의 유대관계가 형성되지 못하여 자녀들이 비행이나 범죄로 이어지게 된다고 본다.

(4) 콜빈은 이후에도 강압적 통제의 문제를 연구하여, 청소년비행의 설명과 관련하여 강제적이고 비일관적인 방식으로 통제가 가해지면 강한 범죄성향이 만들어져서 만성적 범죄인이 될 수 있고, 반대로 비강제적이고 일관적인 방식으로 통제가 가해지면 건전성향의 청소년이 된다고 주장하였다(차별강제이론).

MEMO

III

범죄대책론

01 범죄예측과 범죄예방

1 범죄예측론

1 서론

1. 의의

(1) 범죄예측이란 범죄의 가능성이 있는 사람을 조사하거나 사회의 환경변화를 연구하여 장래의 범죄행위에 대한 발생가능성 · 빈도 · 정도 등을 미리 예측하는 것을 말한다.

(2) 범죄예측은 예방 · 수사 · 재판 · 교정의 형사사법절차 각 단계에서 매우 유용하다. 이의 적정 여부는 범죄자 관리 · 처우활동의 성패를 좌우하며, 결과적으로 형사정책 전반의 성패와 밀접한 관계를 갖는다. 16. 사시

2. 전제조건 10. 사시

객관성	누가 예측을 하더라도 동일한 결과가 나오도록 신뢰성이 담보되어야 한다.
타당성	예측의 목적에 따라서 예측이 합목적적인 방법으로 수행되어야 한다.
단순성	예측방법과 결과가 쉽게 이해되도록 단순하게 구성되어야 한다.
경제성	예측에 소요되는 비용과 시간이 절약되고 효율적이어야 한다.

3. 연혁

(1) **미국의 연구**

① 미국에서는 사회학자들에 의해 가석방의 대상 · 시기의 결정과 관련하여 실천적 필요에 의해 발달하였다.

② 1923년 워너(S. Warner)가 가석방 대상을 가려내기 위해 재범가능성을 점수화하는 범죄예측을 최초로 시행하였다. 10. 보호7

③ 1928년 버제스(E. W. Burgess)는 경험표(가석방예측표)를 작성하여 재범예측에 사용하였다. 20. 교정7

④ 1940년대 글룩 부부(S. Glueck & E. Glueck)는 아버지의 훈육, 어머니의 감독, 아버지의 애정, 어머니의 애정, 가족의 결집력 등 5가지 요인을 기준으로 하는 가중실점방식에 의한 조기예측법을 소개하였다. 16. 보호7

(2) **독일의 연구**

① 독일에서는 정신의학자들을 중심으로 범죄원인론의 일환으로 발달하였다.

② 1935년 엑스너(F. Exner)는 버제스의 예측법을 도입하여 예측의 필요성을 강조하였다.

③ 1936년 쉬트(R. Schiedt)는 재범예측표를 작성하였다.

(3) 최근의 연구

① 하더웨이와 맥킨리(S. Hathaway & J. Mckinly)가 고안한 미네소타식 다면성 인성검사법 (MMPI)이 가장 표준화된 범죄자 인성조사방법으로 쓰이고 있다. 이는 정신이상 정도를 측정 하기 위한 것으로서 사람의 성격진단과 상담치료를 하는 데에 현재 가장 많이 이용되는 방법 이다.

② 위트와 쉬미트(Witte & Schimitt) 등은 재범의 확률뿐만 아니라 그 시점까지도 예측하는 연 구를 하였다.

③ 우리나라에서 범죄예측은 청소년의 재범을 예측하기 위해서 시작되었다.

2 범죄예측방법

1. 예측방법에 따른 분류

(1) 직관적 예측 12. 보호7

① 의의: 실무 경험(직업적 경험, 임상적 경험)이 많은 판사·검사·교도관 등이 실무에서 애용 하는 방법으로, 예측하는 사람의 직관적 예측능력을 토대로 대상자의 인격 전체를 분석·종 합하는 예측방법이다(전체적 관찰법).

② 단점: 전적으로 판단자의 주관적 입장·지식·경험 등에 의존한다는 점에서, 주관적 자의의 한계 와 합리적 판단 기준의 결여를 극복하기 어렵다는 비판이 있다. 16. 보호7

(2) 통계적 예측 16. 사시☆

① 의의: 범죄자의 특징을 계량화하여 그 점수의 많고 적음에 따라 장래의 범죄행동을 예측하는 방법이다(점수법). 18. 보호7

② 장·단점

  ㉠ 장점: 비전문가도 주어진 평가 기준에 대입하여 예측을 할 수 있어 널리 이용되며, 범죄예 측을 객관적 기준에 의함으로써 실효성이 높고 비교적 공평하며 비용도 절감되는 장점이 있다. 20. 교정7

  ㉡ 단점: 숫자의 많고 적음에 따라 발생개연성을 판단하는 통계적 예측결과밖에 제시하지 못한 다는 한계가 있다. 그리고 개별 범죄자마다 고유한 범죄의 특성 내지 개인의 편차가 예측에 제대로 반영되지 않을 가능성이 있다는 비판을 받는다. 16. 보호7☆

(3) 임상적 예측 16. 사시☆

① 의의: 정신과 의사나 범죄심리학자가 전문지식을 이용하여 행위자의 성격분석을 토대로 내리 는 예측방법이다(경험적 개별예측). 20. 교정7☆

② 단점: 판단자의 주관적 평가가 개입될 가능성이 있어 객관적 기준을 확보하기 곤란할 뿐만 아 니라, 판단자의 경험·전문성의 부족으로 자료를 잘못 해석할 위험성이 있다. 또한 시간과 비 용이 많이 드는 방법이기 때문에 쉽게 사용할 수 없다는 단점도 있다. 11. 교정9☆

(4) 통합적 예측 12. 보호7

① **의의**: 직관적 예측방법과 통계적 예측방법 및 임상적 예측방법을 일정한 방향으로 조합(절충)함으로써 각각의 예측방법의 단점을 보완하고자 하는 예측방법이다(구조예측의 방법).

② **단점**: 각각의 예측방법의 결함은 어느 정도 보완할 수 있을지 모르지만, 완전히 제거하는 것은 불가능하다. 또한 많은 시간이 소요된다는 점에서 실용성에 문제가 있을 수 있다.

2. 예측시점에 따른 분류

(1) 조기예측

① **의의**: 특정인에 대해 범행 이전에 미리 그 위험성을 예측하는 것으로, 주로 소년범죄예측에 많이 사용되는 예측방법이다. 이는 주로 초범예측을 주된 목적으로 하며 사법예측이 아니라는 점에 특징이 있다. 16. 보호7

② **사례**: 글룩 부부의 '소년비행의 해명'이 가장 유명하며, 우리나라의 소년분류심사원에서 행하는 일반소년에 대한 외래분류심사가 조기예측에 해당된다. 10. 보호7

③ **단점**: 조기예측의 결과에 의해 교육기관·사회복지기관을 통해 필요한 교육을 할 경우에도 자칫 잘못하면 미래의 비행자로 낙인을 찍음으로써 오히려 예측이 스스로 실현되는 위험성이 있을 수 있다. 조기예측이 진압적 형사정책과 연결되면 일반인의 자유가 지나치게 제한되는 경우도 발생할 수 있다.

(2) 수사단계의 예측

경찰·검찰이 비행자·범죄자에 대한 <u>수사를 종결하면서 내릴 처분 내용을 결정할 때 사용</u>하는 예측방법이다. 예를 들어, 조건부 기소유예와 같은 처분의 결정 시 소년에 대한 잠재적 비행성을 판단하는 데 유용하다. 18. 보호7☆

(3) 재판단계의 예측

① **의의**: 재판단계의 예측이란 법원에서 유·무죄의 판단 및 형벌의 종류를 결정하는 과정에서 범죄자의 개별처우를 위하여 장래의 위험성을 예측하는 것을 말한다. 18. 보호7☆

② **공헌**: 재판단계의 예측은 특히 양형책임을 결정하는 중요한 수단으로 작용한다. 피고인에게 어느 정도의 형을 부과하여야 수형기간 동안 교정·교화에 유리한가를 예측하는 것은 재사회화 이념에 비추어 가장 중요한 양형 기준이라고 할 수 있다.

(4) 석방단계의 예측(교정단계의 예측)

① 석방단계의 예측은 주로 <u>가석방 결정에 필요한 예측</u>을 말한다. 형사정책에서 범죄예측이 시작된 것은 바로 석방단계의 예측부터라고 할 수 있다. 범죄예측은 '석방단계의 예측 → 재판단계의 예측 → 조기예측'의 순서로 발전되었다. 18. 보호7☆

② 석방단계의 예측에서는 <u>수용될 때까지의 생활력·행형성적·복귀할 환경 등을 고려</u>하고 통계를 통해 성적과 인자의 관계를 확인하여 전체적 평가법이나 점수법을 통해 예측을 하는 방법을 사용한다. 20. 교정7

3 범죄예측의 문제점

(1) 법률적 문제점

범죄예측의 적용이 죄형법정주의나 책임형법의 원칙과 조화를 이룰 수 있는가의 문제가 있다. 아직 행해지지 않은 미래의 행위에 의하여 범죄자 또는 잠재적 범죄자에게 차별적 대우를 한다면 이는 행위 중심의 죄형법정주의를 위배하게 될 것이다.

(2) 기술적 문제점

기술적 측면에서 100%의 정확도를 가진 범죄예측은 현실적으로 가능하지 않다. 따라서 예측에는 잘못된 결과가 나타날 가능성이 존재한다.

구분	내용	피해발생 유형
잘못된 긍정 (False Positive)	차후 범죄가 있을 것이라고 예측하였지만 실제로는 그렇지 않은 경우	개인의 인권 침해
잘못된 부정 (False Negative)	차후 범죄가 없을 것이라고 예측하였지만 실제로 범죄를 저지른 경우	사회와 구성원의 피해

(3) 윤리적 문제점

범죄예측의 항목이 사회적 가치에 반할 수 있다. 범죄발생과 연관이 밀접한 항목으로는 흔히 성별이나 소득수준을 드는데, 이는 결국 자신의 신분적 지위 때문에 차별대우를 받게 하는 것으로 공평한 사법처리와는 거리가 멀다.

2 범죄예방

1 범죄예방이론

1. 브랜팅햄과 파우스트(P. Brantingham & F. Faust)의 범죄예방모델

브랜팅햄과 파우스트는 범죄예방에 질병의 예방과 치료의 개념을 도입하여 범죄예방을 1차적 범죄예방, 2차적 범죄예방, 3차적 범죄예방으로 나누었다. 23. 보호7

구분	대상	내용
1차적 범죄예방	일반시민	범죄를 유발·촉진하는 물리적·사회적 환경을 개선 예 환경설계, 이웃감시, 민간경비, 범죄예방교육 등 23. 보호7
2차적 범죄예방	우범자, 우범지역	잠재적 범죄자의 범죄기회를 차단(상황적 범죄예방) 예 감시카메라·비상벨 설치, 방어공간의 확보 등
3차적 범죄예방	범죄자	재범을 예방 예 형사사법절차에서 특별예방을 위한 여러 조치(형벌, 보안처분 등)

2. 제프리(C. R. Jeffery)의 범죄통제모형

(1) 의의

제프리(Jeffery)는 범죄통제(예방)의 모형을 ㉠ 형벌을 통한 범죄억제 모델, ㉡ 범죄자의 치료와 갱생을 통한 사회복귀 모델, ㉢ 사회환경 개선을 통한 환경공학적 범죄통제 모델로 구분하고 그 중에서 특별히 '사회환경 개선을 통한 범죄예방 모델(㉢)'을 강조하였다.

(2) 범죄예방모델의 구분

① 범죄억제 모델: 비결정론을 전제하는 고전학파의 이론과 같은 맥락에서 범죄예방의 방법으로 형벌을 수단으로 하는 진압적 방법을 사용한다. 범죄억제 모델은 처벌을 통한 범죄예방의 효과를 높이기 위해서 처벌의 신속성·확실성·엄격성을 요구한다. 18. 보호7

② 사회복귀 모델: 결정론을 전제하는 실증주의의 이론과 같은 맥락에서 형 집행단계에서 특별예방의 관점이 많이 강조되는 유형이다. 임상적 치료를 통한 개선 또는 지역활동·교육·직업훈련에 의한 사회복귀 등의 방법을 사용한다. 18. 보호7

③ 환경공학적 범죄통제 모델: 범죄원인을 개인과 환경의 상호작용에서 찾는 입장에 기초하여 범죄정책에 국한하지 않고 사회 전반의 변화를 통해 범죄에 대처하는 사전적 범죄예방을 지향한다(빈곤, 차별, 경제적 불평등, 사회구조의 해체 등 사회적 범죄원인을 개선·제거). 제프리는 범죄예방 모델을 가장 강조하였는데, 환경설계를 통한 범죄예방(CPTED)도 여기에 포함시킬 수 있다. 18. 보호7☆

3. 뉴만(O. Newman)의 방어공간이론

(1) 제프리(Jeffery)의 환경공학적 범죄통제 모델을 도입하여, 주택의 건축 과정에서 공동체의 익명성을 줄이고 범죄자의 침입과 도주를 차단하며 순찰·감시가 용이하도록 구성하여 주거지역에 대한 통제력을 강화함으로써 범죄예방을 도모하여야 한다는 방어공간(Defensible Space)의 개념을 사용하였다.

(2) 뉴만은 영역성을 중심으로 현대도시에서 주민과 주거환경의 관계를 표현하였고, 방어공간의 기본요소에는 영역설정·감시·이미지·주변지역보전 등이 있다고 보았다. 이와 같이 범죄행위에 대한 위험과 어려움을 높여(대상물 강화) 범죄기회를 줄임으로써 범죄예방을 도모하는 것을 상황적 범죄예방 모델이라고 한다. 범죄기회가 주어지면 누구든지 범죄를 저지를 수 있는 것으로 보는 일상활동이론은 이 모델의 근거가 된다. 18. 보호7☆

영역설정 (영역성)	어느 지역에 대한 권리를 주장하는 합법적 이용자들의 능력과 희망을 말하는데, 지역에 대한 통제는 경계를 만들고, 합법적 이용자들과 낯선자들을 구별하며, 공동체의 분위기를 조성함으로써 지역에 대한 통제가 가능하게 된다.
감시 (자연적 감시)	주민들이 특별한 장치의 도움 없이 이웃과 낯선자들 모두의 일상 활동을 관찰할 수 있도록 지역을 설계하는 것을 말하며, 이를 통해 주민들이 범죄행위를 관찰하고 쉽게 대응할 수 있도록 하는 것이다.

이미지	외관상 범행을 하기 쉬운 대상으로 여겨지지 않도록 만들고, 주위로부터 고립되지 않은 이웃·공동체를 건설하고자 하는 것이다.
주변지역보전 (환경)	보다 넓고, 범죄율이 낮으며, 철저히 감시되는 지역에 거주지를 건설하여 범죄를 예방하고자 하는 것이다.

4. 클락(Clarke)과 코니쉬(Cornish)의 상황적 범죄예방기법

클락과 코니쉬는 상황적 범죄예방을 위한 기법으로 ① 노력의 증가, ② 위험의 증가, ③ 보상의 감소, ④ 자극(충동)의 감소, ⑤ 변명의 제거를 제시하였다.

노력의 증가	범죄대상물 강화(목표물 견고화), 접근 통제, 출입시 검색, 범죄자를 우회, 도구 통제
위험의 증가	보호 강화, 자연적 감시 지원, 익명성 감소, 장소관리자 활용, 공식적 감시 강화
보상의 감소	목표물 은닉, 목표물 제거, 소유물 표시, 시장의 관리, 이익 차단
자극의 감소	스트레스 감소, 논쟁 감소, 감정적 충동 억제, 동료의 압력 중화, 모방의 차단
변명의 제거	규칙 제정, 경고문 표시, 양심에 경고, 준법 지원, 마약과 술의 통제

5. 상황적 범죄예방의 효과에 대한 논의

(1) 범죄의 전이효과

① 범죄예방활동을 통한 범죄기회의 차단은 범죄행위를 대체·이동시키는 전이효과만 발생하게 한다는 주장이다.

② 범죄의 전이에서는 범죄의 양과 종류는 비탄력적이어서 일정기간 일정량의 범죄는 반드시 발생하며, 잠재적 범죄자는 물리적·사회적 환경의 다양한 요인들에 기초하여 합리적 의사결정을 하고 범행을 결정한다는 가설을 전제한다.

③ 레페토(T. A. Reppetto)는 범죄 전이의 유형을 다음과 같이 나누었다.

지역적 전이	범죄를 인근의 다른 지역으로 이동하여 저지르는 것(영역적 전이)
시기적 전이	범행의 시간이 다른 시간대로 옮겨가는 것
전술적 전이	범행의 수법을 바꾸는 것(범행방법 전이)
목표의 전이	동일 지역에서 다른 범행대상을 선택하는 것(범행대상 전이)
기능적 전이	기존의 범죄를 포기하고 다른 유형의 범죄를 저지르는 것(범행유형 전이)

(2) 범죄통제이익의 확산효과

① 지역의 상황적 범죄예방 활동 효과는 다른 지역으로 확산되어 다른 지역에서도 범죄기회가 줄어들어 결국 범죄예방에 긍정적인 효과를 가져온다는 이익의 확산효과를 강조한다.

② 클라크와 와이즈버드(Clarke & Weisburd)는 범죄통제이익의 확산효과의 유형을 다음과 같이 나누었다.

억제효과	상황적 범죄예방수단의 억제력이 지속되어 잠재적 범죄자의 범죄활동을 억제하는 것
단념효과	합리적 선택의 관점에서 범죄자가 범행을 위한 노력과 그로 인한 보상을 고려하여 전자가 후자보다 크면 범행을 단념하는 것

6. 깨진 유리창 이론 – 윌슨과 켈링(J. Wilson & G. Kelling) 12. 보호7

(1) 깨진 유리창 이론(Broken Window Theory)이란 윌슨과 켈링(J. Wilson & G. Kelling)이 주장한 것으로서, 일상생활에서 사소한 위반이나 침해행위가 발생했을 때 이것들을 제때에 제대로 처리하지 않으면 결국에는 더 큰 위법행위로 발전한다는 것을 의미한다.

(2) 더 나아가 이를 계기로 지역환경의 황폐화가 촉진되고 범죄가 증가하며, 지역 전체의 방범환경에 대한 의식이 저하되어 지역 전체가 황폐화된다고 본다(황폐이론).

(3) 무관용 정책과 집합효율성의 강화가 범죄예방에 중요한 기여를 하게 된다고 본다.

(4) 종래의 범죄대책이 범죄자 개인에 집중하는 개인주의적 관점을 취한다는 점을 비판하고 공동체적 관점으로의 전환을 주장하며, 범죄예방활동의 중요성을 강조하는 이론이다.

(5) 1990년대 미국 뉴욕시에서 깨진 유리창 이론을 적용하여 사소한 범죄(무질서 행위)라도 강력히 처벌하는 이른바 무관용주의를 도입·시행하였다. 다만, 깨진 유리창 이론에 대해서는 과연 무질서가 범죄를 초래하는 것인지에 대한 경험적 연구가 미약하다는 비판이 제기된다.

7. 환경설계를 통한 범죄예방(CPTED)

(1) **의의**

① 환경설계를 통한 범죄예방(CPTED)이란 지역이나 시설의 물리적 환경설계를 범죄자가 범행을 하기 어렵도록 하는 범죄예방기법을 말한다(범죄기회의 감소, 사전적 범죄예방). CPTED는 범죄기회이론에 해당하는 일상활동이론 등을 이론적 전제로 한다. 24. 보호9

② 환경설계란 어느 지역에서 건물의 건축과 그 용도의 설정을 하는 경우에 뉴만(O. Newman)이 제시한 방어공간(defensible space)의 개념을 도입하여 범죄를 예방하고자 하는 것을 말한다.

③ ㉠ 제1세대 CPTED는 도시 건축적인 물리적 환경의 개선을 추구하는 것, ㉡ 제2세대 CPTED는 지자체 주도의 가이드라인 제시와 규제 중심의 제도적 환경의 개선을 추구하고 지역사회의 참여와 유대를 강화하는 것, ㉢ 제3세대 CPTED는 도시의 생활 기준을 제고하고 도시의 이미지를 사용자 친화적이고, 안전·안심한 것으로 개선하기 위한 친환경적이고, 지속가능하며, 기술적으로 진보된 접근방법이라고 전제하여, CPTED에 친환경(에코) 디지털 하이테크 솔루션(예 방범기능을 하는 다용도 친환경 공공시설물이나 안전감을 높여주는 공공장소의 인터랙티브 공공미술)을 적용하는 것을 내용으로 한다.

(2) **CPTED의 구성** 22. 보호7

아래의 요소들은 엄밀히 구분되는 독립적 영역에 있는 것이 아니라 서로 중첩적이며, 상호영향을 주는 보완적 관계에 있다(종합적 고려).

	자연적 영역성 강화	주거지역의 공간을 개인 공간(사적 공간)과 공공 공간, 준공공 공간 등으로 분리·재배치하여 소유와 관리가 잘 이루어지고 있음을 명확히 알림으로써 접근에 대한 심리적 부담을 증대시켜 외부의 접근을 통제하는 방안이다. 이는 공동체의식과 애착을 증진시켜 주민 스스로 지역사회를 지키는 능력의 향상으로 이어진다. 예 울타리, 관목, 잔디 등으로 공적·사적 영역을 구분, 표지판
기본 전략	자연적 감시	감시의 기회를 늘림으로써 잠재적 범죄인과 범행 대상에 대한 가시성을 증가시키는 전략이다. 이를 통해 사적 공간에 대한 경계를 강화하여 주민들의 책임의식과 소유의식을 증대시킴으로써 사적 공간에 대한 관리권을 강화할 수 있다. 예 방범등 설치, 가로수 관리, 담장 허물기, CCTV, 순찰
	자연적 접근통제	공공 공간과 개인 공간을 명확히 구별하여 잠재적 범죄인이 범행 대상에 쉽게 접근하지 못하도록 하는 전략이다. 사람들의 출입을 관리·통제함으로써 범죄를 예방한다. 예 안과 밖이 서로 보이는 펜스, 잠금장치, 출입차단기, 경비원
부가 전략	활용성 증대	공적인 공간에 대한 시민들의 사용을 활성화시키는 전략이다(활동성 지원). 이는 거리의 눈(street with eyes)을 증가시키고 사용자들의 안전감을 증대시키며, 주민들의 건전한 상호작용을 증대시킬 수 있다(활동성 지원). 예 거리의 벤치, 휴식 공간, 놀이터, 근린공원
	유지·관리	공공장소나 시설물이 처음 설계될 때의 상태로 계속 사용될 수 있도록 보존하는 전략이다. 이는 깨진 유리창 이론과도 연관된 개념이다. 예 공공시설 파손시 복구

8. 브랜팅햄(Brantingham) 부부의 범죄패턴이론

(1) 브랜팅햄 부부에 의하면, 범죄는 패턴이 있고, 범죄를 저지르는 결정에도 패턴이 있으며, 범행 과정에도 패턴이 있다고 한다.

(2) 잠재적 범죄인의 생활패턴은 거의 일정하기 때문에 범죄발생의 3요소가 수렴하는 시간과 장소는 그 생활패턴에서 크게 벗어나지 않는다고 본다.

(3) 범죄는 시간, 공간, 지역사회를 아우르며 무작위로 발생하거나 균등하게 발생하지 않으며, 범죄 다발지역이 있고 상습범죄자들이나 반복피해자들이 있다고 한다.

(4) 범죄패턴이론의 주장은 맵핑과 지리적 프로파일링, 핫스팟 분석기법의 발달에 영향을 미쳤고, 나아가 최근에는 시공간 분석과 근접-반복 모델링, 위험지역 분석 등으로 이어져 범죄예측의 이론적 토대로 자리 잡았다고 한다.

2 범죄예방대책의 발전방향

1. 비공식적 사회통제의 강화

공식적 사회통제는 인력·재원의 부족으로 인해 범죄통제에 한계가 있으나, 비공식적 사회통제는 이러한 한계를 보완하는 역할을 한다. 그리고 지역사회의 통합성이 높을수록 비공식적 사회통제는 더욱 효율적으로 작용한다.

2. 지역사회 경찰활동의 강화

경찰이 범죄예방활동을 효율적으로 수행하기 위해서는 지역주민의 적극적 참여가 전제되어야 한다. 이처럼 경찰이 지역사회와 공동으로 범죄예방활동을 하는 것을 지역사회 경찰활동(Community Policing)이라고 한다. 12. 보호7

3. 기타의 대책

(1) 미국의 국립범죄예방연구소(NCPI)와 같이 범죄예방을 전담하는 국가기구를 설립하여 보다 효율적으로 범죄예방활동을 수행하는 것이 요구된다.

(2) **환경설계를 통한 범죄예방**(CPTED)도 모색되어야 한다. 특히 건물설계에 범죄예방을 위한 방어공간을 확보하고, 도시계획상 범죄예방평가제의 도입도 고려하여야 한다.

(3) 청소년비행예방 프로그램의 개발이 시급히 요구된다.

(4) **이웃감시활동, 시민순찰** 등을 도입하여 민간자율방범활동을 적극적으로 실시하여야 한다.

(5) **민간경비의 발전**을 위해서 청원경찰과 용역경비의 일원화를 모색하고, 전문화, 재정금융 지원, 경찰지원 및 역할 증대를 고려하여야 한다.

(6) 다양한 다이버전 프로그램을 개발하는 것은 물론이고, 범죄자의 재범방지를 위한 다양한 사회복귀 프로그램을 개발·시행하여야 하며, 범죄자의 출소 후 사회적응을 지원하기 위한 갱생보호활동도 활발하게 전개하여야 한다.

3 참고 - 중대범죄신상공개제도

종래 특정강력범죄의 피의자와 성폭력범죄의 피의자에 대하여 신상정보 공개제도가 규정되어 있었으나, 최근 「특정중대범죄 피의자 등 신상정보 공개에 관한 법률」이 제정되어, 국가, 사회, 개인에게 중대한 해악을 끼치는 특정중대범죄 사건에 대하여 수사 및 재판 단계에서 피의자 또는 피고인의 신상정보 공개제도가 시행되었다(시행 2024.1.25.). 그 주요 내용은 아래와 같다.

특정중대범죄 피의자 등 신상정보 공개에 관한 법률

제1조 【목적】 이 법은 국가, 사회, 개인에게 중대한 해악을 끼치는 특정중대범죄 사건에 대하여 수사 및 재판 단계에서 피의자 또는 피고인의 신상정보 공개에 대한 대상과 절차 등을 규정함으로써 국민의 알 권리를 보장하고 범죄를 예방하여 안전한 사회를 구현하는 것을 목적으로 한다.

제2조 【정의】 이 법에서 "특정중대범죄"란 다음 각 호의 어느 하나에 해당하는 죄를 말한다.
1. 「형법」 제2편 제1장 내란의 죄 및 같은 편 제2장 외환의 죄
2. 「형법」 제114조(범죄단체 등의 조직)의 죄
3. 「형법」 제119조(폭발물 사용)의 죄
4. 「형법」 제164조(현주건조물 등 방화) 제2항의 죄
5. 「형법」 제2편 제25장 상해와 폭행의 죄 중 제258조(중상해, 존속중상해), 제258조의2(특수상해), 제259조(상해치사) 및 제262조(폭행치사상)의 죄. 다만, 제262조(폭행치사상)의 죄의 경우 중상해 또는 사망에 이른 경우에 한정한다.

---

6. 「특정강력범죄의 처벌에 관한 특례법」 제2조의 특정강력범죄

7. 「성폭력범죄의 처벌 등에 관한 특례법」 제2조의 성폭력범죄

8. 「아동·청소년의 성보호에 관한 법률」 제2조 제2호의 아동·청소년대상 성범죄. 다만, 같은 법 제 13조, 제14조 제3항, 제15조 제2항·제3항 및 제15조의2의 죄는 제외한다.

9. 「마약류 관리에 관한 법률」 제58조의 죄. 다만, 같은 조 제4항의 죄는 제외한다.

10. 「마약류 불법거래 방지에 관한 특례법」 제6조 및 제9조 제1항의 죄

11. 제1호부터 제10호까지의 죄로서 다른 법률에 따라 가중처벌되는 죄

제3조【다른 법률과의 관계】 수사 및 재판 단계에서 신상정보의 공개에 대하여는 다른 법률의 규정에도 불구하고 이 법을 우선 적용한다.

제4조【피의자의 신상정보 공개】 ① 검사와 사법경찰관은 다음 각 호의 요건을 모두 갖춘 특정중대범죄사건의 피의자의 얼굴, 성명 및 나이(이하 "신상정보"라 한다)를 공개할 수 있다. 다만, 피의자가 미성년자인 경우에는 공개하지 아니한다.

1. 범행수단이 잔인하고 중대한 피해가 발생하였을 것(제2조 제3호부터 제6호까지의 죄에 한정한다)

2. 피의자가 그 죄를 범하였다고 믿을 만한 충분한 증거가 있을 것

3. 국민의 알권리 보장, 피의자의 재범 방지 및 범죄예방 등 오로지 공공의 이익을 위하여 필요할 것

② 검사와 사법경찰관은 제1항에 따라 신상정보 공개를 결정할 때에는 범죄의 중대성, 범행 후 정황, 피해자 보호 필요성, 피해자(피해자가 사망한 경우 피해자의 유족을 포함한다)의 의사 등을 종합적으로 고려하여야 한다.

③ 검사와 사법경찰관은 제1항에 따라 신상정보를 공개할 때에는 피의자의 인권을 고려하여 신중하게 결정하고 이를 남용하여서는 아니 된다.

④ 제1항에 따라 공개하는 피의자의 얼굴은 특별한 사정이 없으면 공개 결정일 전후 30일 이내의 모습으로 한다. 이 경우 검사와 사법경찰관은 다른 법령에 따라 적법하게 수집·보관하고 있는 사진, 영상물 등이 있는 때에는 이를 활용하여 공개할 수 있다.

⑤ 검사와 사법경찰관은 제1항에 따라 피의자의 얼굴을 공개하기 위하여 필요한 경우 피의자를 식별할 수 있도록 피의자의 얼굴을 촬영할 수 있다. 이 경우 피의자는 이에 따라야 한다.

⑥ 검사와 사법경찰관은 제1항에 따라 피의자의 신상정보 공개를 결정하기 전에 피의자에게 의견을 진술할 기회를 주어야 한다. 다만, 신상정보공개심의위원회에서 피의자의 의견을 청취한 경우에는 이를 생략할 수 있다.

⑦ 검사와 사법경찰관은 피의자에게 신상정보 공개를 통지한 날부터 5일 이상의 유예기간을 두고 신상정보를 공개하여야 한다. 다만, 피의자가 신상정보 공개 결정에 대하여 서면으로 이의 없음을 표시한 때에는 유예기간을 두지 아니할 수 있다.

⑧ 검사와 사법경찰관은 정보통신망을 이용하여 그 신상정보를 30일간 공개한다.

제5조【피고인의 신상정보 공개】 ① 검사는 공소제기 시까지 특정중대범죄사건이 아니었으나 재판 과정에서 특정중대범죄사건으로 공소사실이 변경된 사건의 피고인으로서 제4조 제1항 각 호의 요건을 모두 갖춘 피고인에 대하여 피고인의 현재지 또는 최후 거주지를 관할하는 법원에 신상정보의 공개를 청구할 수 있다. 다만, 피고인이 미성년자인 경우는 제외한다.

② 제1항에 따른 청구는 해당 특정중대범죄 피고사건의 항소심 변론종결 시까지 하여야 한다.

③ 제1항에 따른 청구에 관하여는 해당 특정중대범죄 피고사건을 심리하는 재판부가 아닌 별도의 재판부에서 결정한다.

④ 법원은 피고인의 신상정보 공개 여부를 결정하기 위하여 필요하다고 인정하는 때에는 검사, 피고인, 그 밖의 참고인으로부터 의견을 들을 수 있다.

⑤ 제1항에 따른 청구를 받은 법원은 청구의 허부에 관한 결정을 하여야 한다.

⑥ 제5항의 결정에 대하여는 <u>즉시항고</u>를 할 수 있다.

⑦ 법원의 신상정보 공개 결정은 검사가 집행하고, 이에 대하여는 제4조 제4항·제5항·제8항·제9항을 준용한다.

제6조【피의자에 대한 보상】 ① <u>피의자로서 이 법에 따라 신상정보가 공개된 자 중 검사로부터 불기소처분을 받거나 사법경찰관으로부터 불송치결정을 받은 자는「형사보상 및 명예회복에 관한 법률」에 따른 형사보상과 별도로 국가에 대하여 신상정보의 공개에 따른 보상을 청구할 수 있다. 다만, 신상정보가 공개된 이후 불기소처분 또는 불송치결정의 사유가 있는 경우와 해당 불기소처분 또는 불송치결정이 종국적인 것이 아니거나「형사소송법」제247조에 따른 것일 경우에는 그러하지 아니하다.</u>

② 다음 각 호의 어느 하나에 해당하는 경우에는 제1항에 따른 보상의 전부 또는 일부를 지급하지 아니할 수 있다.

1. 본인이 수사 또는 재판을 그르칠 목적으로 거짓 자백을 하거나 다른 유죄의 증거를 만듦으로써 신상정보가 공개된 것으로 인정되는 경우

2. 보상을 하는 것이 선량한 풍속이나 그 밖에 사회질서에 위배된다고 인정할 특별한 사정이 있는 경우

제7조【피고인에 대한 보상】 ① 이 법에 따라 <u>신상정보가 공개된 피고인이 해당 특정중대범죄에 대하여 무죄재판을 받아 확정되었을 때에는「형사보상 및 명예회복에 관한 법률」에 따른 형사상과 별도로 국가에 대하여 신상정보의 공개에 따른 보상을 청구할 수 있다.</u>

② 다음 각 호의 어느 하나에 해당하는 경우에는 법원은 재량으로 보상청구의 전부 또는 일부를 기각할 수 있다.

1. 「형법」제9조 및 제10조 제1항의 사유로 무죄재판을 받은 경우

2. 본인이 수사 또는 심판을 그르칠 목적으로 거짓 자백을 하거나 다른 유죄의 증거를 만듦으로써 기소, 신상정보 공개, 또는 유죄재판을 받게 된 것으로 인정된 경우

3. 수개의 특정중대범죄로 인하여 신상정보가 공개된 피고인이 1개의 재판으로 경합범의 일부인 특정중대범죄에 대하여 무죄재판을 받고 다른 특정중대범죄에 대하여 유죄재판을 받은 경우

제8조【신상정보공개심의위원회】 ① 검찰총장 및 경찰청장은 제4조에 따른 신상정보 공개 여부에 관한 사항을 심의하기 위하여 신상정보공개심의위원회를 둘 수 있다.

② 신상정보공개심의위원회는 위원장을 포함하여 10인 이내의 위원으로 구성한다.

③ 신상정보공개심의위원회는 신상정보 공개 여부에 관한 사항을 심의할 때 <u>피의자에게 의견을 진술할 기회</u>를 주어야 한다.

02 형사사법절차

1 공소단계 및 재판단계의 형사정책

1 공소단계의 형사정책

1. 기소유예제도

(1) 의의

① 기소유예란 공소를 제기할 수 있는 충분한 범죄혐의가 있고 기타 소송조건을 구비하고 있음에도 검사가 재량으로 공소권을 행사하지 않는 경우이다(「형사소송법」 제247조).

② 기소유예는 범죄의 객관적 혐의가 없거나 소송조건이 구비되지 않을 경우에 내리는 협의의 불기소처분이나, 피의자 또는 중요한 참고인의 소재불명 등으로 인하여 증거발견이 가능함에도 불구하고 수사절차를 일시 중지하는 경우인 기소중지처분과 구별된다.

(2) 장·단점

장점	① 기소법정주의에 따른 형식적 공평과 경직성을 지양하고, 구체적 정의의 실현과 실질적 공평의 추구에 필요한 탄력성을 부여한다. 14. 사시 ② 기소 여부의 결정에 형사정책적 고려를 할 수 있으며, 단기자유형의 폐해를 막는 방법으로 기소 전 단계에서 사회복귀를 유도할 수 있다(다이버전의 일종). 17. 교정7 ③ 형사사법에 대한 사회 일반의 신뢰를 높일 수 있고, 공소제기 자체의 일반예방 효과와 특별예방 효과를 증대시킬 수 있다. ④ 낙인 없이 기소 전에 사회복귀를 가능하게 하고, 법원 및 교정시설의 부담을 경감할 수 있다. 17. 교정7☆
단점	① 범죄인의 유·무죄 판단은 법원의 사법처분을 통하는 것이 합리적임에도 불구하고, 기소단계에서 검사의 행정처분에 의해 사법적 판단이 좌우되는 것은 본질적으로 문제가 있다. ② 무죄결정을 내리는 것이 아니라 시효가 완성될 때까지 기소를 유예하는 것이므로 법적 안정성을 침해할 수 있다. 17. 교정7 ③ 교화·개선가능성보다 검사의 자의적 판단에 좌우될 위험이 있고, 불기소 처분을 할 사건에 대해 안이하게 기소유예처분을 하는 폐단마저 생길 수 있다. 14. 보호7

(3) 형벌작용 17. 교정7

① 기소유예뿐만 아니라 선고유예·집행유예 등 각종 유예제도들은 형사사법절차의 진행을 일정 기간 유보해 주는 기능을 넘어서 현실적으로는 하나의 형벌처럼 작용하고 있다.

② 단기자유형의 폐해를 없애고 행위자에게 일종의 경고를 하는 것으로써 형벌을 대신한다는 장점이 있다. 그러나 각종 유예제도가 형벌의 일종으로 작용하는 것이 정당화되는가는 비판적으로 검토할 필요가 있다.

(4) 개선방안

① 기소유예제도 자체는 형사정책상 매우 효과적인 제도라고 할 수 있으나, 검사의 자의적인 재량을 견제하고 정치적 개입을 배제하기 위한 제도적 장치와 피의자의 원활한 사회복귀를 위한 제도적 보완이 이루어져야 한다.

② 현행법상 자의적인 공소권 행사로 인한 기소유예처분에 대한 대처방안으로는 불기소처분의 통지, 불기소이유 고지, 재정신청, 검찰항고 · 재항고, 헌법소원 등이 있다. 14. 사시

2. 미결구금제도

(1) 의의

① 미결구금(미결수용)이란 피의자 또는 피고인으로서 구속영장의 집행을 받은 자에 대하여 수사 및 공판심리의 원활한 진행을 도모하고, 도주 및 증거인멸을 방지하며, 종국에는 형집행을 확보하기 위하여 아직 형이 확정되지 않았지만 신병을 일정한 국가시설에 수용하는 강제처분을 말한다.

② 미결수용자는 형이 확정되기 전까지는 원칙적으로 무죄추정을 받으므로(헌법 제27조 제4항, 「형사소송법」 제275조의2), 미결수용의 목적을 위한 제한 이외에는 헌법상의 기본권이 보장되어야 한다. 12. 교정7

③ 미결구금은 형벌은 아니지만 실질적으로 자유를 박탈하는 자유형의 집행과 같은 효과를 가지고 있기 때문에 형사정책적 논의의 대상이 된다.

🪓 관련 판례	미결구금일수 형기산입

「형법」제57조 제1항의 일부에 대한 헌법재판소의 위헌결정에 따라 판결에서 별도로 '판결선고 전 미결구금일수 산입에 관한 사항'을 판단할 필요가 없어졌는지 여부(적극) ― 「형법」제57조 제1항 중 '또는 일부' 부분은 헌법재판소 2009.6.25. 선고 2007헌바25 사건의 위헌결정으로 효력이 상실되었다. 그리하여 판결선고 전 미결구금일수는 그 전부가 법률상 당연히 본형에 산입하게 되었으므로, 판결에서 별도로 미결구금일수 산입에 관한 사항을 판단할 필요가 없다고 할 것이다. [대판 2009.12.10. 2009도11448] 17. 교정9☆

(2) 개선방안

① 구속수사의 지양

② 석방제도의 적극적 활용

③ 수사 및 법원심리의 신속화

④ 구금시설의 증설과 개선

2 양형이론

1. 양형의 의의

(1) 개념

양형이란 유죄가 인정된 피고인에게 구체적 형벌의 종류와 범위를 정하는 것을 말한다.

(2) 과정

① 법관은 먼저 피고인에게 적용된 구성요건의 형벌범위, 즉 **법정형**을 확인해야 한다.

② 법정형을 토대로 법률상 가중·감경을 하고, 피고인에게 정상에 참작할 만한 사유가 있으면 정상참작감경을 한다. 이를 **처단형**이라 한다.

③ 처단형을 토대로 「형법」 제51조의 양형사유를 고려하여 선고형을 결정한다.

2. 양형의 기준

(1) 양형의 기초

① 행위자의 책임

㉠ 우리 「형법」은 명시적 규정이 없으나 이론적으로 양형은 책임한계를 벗어날 수 없다. 책임원칙은 형벌을 지배하는 최고의 규범원칙이기 때문이다.

㉡ 책임주의는 책임에 상응하는 형벌이 있어야 한다는 적극적인 내용(적극적 책임주의)이라기보다는 형벌의 최상한을 정한다고 하는 소극적인 의미(소극적 책임주의)라고 보아야 하며, 책임의 범위 내에서 범죄인의 개선·교화와 사회복귀의 목적을 함께 추구해야 한다.

㉢ 형벌책임의 근거를 비난가능성에서 구하는 것은 객관적이고 중립적이어야 할 국가형벌권의 행사가 감정에 치우칠 위험이 있다는 비판이 제기된다. 12. 보호7

② 형벌의 목적

㉠ 형벌은 무엇보다도 불법과 책임의 정당한 응보에 기여할 수 있어야 한다.

㉡ **특별예방** 목적을 생각해 볼 수 있다. 양형은 행위자가 사회에 복귀하는 데 도움이 되는 방향으로 이루어짐으로써 그의 사회적 지위를 필요 이상으로 침해하는 일이 없도록 유의하여야 한다(재사회화 목적). 나아가 위험한 행위자로부터 일반인을 보호하는 것도 빼놓을 수 없는 특별예방 목적에 속한다(보안 목적).

㉢ 일반예방 목적 또한 고려대상이 된다. 형벌은 범죄행위 결과를 일반인들에게 부정적 본보기로 중화시키고 동시에 일반인의 규범의식을 강화시킴으로써, 행위자의 주변사람들이 요구하는 정의의 요청을 충족시켜 줄 수 있는 방향으로 양정되어야 한다(적극적 일반예방과 법질서 보호).

(2) 양형의 조건

> **형법**
> **제51조【양형의 조건】** 형을 정함에 있어서는 다음 사항을 참작하여야 한다. 22. 교정7☆
> 1. 범인의 연령, 성행, 지능과 환경
> 2. 피해자에 대한 관계
> 3. 범행의 동기, 수단과 결과
> 4. 범행 후의 정황

3. 양형의 합리화 방안 13. 사시

(1) 양형의 지도원칙의 명시 등 법률의 개선

① 「형법」 제51조는 양형조건만을 예시적으로 열거하고 있을 뿐이므로, 「형법」 제51조에 양형의 지도원칙을 명시할 것이 요구된다.

② 가중처벌 규정(누범가중 · 상습범가중)들이 행위책임의 원칙에 상응하는 것인가를 검토할 필요가 있다.

③ 「형법」 제53조의 정상참작감경 규정은 법률상 감경사유와 같은 효과를 가지면서도 그 판단에 있어 법관에게 재량이 너무 크게 주어지는 것으로 바람직하지 않다.

> ⚒ **관련 판례** | 징역형과 벌금형 병과 시 징역형만의 작량감경 가능 여부
>
> 징역형과 벌금형을 병과하여야 할 경우, 징역형만의 작량감경 가부(소극) − 징역형과 벌금형을 병과하여야 할 경우에 특별한 규정이 없는 한 징역형에만 작량감경을 하고 벌금형에는 작량감경을 하지 않는 것은 위법하다. [대판 1997.8.26, 96도3466] 16. 사시

(2) 공판절차 이분론

① 의의: 공판절차 이분론이란 소송절차를 범죄사실의 인정절차(유 · 무죄 인부절차)와 양형절차로 나누자는 주장이다(소송절차 이분제도). 이는 영미의 형사소송에서 유래하는 것으로서, 배심원에 의한 유죄평결이 있은 후에 직업법관에 의한 형의 선고가 이루어지게 된다. 24. 보호7

② 장 · 단점

장점	사실인정 절차의 순수화, 양형의 합리화, 피고인의 인격권 보호, 변호인의 변호권 보장에 충실할 수 있다.
단점	⊙ 소송지연의 원인이 될 수 있다. ⓛ 사법절차에 익숙하지 않은 국민의 법감정에 생소하다는 문제점이 있다. ⓒ 범죄사실의 인정절차에서는 공개주의가 원칙이나, 양형절차에서는 피고인의 인격권 침해를 방지하기 위해 공개주의를 제한할 필요가 있다.

(3) 판결 전 조사제도

① 의의: 유죄가 인정된 자에게 적합한 처우를 찾아낼 수 있도록 판결을 내리기 전에 피고인의 인격·소질·환경에 대한 과학적 조사를 하여 이를 양형의 기초로 사용하는 제도이다. 24. 보호7

② 연혁

　㉠ 판결 전 조사제도는 미국의 프로베이션(Probation) 제도와 관련하여 널리 채택되고 있다. 또한 판결 전 조사제도는 소송절차 이분제도를 전제하는 것이라고 할 수 있다. 12. 교정7☆

　㉡ 미국에서는 판결 전 조사의 결과에 대하여 피고인과 변호인에게 논박할 기회를 충분히 제공(반대신문권의 인정)하도록 하고 있다. 12. 교정7☆

　㉢ 우리나라에서는 「보호관찰 등에 관한 법률」 등에서 판결 전 조사제도를 규정하고 있다(제19조). 12. 교정7☆

③ 평가

　㉠ 양형의 합리화뿐만 아니라 개별적인 교정의 합리화(처우의 개별화)에도 유용하게 이용될 수 있다. 12. 사시☆

　㉡ 특히 보안처분제도나 각종 유예제도 및 보호관찰을 인정하는 경우, 행위자의 위험성의 정도와 필요한 처우를 판단할 때 판결 전 조사의 결과가 매우 중요한 의미를 가진다.

(4) 양형위원회

① 의의

　㉠ 유죄가 인정된 피고인에 대한 양형 과정의 일부를 위원회 형식의 협의체에 맡기는 방법이다. 미국의 양형위원회에서는 법관 이외에 범죄학, 형사정책 및 교정학 등의 전문가가 참여하며, 법관은 여기서 자유롭게 토론하고 그 결과를 양형에 참고하게 된다.

　㉡ 우리나라의 양형위원회는 양형 기준의 설정·변경과 이와 관련된 양형정책의 심의를 위하여 설치된 것으로, 실제 재판의 양형에 관여하는 미국의 양형위원회와는 차이가 있다. 24. 보호7

② 우리나라의 양형위원회제도

> **법원조직법**
>
> **제81조의2 【양형위원회의 설치】** ① 형을 정할 때 국민의 건전한 상식을 반영하고 국민이 신뢰할 수 있는 공정하고 객관적인 양형을 실현하기 위하여 대법원에 양형위원회(이하 '위원회'라 한다)를 둔다.
>
> ② 위원회는 양형 기준을 설정·변경하고, 이와 관련된 양형정책을 연구·심의할 수 있다.
>
> ③ 위원회는 그 권한에 속하는 업무를 독립하여 수행한다.
>
> **제81조의6 【양형 기준의 설정 등】** ② 위원회는 양형 기준을 설정·변경할 때 다음 각 호의 원칙을 준수하여야 한다.
>
> 1. 범죄의 죄질, 범정(犯情) 및 피고인의 책임의 정도를 반영할 것
> 2. 범죄의 일반예방과 피고인의 재범방지 및 사회복귀를 고려할 것
> 3. 같은 종류 또는 유사한 범죄에 대해서는 고려하여야 할 양형요소에 차이가 없으면 양형에서 서로 다르게 취급하지 아니할 것
> 4. 피고인의 국적, 종교 및 양심, 사회적 신분 등을 이유로 양형상 차별을 하지 아니할 것

③ 위원회는 양형 기준을 설정·변경할 때 다음 각 호의 사항을 고려하여야 한다. 11. 사시
1. 범죄의 유형 및 법정형
2. 범죄의 중대성을 가중하거나 감경할 수 있는 사정
3. 피고인의 나이, 성품과 행실, 지능과 환경
4. 피해자에 대한 관계
5. 범행의 동기, 수단 및 결과
6. 범행 후의 정황
7. 범죄 전력(前歷)
8. 그 밖에 합리적인 양형을 도출하는 데 필요한 사항
④ 위원회는 양형 기준을 공개하여야 한다.

제81조의7【양형 기준의 효력 등】 ① 법관은 형의 종류를 선택하고 형량을 정할 때 양형 기준을 존중하여야 한다. 다만, 양형 기준은 법적 구속력을 갖지 아니한다. 12. 사시☆
② 법원이 양형 기준을 벗어난 판결을 하는 경우에는 판결서에 양형의 이유를 적어야 한다. 다만, 약식절차 또는 즉결심판절차에 따라 심판하는 경우에는 그러하지 아니하다. 11. 사시

(5) 양형기준표

① **의의**: 개개 범죄자의 특징별로 재범가능성, 각종 형벌에 대한 적응능력, 교정방안 등을 범죄학적으로 분석하여 이를 참고로 양형이 이루어지도록 하는 방법이다(양형지침서). 24. 보호7
② 장·단점

장점	㉠ 통계적 연구를 양형에 도입함으로써 양형의 실제적 차별을 명확하게 하고 양형의 과학화에 기여할 수 있다.
	㉡ 판결에 대한 예측이 가능하여 교정을 미리 준비하는 데에 적합하다.
단점	㉠ 양형의 수량화는 형벌 목적의 이율배반이나 판결효과의 예방적 작용에 대한 무지 등 개인적 차원의 문제를 통계로 처리하는 데에는 일정한 한계가 있다.
	㉡ 법관이 어느 정도로 기준표에 구속될 것인가 하는 점도 문제이다.
	㉢ 기준표의 내용은 어디까지나 과거에 대한 통계이기 때문에 미래의 교정측면을 고려하는 양형수단으로는 한계가 있다.

3 선고유예제도와 집행유예제도

1. 선고유예제도

(1) 의의

① 선고유예란 비교적 가벼운 범죄를 범한 자에 대해 일정기간 형의 선고 자체를 유예하고, 그 유예기간 동안 형법질서를 준수하면 면소된 것으로 간주하는 제도이다(「형법」 제59조). 16. 사시
② 선고유예는 경미한 범죄에 대한 유죄선고를 유보함으로써 피고인이 쉽게 사회질서에 다시 통합될 가능성을 높여 준다(특별예방). 16. 사시

③ 경미사건의 초범일 경우에는 선고유예를 함으로써 **재산형·자유형**의 **폐단**을 방지한다는 점에서 다른 형벌에 대한 대용방안으로서의 의미가 있다.

  ㉠ 선고유예제도는 주로 영미법계에서 보호관찰제도의 발달과 더불어 성립된 것으로서, 선고유예와 보호관찰이 결합된 형태를 프로베이션(Probation)이라고 한다.

  ㉡ 영미법계는 유죄판결 자체를 유예하는 것으로 되어 있지만, 우리나라는 일단 유죄판결은 내리고 형의 선고만 유예하는 방식을 채택하고 있다.

(2) 요건

> **형법**
> **제59조【선고유예의 요건】** ① 1년 이하의 징역이나 금고, 자격정지 또는 벌금의 형을 선고할 경우에 제51조의 사항을 고려하여 뉘우치는 정상이 뚜렷할 때에는 그 형의 선고를 유예할 수 있다. 다만, 자격정지 이상의 형을 받은 전과가 있는 사람에 대해서는 예외로 한다. 24. 보호9☆
> ② 형을 병과할 경우에도 형의 전부 또는 일부에 대하여 선고를 유예할 수 있다.

(3) 효과

> **형법**
> **제59조의2【보호관찰】** ① 형의 선고를 유예하는 경우에 재범방지를 위하여 지도 및 원호가 필요한 때에는 보호관찰을 받을 것을 명할 수 있다(→ 임의적 보호관찰). 23. 보호7☆
> ② 제1항의 규정에 의한 보호관찰의 기간은 1년으로 한다. 23. 보호7☆
> **제60조【선고유예의 효과】** 형의 선고유예를 받은 날로부터 2년을 경과한 때에는 면소된 것으로 간주한다. 20. 보호7☆
> **제61조【선고유예의 실효】** ① 형의 선고유예를 받은 자가 유예기간(→ 2년) 중 자격정지 이상의 형에 처한 판결이 확정되거나 자격정지 이상의 형에 처한 전과가 발견된 때에는 유예한 형을 선고한다(→ 필요적 실효).
> ② 제59조의2의 규정에 의하여 보호관찰을 명한 선고유예를 받은 자가 보호관찰기간(→ 1년) 중에 준수사항을 위반하고 그 정도가 무거운 때에는 유예한 형을 선고할 수 있다(→ 임의적 실효). 20. 보호7☆

2. 집행유예제도

(1) 의의

① 집행유예란 일단 유죄를 인정하여 형을 선고하되 일정한 요건 아래 일정기간 동안 그 형의 집행을 유예하고, 그것이 취소 또는 실효되지 않고 유예기간을 경과하면 형의 집행뿐만 아니라 형의 선고의 효력까지도 상실시키는 제도이다(「형법」 제62조). 16. 사시

② 일정기간 동안 형의 집행이 연기된 것일 뿐이라는 것을 알려서 범죄인에게 심리적인 압박을 가하는 동시에, 일정기간 후에는 선고 효력이 없어진다는 희망을 갖게 하여 범죄인의 개선을 유도할 수 있도록 하는 것에 중요한 의미가 있다(특별예방).

③ 집행유예는 단기자유형의 **폐해**를 제거하기 위한 대용방안으로서도 유용하다.

(2) 요건

> **형법**
>
> **제62조【집행유예의 요건】** ① 3년 이하의 징역이나 금고 또는 500만 원 이하의 벌금의 형을 선고할 경우에 제51조의 사항을 참작하여 그 정상에 참작할 만한 사유가 있는 때에는 1년 이상 5년 이하의 기간 형의 집행을 유예할 수 있다. 다만, 금고 이상의 형을 선고한 판결이 확정된 때부터 그 집행을 종료하거나 면제된 후 3년까지의 기간에 범한 죄에 대하여 형을 선고하는 경우에는 그러하지 아니하다. 24. 보호9☆
> ② 형을 병과할 경우 그 형의 일부에 대하여 집행을 유예할 수 있다. 24. 보호9☆

> **⚖ 관련 판례 | 형의 일부에 대한 집행유예 허용 여부**
>
> 하나의 자유형 중 일부에 대해서는 실형을, 나머지에 대해서는 집행유예를 선고하는 것이 가능한지 여부(소극) – 집행유예의 요건에 관한 「형법」 제62조 제1항이 '형'의 집행을 유예할 수 있다고만 규정하고 있다고 하더라도, 이는 같은 조 제2항이 그 형의 '일부'에 대하여 집행을 유예할 수 있는 때를 형을 '병과'할 경우로 한정하고 있는 점에 비추어 보면, (중략) 하나의 자유형 중 일부에 대해서는 실형을, 나머지에 대해서는 집행유예를 선고하는 것은 허용되지 않는다. [대판 2007.2.22, 2006도8555] 15. 사시

(3) 효과

> **형법**
>
> **제62조의2【보호관찰, 사회봉사 · 수강명령】** ① 형의 집행을 유예하는 경우에는 보호관찰을 받을 것을 명하거나 사회봉사 또는 수강을 명할 수 있다. 20. 승진☆
> ② 제1항의 규정에 의한 보호관찰의 기간은 집행을 유예한 기간으로 한다. 다만, 법원은 유예기간의 범위 내에서 보호관찰기간을 정할 수 있다. 20. 보호7☆
> ③ 사회봉사명령 또는 수강명령은 집행유예기간 내에 이를 집행한다. 20. 보호7☆
>
> **제63조【집행유예의 실효】** 집행유예의 선고를 받은 자가 유예기간 중 고의로 범한 죄로 금고 이상의 실형을 선고받아 그 판결이 확정된 때에는 집행유예의 선고는 효력을 잃는다. 15. 사시☆
>
> **제64조【집행유예의 취소】** ① 집행유예의 선고를 받은 후 제62조 단행의 사유가 발각된 때에는 집행유예의 선고를 취소한다(→ 필요적 취소).
> ② 제62조의2의 규정에 의하여 보호관찰이나 사회봉사 또는 수강을 명한 집행유예를 받은 자가 준수사항이나 명령을 위반하고 그 정도가 무거운 때에는 집행유예의 선고를 취소할 수 있다(→ 임의적 취소).
>
> **제65조【집행유예의 효과】** 집행유예의 선고를 받은 후 그 선고의 실효 또는 취소됨이 없이 유예기간을 경과한 때에는 형의 선고는 효력을 잃는다. 15. 사시☆

2 기타 형사절차의 특수문제

1 다이버전(Diversion)

1. 의의

(1) 다이버전(전환제도, Diversion)이란 일반적으로 공식적 형사절차로부터의 이탈과 동시에 사회 내 처우 프로그램에 위탁하는 것을 그 내용으로 한다. 23. 교정7☆

(2) 다이버전은 기존의 형사사법체계가 낙인효과로 인하여 범죄문제를 오히려 악화시킨다는 가정에서 논의를 시작한다. 20. 교정9☆

(3) 형사사법기관이 통상의 형사절차를 중단하고 이를 대체하는 새로운 절차로의 이행을 의미하며, 이를 통하여 형사제재의 최소화를 도모할 수 있다. 14. 보호7☆

(4) 다이버전은 형사사법의 탈제도화라는 의미에서 낙인이론의 산물이라고 할 수 있다(4D 정책). 일부 낙인이론가들은 경미범죄는 형사처벌의 대상에서 제외하는 것이 오히려 사회에 이익이 된다는 급진적 불간섭주의를 주장하기도 한다. 24. 보호9

2. 분류(주체별) 24. 보호9☆

(1) **경찰 단계의 다이버전**

훈방, 경고, 통고처분, 보호기관 위탁 등이 있다.

(2) **검찰 단계의 다이버전**

기소유예, 불기소처분, 조건부 기소유예, 약식명령청구 등이 있다.

(3) **법원 단계의 다이버전**

선고유예, 집행유예, 약식명령 등이 있다.

(4) **교정 단계의 다이버전**

가석방, 개방처우, 보호관찰, 주말구금 등이 있다.

3. 목표

(1) 형사사법에 융통성을 부여하여 범죄인에게 적절히 대응하고 범죄를 효과적으로 처리할 수 있도록 한다.

(2) 범죄인에게 형사절차와 유죄판결을 피할 수 있는 기회를 제공한다.

(3) 범죄인에게 범죄를 중단할 수 있는 변화의 기회를 제공한다.

(4) 형사사법제도의 운영이 최적수준이 되도록 자원을 배치한다.

(5) 범죄인이 책임감을 갖고 스스로 자신의 생활을 영위할 수 있도록 한다.

(6) 범죄인이 직업을 가지고 자신과 가족을 부양할 수 있도록 한다.

(7) 범죄인이 피해자에게 배상할 수 있는 기회를 갖도록 한다.

4. 장 · 단점

장점	① 정식의 형사절차보다 경제적인 방법으로 범죄문제를 처리할 수 있다(대안적 분쟁해결 가능). 22. 교정9 ② 범죄자를 전과자로 낙인찍을 가능성을 감소시킨다(이차적 일탈의 예방). 23. 교정7☆ ③ 형사사법기관의 업무량을 줄여 중요한 범죄에 집중할 수 있게 한다(형사사법의 능률성과 신축성 제고). 24. 보호9☆ ④ 범죄자에 대하여 보다 인도적인 처우방법이다. ⑤ 과밀수용을 방지하고, 시설 내 처우의 폐해를 감소시킬 수 있다. ⑥ 성인형사사법에서보다는 소년형사사법에서 더욱 유용한 제도로 평가된다.
단점	① 다이버전의 등장으로 인해 형사사법의 대상조차 되지 않을 문제가 다이버전의 대상이 된다는 점에서 이는 사회적 통제가 오히려 강화된다고 볼 수 있다(형사사법망의 확대). 22. 교정9☆ ② 형벌의 고통을 감소시켜 오히려 재범의 위험성을 증가시킬 수 있다. ③ 다이버전은 범죄원인의 제거와는 무관하다. ④ 선별적인 법 집행으로 인해 형사사법의 불평등을 가져올 수 있다. 14. 보호7 ⑤ 재판 전 형사사법의 개입이라는 점에서 또 하나의 형사사법절차를 창출할 뿐이다. 11. 사시 ⑥ 사실상 유죄추정에 근거하므로, 무죄추정의 원칙에 위배된다.

2 누범

> **형법**
> **제35조 【누범】** ① 금고 이상의 형을 선고받아 그 집행을 종료되거나 면제된 후 3년 내에 금고 이상에 해당하는 죄(→ 고의범 · 과실범 불문)를 지은 사람은 누범으로 처벌한다.
> ② 누범의 형은 그 죄에 대하여 정한 형의 장기의 2배까지 가중한다. 15. 사시
> **제36조 【판결선고 후의 누범 발각】** 판결선고 후 누범인 것이 발각된 때에는 그 선고한 형을 통산하여 다시 형을 정할 수 있다. 단, 선고한 형의 집행을 종료하거나 그 집행이 면제된 후에는 예외로 한다.

03 형벌론

1 형벌이론

1 절대적 형벌이론

1. 의의

(1) 절대적 형벌이론에서는 형벌이 일정한 목적을 추구하기 위하여 존재하는 것이 아니라, 범죄자에게 고통을 주는 그 자체로서 가치가 있는 것으로 파악한다(**형벌의 자기목적성**). 24. 교정7
(2) 형벌의 본질은 범죄에 대한 정당한 응보에 있다. 18. 보호7
(3) 책임주의에 입각하여 **형벌권의 행사를 제한하는** 데 기여한다.

2. 장·단점

장점	① 범죄인의 존엄성까지도 철저하게 신봉하고 지키려고 하는 것은 절대적 형벌이론의 탁월한 장점이다. ② 책임원칙의 절대적 준수는 범죄인에 대한 부당한 인권침해를 방지한다.
단점	① 절대적 범죄개념이란 타당하지 않으므로, 상대적으로 정의되는 범죄에 대해 절대적 가치의 형벌을 귀속시키는 것은 모순이다. ② 절대적 형벌이론은 어떠한 목적 추구도 거부하기 때문에 형사정책적으로 무기력하다.

2 상대적 형벌이론

1. 의의

(1) 상대적 형벌이론은 **형벌의 도구적 성격**을 분명히 하는 입장으로서, 형벌을 통한 국가적·사회적 이익을 강조한다. 형벌의 정당성도 형벌이 추구하는, 사회적으로 유익한 구체적 목적에 따라서 좌우된다.
(2) 목적의 내용은 **범죄예방**과 관련이 있는데, 일반인을 대상으로 하는 일반예방과 범죄자에 대한 영향력 행사인 특별예방으로 나뉜다. 18. 보호7

2. 일반예방이론

(1) **의의**

형벌은 불특정 다수의 일반인의 범죄예방에 정당성이 인정된다는 견해이다(형벌의 상대설). 18. 보호7

(2) 구분

소극적 일반예방	형벌이 갖는 위하(겁주기)에 의해 일반인이 범행하지 못하도록 하는 것
적극적 일반예방	형벌에 의한 위하가 사회의 규범의식을 강화시켜서 범죄가 예방된다는 것 24. 보호9

3. 특별예방이론

(1) 특별예방이론은 형벌을 범죄자에 대한 영향력 행사로 보는 입장이다. 이 이론에서는 범죄자 자신이 달성하고자 하는 목적 주체로 등장한다.

(2) 특별예방이론의 내용은 재사회화와 보안이다. 형벌을 통해 범죄자를 교화(재사회화)시키거나, 교화가 불가능한 범죄자는 사회로부터 격리(보안)함으로써 다시 범죄를 저지르지 못하게 한다는 것이다. 18. 보호7

(3) 특별예방이론은 그 목적달성의 수단으로서 형벌의 개별화, 단기자유형의 제한, 가석방·집행유예·선고유예의 활용, 상습범의 특별취급 등을 주장한다.

2 현행법상의 형벌제도

1 서론

> **형법**
> **제41조 【형의 종류】** 형의 종류는 다음과 같다.
> 1. 사형
> 2. 징역
> 3. 금고
> 4. 자격상실
> 5. 자격정지
> 6. 벌금
> 7. 구류
> 8. 과료
> 9. 몰수

2 사형제도

1. 현행법상 사형제도의 운용

> **형법**
> **제66조 【사형】** 사형은 교정시설 안에서 교수하여 집행한다. 12. 경채☆
>
> **군형법**
> **제3조 【사형 집행】** 사형은 소속 군 참모총장 또는 군사법원의 관할관이 지정한 장소에서 총살로써 집행한다.
>   12. 경채☆
>
> **형의 집행 및 수용자의 처우에 관한 법률**
> **제91조 【사형의 집행】** ① 사형은 교정시설의 사형장에서 집행한다.
>   ② 공휴일과 토요일에는 사형을 집행하지 아니한다.

2. 사형존폐론

(1) 사형폐지론의 논거

① 사형은 인도주의 입장에서 허용할 수 없다. 국가는 사람의 생명을 박탈할 권리를 가질 수 없으며, 헌법 제10조 인간의 존엄성에 반한다.

② 사형의 집행이 오판으로 판정이 났을 때 이를 회복할 방법이 없다.

③ <u>사형의 위하력은 과장된 것이다.</u>

④ 범행한 자만을 사형하는 것은 범죄에 대한 사회적 책임을 은폐시키는 것이다.

⑤ 사형은 개선·교육의 형벌 이념과 부합하지 않는다.

⑥ 사형은 국가가 인간생명의 절대성을 부정하는 시범을 보이는 것으로서 생명경시풍조를 조장하는 것이다.

⑦ 사형은 범죄피해자에 대한 손해배상·구제에 아무런 도움이 되지 못한다.

⑧ 사형은 다른 형벌처럼 정도의 차이를 나타낼 수 없어, 죄에 대한 형벌의 균형을 유지하기 어렵다.

(2) 사형존치론의 논거

① 사형은 정의에 대한 응보적 요구에서 정당하다(필요악).

② 사형은 <u>강력한 일반예방효과</u>를 가지기 때문에 일반인의 범죄를 억제한다.

③ 사회방위를 위해서 극악한 인물을 사회로부터 완전히 격리할 수 있는 방법이 필요하다.

④ 사형은 피해자 또는 일반인의 피해감정을 정화시켜 줄 수 있다.

⑤ 사형은 국가의 행형비용을 절감시킨다.

⑥ 사형에 대한 오판의 우려는 지나친 염려이다.

⑦ 사형제도 자체를 위헌이라고 볼 수 없다.

⑧ 사람을 살해한 자가 자신의 생명을 박탈당할 수도 있다는 것은 일반 국민이 가지고 있는 법적 확신이다.

3 자유형제도

1. 의의

(1) 자유형이란 범죄인을 사회생활로부터 격리시킴으로써 범죄자의 신체의 자유를 박탈하는 형벌을 말한다.

(2) 범죄인의 개선·교화를 목적으로 하는 근대적인 자유형은 16세기 말 유럽 각지에 설치된 '노역장'에서 비롯된 것이라고 할 수 있다. 특히 1595년 네덜란드의 암스테르담 노역장이 대표적이라 할 수 있다.

2. 현행법상 자유형의 집행방법

> **형법**
> **제42조【징역 또는 금고의 기간】** 징역 또는 금고는 무기 또는 유기로 하고 유기는 1개월 이상 30년 이하로 한다. 단, 유기징역 또는 유기금고에 대하여 형을 가중하는 때에는 50년까지로 한다. 22. 보호7☆
>
> **제46조【구류】** 구류는 1일 이상 30일 미만으로 한다. 19. 승진☆
>
> **제67조【징역】** 징역은 교정시설에 수용하여 집행하며, 정해진 노역에 복무하게 한다(→ 정역의무 ○). 24. 교정9☆
>
> **제68조【금고와 구류】** 금고와 구류는 교정시설에 수용하여 집행한다(→ 정역의무 ✕). 14. 사시☆
>
> **제72조【가석방의 요건】** ① 징역이나 금고의 집행 중에 있는 사람이 행상이 양호하여 뉘우침이 뚜렷한 때에는 무기형은 20년, 유기형은 형기의 3분의 1이 지난 후 행정처분으로 가석방을 할 수 있다. 20. 보호7☆
>
> **형의 집행 및 수용자의 처우에 관한 법률**
> **제67조【신청에 따른 작업】** 소장은 금고형 또는 구류형의 집행 중에 있는 사람에 대하여는 신청에 따라 작업을 부과할 수 있다. 14. 사시☆

3. 개선방안

(1) 단기자유형

① 의의

  ㉠ 단기자유형이란 구류형 또는 극히 단기간의 징역형·금고형를 선고하는 경우를 말한다.

  ㉡ 일반적으로는 6월 이하를 단기로 본다. 현행법상 단기의 기준은 규정이 없다. 15. 사시

② 폐지론의 근거 - 문제점

　　㉠ 행형 과정에서 사회복귀를 위한 **개선·교화의 효과를 거둘 시간적 여유가 없다.**

　　㉡ 수형자에 대한 정신적 고통이 적어 **위하력이 약하다.**

　　㉢ 경미한 범죄에 과해지는 경우가 많으므로 가족의 경제적 파탄을 가져오기 쉽다.

　　㉣ 전과자의 낙인이 찍히므로 석방 후 사회복귀에 어려움을 겪게 되고, 오히려 재범의 위험성이 있다.

　　㉤ 단기자유형의 집행시설은 일반적으로 시설이 불충분하고, 다수가 한꺼번에 수용되기 때문에 무질서·통제곤란·**악풍감염 등이 야기**되어 도리어 범죄를 조성하기 쉽다. 15. 사시☆

　　㉥ 단기자유형의 대상자는 대개 하층계급에 속하여 구금 및 시설 내 생활에 대해 공포감을 갖지 않는 경우가 많고, 오히려 일시적인 생활고에서 구금시설로 도피를 희망하는 경우까지 있다.

　　㉦ 단기자유형으로 인해 후에 누범가중이나 집행유예 결격사유가 될 수 있다.

③ 개선방안 17. 교정9☆

벌금형 활용	㉠ 벌금형의 양정 및 집행방법을 개선하여 단기자유형에 대한 대체효과를 거두려는 것이다. 실제 독일에는 6월 미만의 단기자유형에 대해서 원칙상 벌금형으로 대체하는 규정이 있다. ㉡ 피고인의 재산 상태에 부합하는 벌금액의 양정, 일수벌금제도 도입, 벌금의 분납 및 납입정지 등 편의가 선행되어야 한다.
선고·집행유예제도	㉠ 선고·집행유예의 원래 목적은 범죄자를 사회 내에서 처우한다는 데 있으나, 단기자유형의 폐해를 제거하는 데에도 중요한 역할을 한다. ㉡ 유예제도와 보호관찰을 결합시켜 보다 효과적인 범죄방지대책이 될 수 있다.
기소유예 확대 운용	㉠ 단기자유형의 폐해를 기소단계에서 제거하려는 것으로서, 범죄인의 조속한 재사회화라는 관점에서 매우 의미있다. 16. 사시 ㉡ 검사의 자의적인 재량에 단기자유형의 개선방안을 맡긴다는 점에 대한 비판도 있다.
구금제도 완화	주말구금, 휴일구금, 단속구금, 반구금제, 무구금강제노역 등이 있다. 15. 사시
기타 방안	선행보증, 가택구금, 거주 제한 등 자유 제한을 수반하는 독자적인 보호관찰의 실시 등이 있다.

④ **활용**: 최근에는 경고적 의미의 단기자유형이 반드시 부정적인 효과만을 초래하는 것은 아니라는 주장도 제기된다. 특히 청소년범죄나 교통범죄·경제범죄 등에 대하여는 제한적으로 단기자유형을 효과적으로 활용하는 방안으로서 단기교정요법을 개발·실시할 필요가 있다(충격구금).

(2) **자유형의 단일화**

① 의의

　　㉠ 자유형의 단일화는 <u>목적형·교육형주의</u> 입장에서 현행법상 징역·금고·구류의 세 종류로 되어 있는 자유형을 한 가지로 통일하자는 논의이다.

ⓒ 역사적으로 금고형은 비파렴치범(예 사상범·정치범·확신범·과실범 등)에게 명예존중의 목적으로 징역을 면제하는 형벌로 이해되었고(명예구금), 징역형은 파렴치범에게 강제노역을 부과하는 형벌로 평가되었다.

② 견해의 대립

단일화 찬성론	㉠ 교정 정책의 일관성을 유지해야 한다. ⓒ 징역과 금고의 구별 기준인 파렴치성은 모호하고 주관적이다. ⓒ 징역이 금고에 비해 중한 형벌이라는 전제는 노동천시사상에서 유래한다. ⓔ 실무상 금고형 수형자의 대부분이 신청에 따른 작업에 종사한다. ⓞ 행형의 개별화는 노역 유무가 아니라 행형수단 또는 처우의 개별화를 의미하는 것이다.
단일화 반대론	㉠ 노동이 형벌과 함께 강제되므로 노동의 형벌성을 인정할 수 있다. ⓒ 금고형이나 구류형도 징역형과 구별되는 고유한 응보내용이 있다. ⓒ 과실범 등을 다른 고의범죄자와 같이 취급하는 것이 국민감정에 맞지 않으므로, 비파렴치범에 대한 구별이 필요하다. ⓔ 형벌의 종류가 다양하면 형벌의 개별화에 유리하다.

(3) 부정기형

① 의의

㉠ 부정기형(Indeterminate Sentence)은 자유형을 선고할 때 형기를 확정하지 않는 것으로서, 형기는 형의 집행단계에서 결정된다.

ⓒ 이에는 절대적 부정기형과 상대적 부정기형이 있는데, 절대적 부정기형은 죄형법정주의의 명확성의 원칙에 반한다고 본다.

절대적 부정기형	형의 기간에 대한 일체의 언급이 없는 경우이다.
상대적 부정기형	기간을 장기와 단기로 정하여 일정한 범위로 형벌을 선고하는 경우이다.

ⓒ 부정기형의 필요성은 19세기 전반에 형벌의 목적을 범인의 개선·교육으로 보기 시작하면서 주장되었다.

ⓔ 현행 「형법」은 정기형을 원칙으로 하고 있으나, 「소년법」에서 소년범에 대해서만 상대적 부정기형을 인정하고 있다(「소년법」 제60조 제1항). 22. 보호7

② 견해의 대립

부정기형 찬성론	㉠ 부정기형은 개선 목적의 달성에 적합하다. 22. 보호7 ⓒ 단기간에 행해지는 양형은 합리적 결정이 되기 어려우므로, 행형단계에서 수형자를 면밀히 관찰하고 범죄성을 평가하여 형량을 정함이 바람직하다. ⓒ 위험한 범죄자나 상습범을 장기간 사회로부터 격리할 수 있다(사회방위). 22. 보호7 ⓔ 위험성이 있는 범죄인에게 형기의 부정기가 위하력을 발휘할 수 있다. 22. 보호7 ⓞ 초범자나 범죄성이 소멸한 자에게는 수형기간을 단축할 수 있다. ⓗ 석방기일을 자신의 노력에 따라 당길 수 있으므로 개선 의욕이 촉진된다.

부정기형 반대론	㉠ 부정기형의 <u>개선 효과가 입증된 적이 없다.</u> ㉡ 부정기형은 사회적 불공정성이 우려된다. ㉢ 행위 당시의 <u>책임을 넘어서는 처벌</u>을 가능하게 할 수 있다. ㉣ 수형자 간에 긴장과 불안이 생기며 서로 불신하는 분위기에 놓이게 된다. ㉤ 부정기형에서 형의 정도를 판단할 수 있는 객관적 기준이 없다. ㉥ 부정기형은 <u>교활한 수형자</u>에게는 유리하지만, 사회적 위험성이 없고 융통성이 없는 수형자에게는 오히려 준엄한 형벌이 된다. ㉦ 가석방의 결정 과정에 관해 적정절차의 보장이 결여되어 있고 그 판단 기준도 모호하다.

③ 검토

  ㉠ 형벌의 많고 적음은 행위 시의 책임을 기준으로 하여야 하며, 부정기형은 책임의 정도를 넘어선 자유의 구속을 가능하게 한다는 점에서 책임주의에 반한다고 본다.

  ㉡ 책임에 상응한 형벌상한과 일반예방에 상응한 형벌하한 사이에서 **상대적 부정기형**이 부과되는 경우에는 이를 거부할 이유가 없다. 자율적인 개선·교화라는 특별예방의 형벌목적을 실현할 수 있기 때문이다.

  ㉢ 자율적 개선노력이 요구되는 소년범의 경우에는 상대적 부정기형이 필요하다.

4. 가석방제도

(1) 의의

① 가석방이란 징역·금고의 집행을 받고 있는 자가 개전의 정이 현저하다고 인정되는 때에 형기만료 전에 조건부로 수형자를 석방하고, 그것이 실효 또는 취소됨이 없이 일정한 기간을 경과한 때에 형의 집행을 종료한 것으로 간주하는 제도이다.

② 수형자의 사회복귀를 위한 자발적·적극적 노력을 촉진시키는 **특별예방사상**을 실현하고 정기형제도의 결함을 보충하여 형 집행의 구체적 타당성에 기여한다. 15. 사시

(2) 요건 및 효과

> **형법**
>
> **제72조 【가석방의 요건】** ① 징역이나 금고의 집행 중에 있는 사람이 행상이 양호하여 뉘우침이 뚜렷한 때에는 무기형은 20년, 유기형은 형기의 3분의 1이 지난 후 행정처분으로 가석방을 할 수 있다. 20. 보호7☆
>
> ② 제1항의 경우에 벌금이나 과료가 병과되어 있는 때에는 그 금액을 완납하여야 한다. 11. 교정9☆
>
> **제73조 【판결선고 전 구금과 가석방】** ① <u>형기에 산입된 판결선고 전 구금일수</u>는 가석방을 하는 경우 집행한 기간에 산입한다. 21. 보호7☆
>
> ② 제72조 제2항의 경우에 벌금이나 과료에 관한 노역장 유치기간에 산입된 판결선고 전 구금일수는 그에 해당하는 금액이 납입된 것으로 본다.
>
> **제73조의2 【가석방의 기간 및 보호관찰】** ① 가석방의 기간은 무기형에 있어서는 <u>10년</u>으로 하고, 유기형에 있어서는 남은 형기로 하되, 그 기간은 <u>10년을 초과할 수 없다.</u> 20. 보호7☆
>
> ② 가석방된 자는 <u>가석방기간 중 보호관찰</u>을 받는다. 다만, <u>가석방을 허가한 행정관청이 필요가 없다</u>고 인정한 때에는 그러하지 아니하다(→ 필요적 보호관찰, 예외 有). 16. 교정7☆

제74조【가석방의 실효】가석방 기간 중 고의로 지은 죄로 금고 이상의 형을 선고받아 그 판결이 확정된 경우에 가석방 처분은 효력을 잃는다(→ 필요적 실효). 19. 승진☆

제75조【가석방의 취소】가석방의 처분을 받은 자가 감시에 관한 규칙을 위배하거나, 보호관찰의 준수사항을 위반하고 그 정도가 무거운 때에는 가석방 처분을 취소할 수 있다(→ 임의적 취소). 20. 보호7☆

제76조【가석방의 효과】① 가석방의 처분을 받은 후 그 처분이 실효 또는 취소되지 아니하고 가석방 기간을 경과한 때에는 형의 집행을 종료한 것으로 본다. 19. 승진☆
② 전2조의 경우(→ 가석방의 실효·취소)에는 가석방 중의 일수는 형기에 산입하지 아니한다. 15. 사시

★ 핵심 POINT | 집행유예 · 선고유예 · 가석방의 비교 13. 교정7

구분	집행유예	선고유예	가석방
성격	프로베이션(Probation)	프로베이션(Probation)	패롤(Parole)
결정	법원의 재량(사법처분)	법원의 재량(사법처분)	행정기관의 재량(행정처분)
요건	• 3년 이하의 징역·금고 또는 500만 원 이하의 벌금의 형을 선고 • 정상에 참작할 만한 사유 • 금고 이상의 판결이 확정된 때부터 그 집행을 종료·면제된 후 3년이 경과	• 1년 이하의 징역·금고, 자격정지 또는 벌금의 형을 선고 • 뉘우치는 정상이 뚜렷할 것 • <u>자격정지 이상의 전과가 없을 것</u>	• 징역·금고의 집행 중 • 무기는 20년, 유기는 형기의 1/3 경과 • 행상이 양호하여 뉘우침이 뚜렷할 것 • 벌금·과료의 병과시 완납
기간	1년 이상 5년 이하 (법원의 재량)	2년	무기형은 10년, 유기형은 남은 형기 (10년 초과 ×)
효과	<u>형 선고의 효력 상실</u>	<u>면소 간주</u>	<u>형 집행 종료 간주</u>
실효	유예기간 중 고의로 범한 죄로 금고 이상의 실형을 선고받아 그 판결이 확정 → 필요적 실효	• 유예기간 중 자격정지 이상의 판결이 확정, 자격정지 이상의 전과가 발견 → 필요적 실효 • 보호관찰기간 중에 준수사항을 위반하고 그 정도가 무거운 때 → 임의적 실효	가석방 중 고의범죄로 금고 이상의 선고를 받아 확정된 때 → 필요적 실효
취소	• 집행유예의 선고 후 결격사유 발각 → 필요적 취소 • 준수사항·명령을 위반하고 그 정도가 무거운 때 → 임의적 취소	없음	감시에 관한 규칙을 위배 또는 보호관찰의 준수사항을 위반하고 그 정도가 무거운 때 → 임의적 취소
보호관찰의 재량·기간	• 임의적 • 집행유예기간(단축 ○)	• 임의적 • 1년(단축 ×)	• 필요적(원칙) • 가석방기간(단축 ×)
사회봉사·수강명령	가능(500시간·200시간)	<u>불가능</u>	<u>불가능</u>

4 재산형제도

1. 서론

(1) 재산형이란 국가가 범죄인에게 일정한 금전의 지급을 명하여 범죄인의 재산을 박탈하는 것을 내용으로 하는 형벌을 말한다.

(2) 근대에 이르러 화폐경제의 발달과 더불어 벌금형이 단기자유형에 대한 대체방안으로 주목을 받게 되었다.

2. 벌금과 과료

(1) 의의

> **형법**
>
> **제45조 【벌금】** 벌금은 5만 원 이상으로 한다(→ 상한에는 제한이 없음). 다만, 감경하는 경우에는 5만 원 미만으로 할 수 있다. 23. 보호7☆
>
> **제47조 【과료】** 과료는 2천 원 이상 5만 원 미만으로 한다. 19. 교정9☆

(2) 성격 14. 교정9

① 벌금 등을 제3자가 대납하는 것이 허용되지 않는다(일신전속성).

② 벌금은 범죄자가 국가에 대해 채권을 가지고 있는 경우에도 상계될 수 없다(상계 금지).

③ 다수인이 함께 벌금형을 선고받은 경우에도 각 개인이 국가에 대해 벌금을 납부하여야 하며 공동연대책임을 지는 것은 아니다(개별책임원칙). 14. 교정9

④ 벌금납부의무는 상속되지 않는 것이 원칙이다(비상속성).

(3) 벌금형의 확대 10. 교정9

① 20세기를 전후하여 벌금형은 **단기자유형의 폐단을 줄이는 대체수단**으로 주장되고 이용되었다.

② 일정한 범죄영역에서 벌금형으로 처벌할 수 있는 영역이 형성되고, 자유형의 문제점을 인식한 형벌관의 변화, 교정기관의 과밀화와 운영경비증가의 방지, 재범률을 낮추면서 재사회화의 효과를 거둘 수 있는 점 등을 이유로 **벌금형이 확대**되는 경향이다.

③ 형사사법의 운용에 대한 경제적 시각(과밀화 및 운영경비의 과다), 범죄로 인한 수익을 박탈하는 수단으로서의 활용, 범죄자의 경제적 능력을 고려하는 벌금액 부과(일수벌금제도)의 도입으로 인하여 형평성 문제가 해결된 점도 벌금형의 증가를 이끈 요인이다.

(4) 형사정책적 의미

① 이욕에 기인한 범죄 동기를 억압할 수 있다.
   예 도박죄, 장물죄, 조세법 위반 등

② 악풍감염의 염려가 전혀 없고, 벌금의 합리적 양정으로 보다 나은 사회복귀를 가능하게 하며, 오판의 회복도 상당부분 가능하다.

③ 벌금형의 집행에는 많은 비용을 요하지 아니하고, 특히 즉결심판·약식절차에 의하는 경우에는 소송경제상 큰 도움이 된다.

④ 국고수입을 증대시킬 수 있고, 이를 범죄방지대책에 사용하여 또 다른 형사정책적 효과를 거둘 수 있다.

⑤ 법인에 의한 범죄에 대해서 자유형을 부과할 수는 없으므로, 벌금형이 효과적인 제재수단이 될 수 있다.

(5) 개선방향

① 일수벌금제도

㉠ 현행법은 벌금형을 선고하는 경우에 전체 벌금형을 확정 · 선고하는 총액벌금제도를 시행하고 있다. 24. 보호9☆

㉡ 일수벌금제도란 범행의 경중에 따라 일수를 먼저 정하고, 일수정액은 피고인의 경제사정을 고려하여 별도로 정하는 개선된 벌금형제도이다. 이는 행위자의 경제상태 내지 지불능력을 고려하여 벌금형을 개별화함으로써 그 효과를 극대화하기 위한 목적을 가지고 있다.

장점	ⓐ 일수벌금제도는 범행 자체에 대한 평가를 분명히 하면서 행위자가 받는 고통의 내용에 대해 실질적 평등을 기할 수 있다(배분적 정의에 적합). ⓑ 일수는 양형규정에 따라 불법과 책임을 표시하여 대체자유형의 문제를 자동적으로 해결하고, 일수정액은 피고인의 경제사정을 고려하여 결정함으로써 합리적이고 정당한 벌금형을 정할 수 있다. ⓒ 책임주의와 희생평등의 원칙을 조화시키는 의미를 가지고 있다. 12. 사시
단점	ⓐ 범죄자의 경제상태를 실제로 조사하는 것이 쉽지 않다. 11. 사시 ⓑ 법관의 자의적 일수정액 산정이 있을 수 있다. ⓒ 양형 과정이 범죄인의 재산상태 조사에 치우칠 가능성이 높다. ⓓ 범죄와 관련이 없는 재산을 양형의 주요 기준으로 삼는 것은 책임주의에 부합하기 어렵다.

② 벌금의 분납 · 연납제도 18. 보호7

> **재산형 등에 관한 검찰 집행사무규칙**
> **제12조 【분할납부 등】** ① 납부의무자가 벌과금 등의 분할납부 또는 납부연기를 받으려면 별지 제14호서식에 따른 분할납부(납부연기) 신청서를 제출하여야 한다. 이 경우 재산형등 집행 사무 담당 직원은 분할납부 또는 납부연기를 신청한 자가 다음 각 호(생략)의 어느 하나에 해당하는지를 조사한 후 관련 자료를 첨부하여 소속 과장을 거쳐 검사의 허가를 받아야 한다. 14. 보호7☆
> ③ 검사는 벌과금 등의 액수가 500만 원 이하인 경우로서 납부의무자의 신체적 · 정신적인 건강상태가 질병 · 음주 등으로 인하여 즉각적인 노역장 유치 집행을 하기 어려운 상태로 판단되는 경우에는 직권으로 벌과금 등의 분할납부 또는 납부연기를 결정할 수 있다.
> ④ 제2항 · 제3항에 따른 분할납부 또는 납부연기 기한은 6개월 이내로 하되, 검사는 해당 분할납부 또는 납부연기의 사유가 소멸되지 않는 경우 3개월의 범위에서 그 기한을 2회에 한하여 연장할 수 있다.

(6) 대체자유형제도

① 의의

　⊙ 대체자유형(환형처분)이란 법관의 자유재량으로 벌금형을 자유형으로 바꾸어 부과하는 것을 말한다.

　⊙ 우리나라의 대체자유형은 벌금을 완납할 때까지 노역장에 유치함으로써 벌금의 납입을 강제하거나 벌금·과료미납자를 노역장에 유치하여 작업에 복무하게 함으로써 납입을 대체하는 방식으로 규정되어 있다(노역장유치).

> **형법**
>
> **제69조 【벌금과 과료】** ① 벌금과 과료는 판결확정일로부터 30일 내에 납입하여야 한다. 단, 벌금을 선고할 때에는 동시에 그 금액을 완납할 때까지 노역장에 유치할 것을 명할 수 있다. 24. 교정9☆
> ② 벌금을 납입하지 아니한 자는 1일 이상 3년 이하, 과료를 납입하지 아니한 자는 1일 이상 30일 미만의 기간 노역장에 유치하여 작업에 복무하게 한다. 22. 보호7☆
>
> **제70조 【노역장유치】** ① 벌금이나 과료를 선고할 때에는 이를 납입하지 아니하는 경우의 노역장 유치기간을 정하여 동시에 선고하여야 한다. 19. 승진☆
> ② 선고하는 벌금이 1억 원 이상 5억 원 미만인 경우에는 300일 이상, 5억 원 이상 50억 원 미만인 경우에는 500일 이상, 50억 원 이상인 경우에는 1천일 이상의 노역장 유치기간을 정하여야 한다. 23. 보호7☆
>
> **제71조 【유치일수의 공제】** 벌금이나 과료의 선고를 받은 사람이 그 금액의 일부를 납입한 경우에는 벌금 또는 과료액과 노역장 유치기간의 일수에 비례하여 납입금액에 해당하는 일수를 뺀다. 24. 교정9☆

② 문제점

　⊙ 대체자유형은 단기자유형의 문제점을 그대로 가질 뿐만 아니라, 악용될 염려도 있다.

　⊙ 미납벌금이 고액인 경우에도 노역장유치기간이 3년을 초과할 수 없어 형사제재의 실효성을 확보하기 어렵다.

　⊙ 대체자유형은 일수벌금제도와 결합될 때 비로소 범죄인의 불법과 책임에 상응하는 형벌의 의미를 갖는다고 할 수 있다.

(7) 「벌금 미납자의 사회봉사 집행에 관한 특례법」

> **제1조 【목적】** 이 법은 「형법」 제69조 제2항의 벌금 미납자에 대한 노역장 유치를 사회봉사로 대신하여 집행할 수 있는 특례와 절차를 규정함으로써 경제적인 이유로 벌금을 낼 수 없는 사람의 노역장 유치로 인한 구금을 최소화하여 그 편익을 도모함을 목적으로 한다.
>
> **제4조 【사회봉사의 신청】** ① 대통령령으로 정한 금액(→ 500만 원) 범위 내의 벌금형이 확정된 벌금 미납자는 검사의 납부명령일부터 30일 이내에 주거지를 관할하는 지방검찰청(지방검찰청지청을 포함한다. 이하 같다)의 검사에게 사회봉사를 신청할 수 있다. 다만, 검사로부터 벌금의 일부납부 또는 납부연기를 허가받은 자는 그 허가기한 내에 사회봉사를 신청할 수 있다. 20. 승진☆
> ② 제1항에도 불구하고 다음 각 호의 어느 하나에 해당하는 사람은 사회봉사를 신청할 수 없다. 20. 승진☆
> 1. 징역 또는 금고와 동시에 벌금을 선고받은 사람 19. 승진

2. 「형법」제69조 제1항 단서에 따라 법원으로부터 벌금선고와 동시에 벌금을 완납할 때까지 노역장에 유치할 것을 명받은 사람 18. 승진

3. 다른 사건으로 형 또는 구속영장이 집행되거나 노역장에 유치되어 구금 중인 사람

4. 사회봉사를 신청하는 해당 벌금에 대하여 법원으로부터 사회봉사를 허가받지 못하거나 취소당한 사람. 다만, 사회봉사 불허가사유가 소멸한 경우에는 그러하지 아니하다.

제5조【사회봉사의 청구】① 제4조 제1항의 신청을 받은 검사는 사회봉사 신청인(이하 '신청인'이라 한다)이 제6조 제2항 각 호의 요건에 해당하지 아니하는 때에는 법원에 사회봉사의 허가를 청구하여야 한다. 14. 보호7

④ 검사는 신청일부터 7일 이내에 사회봉사의 청구 여부를 결정하여야 한다. 다만, 제2항에 따른 출석 요구, 자료제출 요구에 걸리는 기간은 위 기간에 포함하지 아니한다. 12. 교정7

⑥ 사회봉사의 신청을 기각하는 검사의 처분에 대한 이의신청에 관하여는 「형사소송법」제489조를 준용(→ 법원에 이의신청)한다. 18. 승진

제6조【사회봉사 허가】① 법원은 검사로부터 사회봉사 허가 청구를 받은 날부터 14일 이내에 벌금 미납자의 경제적 능력, 사회봉사 이행에 필요한 신체적 능력, 주거의 안정성 등을 고려하여 사회봉사 허가 여부를 결정한다. 다만, 제3항에 따른 출석 요구, 자료제출 요구에 걸리는 기간은 위 기간에 포함하지 아니한다. 14. 보호7☆

② 다음 각 호의 어느 하나에 해당하는 경우에는 사회봉사를 허가하지 아니한다. 18. 승진☆

1. 제4조 제1항에 따른 벌금의 범위를 초과하거나 신청기간이 지난 사람이 신청을 한 경우

2. 제4조 제2항에 따라 사회봉사를 신청할 수 없는 사람이 신청을 한 경우

3. 정당한 사유 없이 제3항에 따른 법원의 출석 요구나 자료제출 요구를 거부한 경우

4. 신청인이 일정한 수입원이나 재산이 있어 벌금을 낼 수 있다고 판단되는 경우

5. 질병이나 그 밖의 사유로 사회봉사를 이행하기에 부적당하다고 판단되는 경우

④ 법원은 사회봉사를 허가하는 경우 벌금 미납액에 의하여 계산된 노역장유치기간에 상응하는 사회봉사시간을 산정하여야 한다. 다만, 산정된 사회봉사시간 중 1시간 미만은 집행하지 아니한다. 18. 승진☆

⑤ 사회봉사를 허가받지 못한 벌금 미납자는 그 결정을 고지받은 날부터 15일 이내에 벌금을 내야 하며, 위의 기간 내에 벌금을 내지 아니할 경우 노역장에 유치한다. 다만, 사회봉사 불허가에 관한 통지를 받은 날부터 15일이 지나도록 벌금을 내지 아니한 사람 중 「형법」제69조 제1항에 따른 벌금 납입기간이 지나지 아니한 사람의 경우에는 그 납입기간이 지난 후 노역장에 유치한다.

제9조【사회봉사의 집행담당자】① 사회봉사는 보호관찰관이 집행한다. 다만, 보호관찰관은 그 집행의 전부 또는 일부를 국공립기관이나 그 밖의 단체 또는 시설의 협력을 받아 집행할 수 있다. 13. 교정7

제10조【사회봉사의 집행】① 보호관찰관은 사회봉사 대상자의 성격, 사회경력, 범죄의 원인 및 개인적 특성 등을 고려하여 사회봉사의 집행분야를 정하여야 한다. 18. 승진☆

② 사회봉사는 1일 9시간을 넘겨 집행할 수 없다. 다만, 사회봉사의 내용상 연속집행의 필요성이 있어 보호관찰관이 승낙하고 사회봉사 대상자가 분명히 동의한 경우에만 연장하여 집행할 수 있다. 19. 교정7

③ 사회봉사의 집행시간은 사회봉사기간 동안의 집행시간을 합산하여 시간 단위로 인정한다. 다만, 집행시간을 합산한 결과 1시간 미만이면 1시간으로 인정한다.

제11조【사회봉사의 집행기간】 사회봉사의 집행은 사회봉사가 허가된 날부터 <u>6개월 이내</u>에 마쳐야 한다. 다만, 보호관찰관은 특별한 사정이 있으면 <u>검사의 허가</u>를 받아 <u>6개월의 범위</u>에서 <u>한 번</u> 그 기간을 연장하여 집행할 수 있다. 19. 교정7

제12조【사회봉사 대상자의 벌금 납입】 ① 사회봉사 대상자는 <u>사회봉사의 이행을 마치기 전</u>에 <u>벌금의 전부 또는 일부를 낼 수 있다</u>. 15. 교정9

② 사회봉사 집행 중에 벌금을 내려는 사회봉사 대상자는 <u>보호관찰소의 장으로부터 사회봉사집행확인서를 발급받아</u> 주거지를 관할하는 지방검찰청의 검사에게 제출하여야 한다. 20. 승진

제13조【사회봉사 이행의 효과】 이 법에 따른 사회봉사를 전부 또는 일부 이행한 경우에는 집행한 사회봉사시간에 상응하는 벌금액을 낸 것으로 본다. 14. 보호7

제14조【사회봉사 허가의 취소】 ⑦ 사회봉사 허가가 취소된 사회봉사 대상자는 취소통지를 받은 날부터 <u>7일 이내</u>에 남은 사회봉사시간에 해당하는 미납벌금을 내야 하며, 그 기간 내에 미납벌금을 내지 아니하면 노역장에 유치한다.

3. 몰수 및 추징

(1) 의의

① 몰수는 범죄의 반복을 막거나 범죄로 인한 이득을 방지하기 위해 범행과 관련된 재산을 박탈하여 국고에 귀속시키는 재산형이다. 12. 사시

일반몰수	범인의 전 재산을 국고에 귀속시키는 것이다.
특별몰수	범죄와 관계되는 특정한 물건의 소유권을 국고에 귀속시키는 것이다. 일반적으로 몰수란 특별몰수를 의미한다.
임의적 몰수	법원의 재량에 의해 국고에 귀속시키는 것이며, 형법총칙상 몰수의 원칙이다(「형법」 제48조 제1항).
필요적 몰수	형법각칙에서는 뇌물죄의 뇌물이나 아편에 관한 죄의 아편 등을 대상으로 하며, 특별법상의 몰수는 대부분 필요적 몰수에 해당한다.

② 추징은 몰수 대상물의 전부 또는 일부를 몰수하기 불가능한 때에 몰수에 대신해서 그 가액의 납부를 명령하는 사법 처분을 말한다(형벌이 아님). 몰수의 취지를 관철하기 위한 부가형의 성격을 가지고 있다(판례).

(2) 법적 성격

몰수는 「형법」 제41조에 형벌의 일종으로 규정되어 있어 형식적으로는 형벌의 일종이지만 실질적으로는 대물적 보안처분에 속한다는 것이 다수의 견해이다.

> **형법**
> **제48조【몰수의 대상과 추징】** ① 범인(→ 공범 포함) 외의 자의 소유에 속하지 아니하거나 범죄 후 범인 외의 자가 사정을 알면서 취득한 다음 각 호의 물건(→ 권리 또는 이익 포함)은 전부 또는 일부를 몰수할 수 있다(→ 임의적 몰수).

1. 범죄행위에 <u>제공</u>하였거나 제공하려고 한 물건
2. 범죄행위로 인하여 생겼거나 <u>취득</u>한 물건
3. 제1호 또는 제2호의 <u>대가</u>로 취득한 물건

② 제1항 각 호의 물건을 몰수할 수 없을 때에는 그 <u>가액을 추징</u>(→ 형벌 ×, 사법처분 ○)한다.

③ <u>문서, 도화, 전자기록 등 특수매체기록 또는 유가증권의 일부</u>가 몰수의 대상이 된 경우에는 그 부분을 <u>폐기</u>한다. 13. 사시

제49조【몰수의 부가성】 몰수는 타형에 부가하여 과한다. 단, 행위자에게 <u>유죄의 재판을 아니할 때</u>에도 몰수의 요건이 있는 때에는 <u>몰수만을 선고할 수 있다.</u> 15. 교정9☆

(3) 범죄수익박탈제도

① 조직ㆍ약물ㆍ기업범죄 등은 범죄로 인한 이익이 범죄의 주된 동기를 이루므로, 범죄활동의 이득을 박탈하는 것이 그러한 범죄를 억제ㆍ무력화하는 데 중요한 역할을 한다.

② 범죄자의 재산 일반에 대한 박탈 내지 몰수를 인정하기 위해 고안된 제도를 범죄수익박탈제도라고 한다. 이는 형사정책의 초점이 범죄자의 재사회화나 정당한 처벌에서 범죄무력화로 이행되는 경향을 나타내는 것이다.

5 자격형(명예형)제도

형법

제43조【형의 선고와 자격상실, 자격정지】 ① 사형, 무기징역 또는 무기금고의 판결을 받은 자는 다음에 기재한 자격을 상실한다.
1. 공**무**원이 되는 자격
2. 공법상의 **선**거권과 피선거권
3. 법률로 요건을 정한 **공**법상의 업무에 관한 자격
4. 법인의 이**사**, 감사 또는 지배인 기타 법인의 업무에 관한 검사역이나 재산관리인이 되는 자격

② <u>유기징역 또는 유기금고의 판결을 받은 자</u>는 그 형의 집행이 종료하거나 면제될 때까지 전항 제1호 내지 제3호에 기재된 자격이 정지된다(→ 원칙적 당연정지). 다만, <u>다른 법률에 특별한 규정</u>이 있는 경우에는 그 법률에 따른다.

제44조【자격정지】 ① 전조에 기재한 자격의 전부 또는 일부에 대한 정지는 <u>1년 이상 15년 이하</u>로 한다 (→ 선고정지). 19. 승진

② <u>유기징역 또는 유기금고에 자격정지를 병과</u>한 때에는 징역 또는 금고의 <u>집행을 종료하거나 면제된 날로부터 정지기간을 기산</u>한다. 24. 교정9☆

6 기타 형벌 관련 규정

형법

제77조【형의 시효의 효과】형(사형은 제외한다)을 선고받은 자에 대해서는 시효가 완성되면 그 집행이 면제된다. 〈개정 2023.8.8.〉 15. 사시☆

제78조【형의 시효의 기간】시효는 형을 선고하는 재판이 확정된 후 그 집행을 받지 아니하고 다음 각 호의 구분에 따른 기간이 지나면 완성된다. 〈개정 2023.8.8.〉

1. 삭제(← 사형: 30년)
2. 무기의 징역 또는 금고: 20년
3. 10년 이상의 징역 또는 금고: 15년
4. 3년 이상의 징역이나 금고 또는 10년 이상의 자격정지: 10년
5. 3년 미만의 징역이나 금고 또는 5년 이상의 자격정지: 7년(←5년)
6. 5년 미만의 자격정지, 벌금, 몰수 또는 추징: 5년(←3년) 23. 보호7☆
7. 구류 또는 과료: 1년

제79조【형의 시효의 정지】① 시효는 형의 집행의 유예나 정지 또는 가석방 기타 집행할 수 없는 기간은 진행되지 아니한다.

② 시효는 형이 확정된 후 그 형의 집행을 받지 아니한 사람이 형의 집행을 면할 목적으로 국외에 있는 기간 동안은 진행되지 아니한다. 〈개정 2023.8.8.〉

제80조【형의 시효의 중단】시효는 징역, 금고 및 구류의 경우에는 수형자를 체포한 때, 벌금, 과료, 몰수 및 추징의 경우에는 강제처분을 개시한 때에 중단된다. 〈개정 2023.8.8.〉 13. 교정9

제81조【형의 실효】징역 또는 금고의 집행을 종료하거나 집행이 면제된 자가 피해자의 손해를 보상하고 자격정지 이상의 형을 받음이 없이 7년을 경과한 때에는 본인 또는 검사의 신청에 의하여 그 재판의 실효를 선고할 수 있다. 24. 교정9☆

제82조【복권】자격정지의 선고를 받은 자가 피해자의 손해를 보상하고 자격정지 이상의 형을 받음이 없이 정지기간의 2분의 1을 경과한 때에는 본인 또는 검사의 신청에 의하여 자격의 회복을 선고할 수 있다. 24. 교정9

사면법

제3조【사면 등의 대상】사면, 감형 및 복권의 대상은 다음 각 호와 같다.

1. 일반사면: 죄를 범한 자
2. 특별사면 및 감형: 형을 선고받은 자 23. 보호7

제5조【사면 등의 효과】① 사면, 감형 및 복권의 효과는 다음 각 호와 같다.

1. 일반사면: 형 선고의 효력이 상실되며, 형을 선고받지 아니한 자에 대하여는 공소권이 상실된다. 다만, 특별한 규정이 있을 때에는 예외로 한다. 23. 보호7☆
2. 특별사면: 형의 집행이 면제된다. 다만, 특별한 사정이 있을 때에는 이후 형 선고의 효력을 상실하게 할 수 있다.

② 형의 선고에 따른 기성의 효과는 사면, 감형 및 복권으로 인하여 변경되지 아니한다.

제7조【집행유예를 선고받은 자에 대한 사면 등】 형의 집행유예를 선고받은 자에 대하여는 형 선고의 효력을 상실하게 하는 특별사면 또는 형을 변경하는 감형을 하거나 그 유예기간을 단축할 수 있다. 23. 보호7

제8조【일반사면 등의 실시】 일반사면, 죄 또는 형의 종류를 정하여 하는 감형 및 일반에 대한 복권은 대통령령으로 한다. 이 경우 일반사면은 죄의 종류를 정하여 한다. 23. 보호7

제10조【특별사면 등의 상신】 ① 법무부장관은 대통령에게 특별사면, 특정한 자에 대한 감형 및 복권을 상신한다.

② 법무부장관은 제1항에 따라 특별사면, 특정한 자에 대한 감형 및 복권을 상신할 때에는 제10조의2에 따른 사면심사위원회의 심사를 거쳐야 한다.

제10조의2【사면심사위원회】 ① 제10조 제1항에 따른 특별사면, 특정한 자에 대한 감형 및 복권 상신의 적정성을 심사하기 위하여 법무부장관 소속으로 사면심사위원회를 둔다.

② 사면심사위원회는 위원장 1명을 포함한 9명의 위원으로 구성한다.

③ 위원장은 법무부장관이 되고, 위원은 법무부장관이 임명하거나 위촉하되, 공무원이 아닌 위원을 4명 이상 위촉하여야 한다.

04 보안처분론

1 보안처분론

1 서론

(1) 보안처분이란 범죄로부터 사회를 방위하는 데에 형벌만으로는 불충분·부적당한 경우에 **형벌을 보충·대체**하는 의미에서 범죄자 또는 범죄의 위험성이 있는 자에 대하여 국가가 과하는 형벌 이외의 범죄예방처분을 말한다.

(2) 광의의 보안처분은 행위자의 재범의 위험성을 방지하기 위하여 **특별예방**을 목적으로 하는 국가적 처분을 말하고, 특히 형법상의 보안처분을 협의의 보안처분이라고 한다. 12. 교정9

구분	형벌	보안처분
본질	응보	사회방위+교정
지도원칙	책임주의	비례성
기초	책임	사회적 위험성
목적	범죄진압	범죄예방
전제	과거의 범죄행위	장래의 위험한 성격
처분	형사처분(사법처분)	행정처분

2 법적 성격 24. 교정7☆

구분	이원주의	일원주의	대체주의
의의	① 응보형주의 전제 ② 형벌 ≠ 보안처분	① 교육형주의 전제 ② 형벌 = 보안처분	① 선고: 이원주의 ② 집행: 일원주의
논거	① 형벌은 **책임**을 기초로 한 과거행위에 대한 응보로서 형사처분 ② 보안처분은 장래의 위험성에 대한 예방조치로서 행정처분	형벌과 보안처분의 목적은 범죄인의 개선 및 사회복귀라는 점에서 동일(사회방위처분)	① 범죄인의 사회복귀를 위해서는 보안처분의 선집행이 합리적 ② 보안처분도 자유박탈·제한을 내용으로 하므로 형벌 목적의 달성 가능
대체	① 대체성 × ② 병과 ○	① 대체성 ○ ② 어느 하나만 선고·집행	① 대체성 ○ ② 기능적 대체 인정
선고	행정기관(행정처분)	법원(형사처분)	특별규정 필요
비판	① 이중처벌의 위험성 ② 벨첼(Welzel)의 상표사기	책임주의에 반할 위험성	① 책임주의와 불일치 ② 양자의 적용범위 불분명

3 기본원리와 적용요건

1. 보안처분법정주의

(1) 의의

① 보안처분법정주의란 형벌의 경우와 마찬가지로 보안처분에 대해서도 그 종류 · 요건 · 효과 등에 대해 미리 법률로 정해두어야 한다는 원칙이다.

② 현행 헌법 제12조 제1항에서는 보안처분법정주의를 선언하고 있다. 12. 교정9

(2) 구체적 내용

① 부정기 보안처분

㉠ 보안처분은 대상자가 재범의 위험성을 가지는 한 처분의 효과가 지속되어야 하기 때문에 부정기처분이 필요하다. 다만, 개인의 자유가 무제한 박탈 · 제한되어 인권이 침해될 우려가 있으므로, 그 상한을 정하는 것이 일반적이며 정기적으로 처분의 계속 여부를 심사해야 한다.

㉡ 절대적 부정기 보안처분은 금지되나, 상대적 부정기 보안처분은 허용된다고 본다.

② 소급효 금지

판례는 「형법」상의 보호관찰의 경우에는 소급효금지원칙의 적용을 부정하면서, 「가정폭력범죄의 처벌 등에 관한 특례법」상의 사회봉사명령에 대해서는 소급효금지원칙의 적용을 긍정하고 있다. 24. 보호9☆

2. 보안처분의 정당성

(1) 보안처분의 일차적 목적 · 과제는 형벌과 마찬가지로 일정한 법익침해로부터 사회를 방위하고 범죄인을 교화 · 개선함에 있다. 그러한 목적을 달성하기 위해서는 수단의 정당성이 있어야 하는데, 이는 비례성의 원칙에 의해 판단할 수 있다. 12. 교정9☆

(2) 비례성의 원칙은 일정한 목적의 실현을 위해 투입한 국가수단은 그 목적달성에 적합하고 필요하며 균형을 이루어야 한다는 것을 내용으로 한다.

4 종류

대인적 보안처분	장래의 범죄위험성 방지를 위한 '사람에 대한 보안처분'이다. 현행법상 보안처분은 모두 대인적 보안처분이다. 이는 자유침해의 정도에 따라 '자유박탈 보안처분'과 '자유제한 보안처분'으로 구분된다.	
	자유박탈 보안처분	보호감호, 치료감호, 사회치료처분, 교정처분, 노동개선처분, 보안감호처분 등
	자유제한 보안처분	보호관찰, 사회봉사명령, 수강명령, 전자감시, 선행보증, 직업금지, 거주제한, 국외추방, 주점출입금지, 단종거세 등
대물적 보안처분	범죄에 사용될 위험이 있는 '물건에 대한 보안처분'이다. 예 몰수, 영업장 폐쇄명령, 법인의 해산명령 등	

2 현행법상의 보안처분제도

1 「보호관찰 등에 관한 법률」

1. 보호관찰제도

(1) 장·단점

장점	① 시설 내 처우가 갖는 비효율성·비인도성·낙인효과를 회피할 수 있다(사회 내 처우). ② 사회적 접촉·유대를 지속시켜 범죄자의 효과적 사회복귀를 촉진한다. ③ 구금비용의 절감으로 국가의 재정부담을 경감시킨다. ④ 사회를 보호하면서 동시에 범죄자의 자유를 극대화할 수 있다. ⑤ 범죄자의 책임의식을 촉진·강화하여 자발적인 자기변화를 추구한다.
단점	① 보호관찰이 범죄의 사회적 원인인 사회환경을 변화시킬 수는 없다. ② 보호는 강제성이 있으므로, 범죄자의 자발성과 모순이 야기된다. ③ 보호관찰에 필요한 재원과 전문인력을 확보하기 어렵다. ④ 재범방지의 실증적 효과에 대해서도 의문이 제기된다. ⑤ 사회통제를 강화하는 수단이 될 수 있다(형사사법망의 확대). ⑥ 범죄의 심각성에 비해 범죄자에게 너무 관대하고, 범죄자를 사회에 방치함으로써 공공의 안전을 해할 우려가 있다. ⑦ 대상자가 너무 많아 충분한 지도·원호·감시·통제가 유명무실하다.

참고

1. 스미크라(Smykla)의 보호관찰 모형 21. 교정7☆

전통적 모형	보호관찰관이 지식인(Generalist)으로서 내부자원을 이용하여 지역적으로 균등배분된 대상자에 대해서 지도·감독에서 보도·원호에 이르기까지 다양한 기능을 수행하나 통제를 보다 중시하는 유형
프로그램 모형	보호관찰관이 전문가(Specialist)를 지향하나 목적수행을 위한 자원은 내부적으로 해결하려는 것으로서, 대상자를 분류하여 보호관찰관의 전문성에 따라 배정하게 되는 유형
옹호 모형	보호관찰관이 지식인(Generalist, 만능보호관찰관)으로서 외부 자원을 적극 활용하여 대상자가 다양하고 전문적인 사회적 서비스를 제공받을 수 있도록 무작위로 배정된 대상자들을 사회기관에 위탁하는 것을 주된 임무로 하는 유형
중개 모형 (중재 모형)	보호관찰관은 전문가(Specialist)로서 자신의 전문성에 맞게 배정된 대상자에 대하여 사회자원의 개발과 중개의 방법으로 외부 자원을 적극 활용하여 전문적인 보호관찰을 하는 것으로, 현대 교정이념에 가장 적합하다고 평가되는 유형

2. 오린(Ohlin)의 보호관찰관 유형 21. 교정7☆

복지적(Welfare) 보호관찰관	목표를 대상자에 대한 복지향상에 두고 지원 기능을 강조
처벌적(Punitive) 보호관찰관	대상자를 위협하여 규율에 동조하도록 강요하는 통제를 강조
보호적(Protective) 보호관찰관	통제 기능과 지원 기능을 적절히 조화
수동적(Passive) 보호관찰관	통제나 지원 모두에 소극적(최소한의 개입)

(2) 「보호관찰 등에 관한 법률」의 보호관찰 관련 내용

제3조【대상자】 ① 보호관찰을 받을 사람(이하 '보호관찰 대상자'라 한다)은 다음 각 호와 같다.
1. 「형법」 제59조의2에 따라 보호관찰을 조건으로 형의 선고유예를 받은 사람
2. 「형법」 제62조의2에 따라 보호관찰을 조건으로 형의 집행유예를 선고받은 사람
3. 「형법」 제73조의2 또는 이 법 제25조에 따라 보호관찰을 조건으로 가석방되거나 임시퇴원된 사람
4. 「소년법」 제32조 제1항 제4호 및 제5호의 보호처분(→ 단기·장기 보호관찰)을 받은 사람
5. 다른 법률에서 이 법에 따른 보호관찰을 받도록 규정된 사람

제5조【설치】 ① 보호관찰에 관한 사항을 심사·결정하기 위하여 법무부장관 소속으로 보호관찰심사위원회(이하 '심사위원회'라 한다)를 둔다.
② 심사위원회는 고등검찰청 소재지 등 대통령령으로 정하는 지역에 설치한다.

제6조【관장 사무】 심사위원회는 이 법에 따른 다음 각 호의 사항을 심사·결정한다. 20. 교정9☆
1. 가석방과 그 취소에 관한 사항 10. 사시
2. 임시퇴원, 임시퇴원의 취소 및 「보호소년 등의 처우에 관한 법률」 제43조 제3항에 따른 보호소년의 퇴원(이하 '퇴원'이라 한다)에 관한 사항
3. 보호관찰의 임시해제와 그 취소에 관한 사항
4. 보호관찰의 정지와 그 취소에 관한 사항
5. 가석방 중인 사람의 부정기형의 종료에 관한 사항
6. 이 법 또는 다른 법령에서 심사위원회의 관장 사무로 규정된 사항
7. 제1호부터 제6호까지의 사항과 관련된 사항으로서 위원장이 회의에 부치는 사항

제7조【구성】 ① 심사위원회는 위원장을 포함하여 5명 이상 9명 이하의 위원으로 구성한다. 20. 승진☆
② 심사위원회의 위원장은 고등검찰청 검사장 또는 고등검찰청 소속 검사 중에서 법무부장관이 임명한다.
③ 심사위원회의 위원은 판사, 검사, 변호사, 보호관찰소장, 지방교정청장, 교도소장, 소년원장 및 보호관찰에 관한 지식과 경험이 풍부한 사람 중에서 법무부장관이 임명하거나 위촉한다. 13. 교정9

제14조【보호관찰소의 설치】 ① 보호관찰, 사회봉사, 수강 및 갱생보호에 관한 사무를 관장하기 위하여 법무부장관 소속으로 보호관찰소를 둔다.

제15조【보호관찰소의 관장 사무】 보호관찰소(보호관찰지소를 포함한다. 이하 같다)는 다음 각 호의 사무를 관장한다.
1. 보호관찰, 사회봉사명령 및 수강명령의 집행
2. 갱생보호
3. 검사가 보호관찰관이 선도함을 조건으로 공소제기를 유예하고 위탁한 선도 업무(→ 소년·성인 불문)
4. 제18조에 따른 범죄예방 자원봉사위원에 대한 교육훈련 및 업무지도
5. 범죄예방활동
6. 이 법 또는 다른 법령에서 보호관찰소의 관장 사무로 규정된 사항

제19조【판결 전 조사】 ① 법원은 피고인(→ 소년·성인 불문)에 대하여 「형법」 제59조의2(→ 선고유예 시 보호관찰) 및 제62조의2(→ 집행유예 시 보호관찰, 사회봉사·수강명령)에 따른 보호관찰, 사회봉사 또는 수강을 명하기 위하여 필요하다고 인정하면 그 법원의 소재지 또는 피고인의 주거지를 관할하는 보호관찰소의 장에게 범행 동기, 직업, 생활환경, 교우관계, 가족상황, 피해회복 여부 등 피고인에 관한 사항의 조사를 요구할 수 있다. 23. 교정9☆

② 제1항의 요구를 받은 보호관찰소의 장은 지체 없이 이를 조사하여 <u>서면으로</u> 해당 법원에 알려야 한다. 이 경우 필요하다고 인정하면 피고인이나 그 밖의 관계인을 소환하여 심문하거나 소속 보호관찰관에게 필요한 사항을 조사하게 할 수 있다. 23. 교정9

③ 법원은 제1항의 요구를 받은 보호관찰소의 장에게 조사진행상황에 관한 보고를 요구할 수 있다. 23. 교정9

제19조의2 【결정 전 조사】 ① <u>법원</u>은 「소년법」 제12조에 따라 <u>소년 보호사건에 대한 조사 또는 심리를 위하여</u> 필요하다고 인정하면 그 법원의 소재지 또는 소년의 주거지를 관할하는 <u>보호관찰소의 장에게</u> 소년의 품행, 경력, 가정상황, 그 밖의 환경 등 <u>필요한 사항에 관한 조사를 의뢰할 수 있다.</u> 23. 교정9☆

제21조 【교도소장 등의 통보의무】 ① <u>교도소 · 구치소 · 소년교도소의 장</u>은 징역 또는 금고의 형을 선고받은 소년(이하 "소년수형자"라 한다)이 「소년법」 제65조 각 호의 기간(→ <u>무기형의 경우에는 5년, 15년 유기형의 경우에는 3년, 부정기형의 경우에는 단기의 3분의 1)</u>을 지나면 그 교도소 · 구치소 · 소년교도소의 소재지를 관할하는 <u>심사위원회에 그 사실을 통보하여야 한다.</u> 24. 보호9

② 소년원장은 보호소년이 <u>수용된 후 6개월</u>이 지나면 그 소년원의 소재지를 관할하는 심사위원회에 그 사실을 통보하여야 한다.

제23조 【가석방 · 퇴원 및 임시퇴원의 심사와 결정】 ① 심사위원회는 제22조 제1항에 따른 신청을 받으면 소년수형자에 대한 가석방 또는 보호소년에 대한 퇴원 · 임시퇴원이 적절한지를 심사하여 결정한다.

③ 심사위원회는 제1항 또는 제2항에 따라 소년수형자의 가석방이 적절한지를 심사할 때에는 보호관찰의 필요성을 심사하여 결정한다.

제24조 【성인수형자에 대한 보호관찰의 심사와 결정】 ① 심사위원회는 「형의 집행 및 수용자의 처우에 관한 법률」 제122조에 따라 <u>가석방되는 사람(→ 성인수형자)</u>에 대하여 보호관찰의 필요성을 심사하여 결정한다.

제25조 【법무부장관의 허가】 심사위원회는 제23조에 따른 심사 결과 <u>가석방, 퇴원 또는 임시퇴원</u>이 적절하다고 결정한 경우 및 제24조에 따른 심사 결과 보호관찰이 필요없다고 결정한 경우에는 결정서에 관계 서류를 첨부하여 법무부장관에게 이에 대한 허가를 <u>신청</u>하여야 하며, 법무부장관은 심사위원회의 결정이 정당하다고 인정하면 이를 허가할 수 있다.

제26조 【환경조사】 ① <u>수용기관 · 병원 · 요양소 · 「보호소년 등의 처우에 관한 법률」에 따른 소년의료보호시설의 장</u>은 소년수형자 및 「소년법」 제32조 제1항 제7호 · 제9호 · 제10호(→ 병원 등 위탁 · 단기 소년원 송치 · 장기 소년원 송치)의 보호처분 중 어느 하나에 해당하는 처분을 받은 사람(이하 '수용자'라 한다)을 수용한 경우에는 지체 없이 거주예정지를 관할하는 <u>보호관찰소의 장에게 신상조사서를</u> 보내 환경조사를 의뢰하여야 한다. 16. 보호7

제28조 【성인수형자에 대한 보호관찰 사안조사】 ① <u>교도소 · 구치소 · 소년교도소의 장</u>은 징역 또는 금고 이상의 형을 선고받은 성인(이하 '성인수형자'라 한다)에 대하여 「형의 집행 및 수용자의 처우에 관한 법률」 제121조에 따라 가석방심사위원회에 가석방 적격심사신청을 할 때에는 신청과 동시에 가석방 적격심사신청 대상자의 <u>명단과 신상조사서를</u> 해당 교도소 · 구치소 · 소년교도소의 소재지를 관할하는 <u>심사위원회에</u> 보내야 한다.

제29조 【보호관찰의 개시 및 신고】 ① 보호관찰은 <u>법원의 판결이나 결정이 확정된 때</u> 또는 가석방 · 임시퇴원된 때부터 시작된다. 24. 보호9☆

제30조 【보호관찰의 기간】 보호관찰 대상자는 다음 각 호의 구분에 따른 기간에 보호관찰을 받는다. 24. 보호9☆

1. 보호관찰을 조건으로 형의 선고유예를 받은 사람: 1년
2. 보호관찰을 조건으로 형의 집행유예를 선고받은 사람: 그 유예기간. 다만, 법원이 보호관찰 기간을 따로 정한 경우에는 그 기간
3. 가석방자: 「형법」제73조의2 또는 「소년법」제66조에 규정된 기간(→ 10년, 남은 형기 / 가석방 전에 집행을 받은 기간과 같은 기간)
4. 임시퇴원자: 퇴원일부터 6개월 이상 2년 이하의 범위에서 심사위원회가 정한 기간
5. 「소년법」제32조 제1항 제4호 및 제5호(→ 단기·장기 보호관찰)의 보호처분을 받은 사람: 그 법률에서 정한 기간
6. 다른 법률에 따라 이 법에서 정한 보호관찰을 받는 사람: 그 법률에서 정한 기간

제31조【보호관찰 담당자】 보호관찰은 보호관찰 대상자의 주거지를 관할하는 보호관찰소 소속 보호관찰관이 담당한다. 16. 보호7

제32조【보호관찰 대상자의 준수사항】 ② 보호관찰 대상자는 다음 각 호의 사항을 지켜야 한다(→ 일반준수사항). 23. 교정7☆
1. 주거지에 상주하고 생업에 종사할 것
2. 범죄로 이어지기 쉬운 나쁜 습관을 버리고 선행을 하며 범죄를 저지를 염려가 있는 사람들과 교제하거나 어울리지 말 것
3. 보호관찰관의 지도·감독에 따르고 방문하면 응대할 것
4. 주거를 이전하거나 1개월 이상 국내외 여행을 할 때에는 미리 보호관찰관에게 신고할 것
③ 법원 및 심사위원회는 판결의 선고 또는 결정의 고지를 할 때에는 제2항의 준수사항 외에 범죄의 내용과 종류 및 본인의 특성 등을 고려하여 필요하면 보호관찰기간의 범위에서 기간을 정하여 다음 각 호의 사항을 특별히 지켜야 할 사항으로 따로 과할 수 있다(→ 특별준수사항). 23. 교정7☆
   1. 야간 등 재범의 기회나 충동을 줄 수 있는 특정 시간대의 외출 제한
   2. 재범의 기회나 충동을 줄 수 있는 특정 지역·장소의 출입 금지
   3. 피해자 등 재범의 대상이 될 우려가 있는 특정인에 대한 접근 금지
   4. 범죄행위로 인한 손해를 회복하기 위하여 노력할 것
   5. 일정한 주거가 없는 자에 대한 거주장소 제한
   6. 사행행위에 빠지지 아니할 것
   7. 일정량 이상의 음주를 하지 말 것
   8. 마약 등 중독성 있는 물질을 사용하지 아니할 것
   9. 「마약류 관리에 관한 법률」상의 마약류 투약, 흡연, 섭취 여부에 관한 검사에 따를 것
   10. 그 밖에 보호관찰 대상자의 재범방지를 위하여 필요하다고 인정되어 대통령령(→ 시행령 제19조)으로 정하는 사항
④ 보호관찰 대상자가 제2항 또는 제3항의 준수사항을 위반하거나 사정변경의 상당한 이유가 있는 경우에는 법원은 보호관찰소의 장의 신청 또는 검사의 청구에 따라, 심사위원회는 보호관찰소의 장의 신청에 따라 각각 준수사항의 전부 또는 일부를 추가, 변경하거나 삭제할 수 있다. 10. 교정9
⑤ 제2항부터 제4항까지의 준수사항은 서면으로 고지하여야 한다.

제33조의2【분류처우】 ① 보호관찰소의 장은 범행 내용, 재범위험성 등 보호관찰 대상자의 개별적 특성을 고려하여 그에 알맞은 지도·감독의 방법과 수준에 따라 분류처우를 하여야 한다. 16. 보호7

제38조【경고】 보호관찰소의 장은 보호관찰 대상자가 제32조의 준수사항을 위반하거나 위반할 위험성이 있다고 인정할 상당한 이유가 있는 경우에는 준수사항의 이행을 촉구하고 형의 집행 등 불리한 처분을 받을 수 있음을 경고할 수 있다.

제39조【구인】 ① 보호관찰소의 장은 보호관찰 대상자가 제32조의 준수사항을 위반하였거나 위반하였다고 의심할 상당한 이유가 있고, 다음 각 호의 어느 하나에 해당하는 사유가 있는 경우에는 관할 지방검찰청의 검사에게 신청하여 검사의 청구로 관할 지방법원 판사의 구인장을 발부받아 보호관찰 대상자를 구인할 수 있다. 24. 보호9☆

1. 일정한 주거가 없는 경우
2. 제37조 제1항에 따른 소환에 따르지 아니한 경우
3. 도주한 경우 또는 도주할 염려가 있는 경우

② 제1항의 구인장은 검사의 지휘에 따라 보호관찰관이 집행한다. 다만, 보호관찰관이 집행하기 곤란한 경우에는 사법경찰관리에게 집행하게 할 수 있다.

제40조【긴급구인】 ① 보호관찰소의 장은 제32조의 준수사항을 위반한 보호관찰 대상자가 제39조 제1항 각 호의 어느 하나에 해당하는 사유(→ 주거, 소환, 도주)가 있는 경우로서 긴급하여 제39조에 따른 구인장을 발부받을 수 없는 경우에는 그 사유를 알리고 구인장 없이 그 보호관찰 대상자를 구인할 수 있다. 이 경우 긴급하다 함은 해당 보호관찰 대상자를 우연히 발견한 경우 등과 같이 구인장을 발부받을 시간적 여유가 없는 경우를 말한다. 14. 교정7

② 보호관찰소의 장은 제1항에 따라 보호관찰 대상자를 구인한 경우에는 긴급구인서를 작성하여 즉시 관할 지방검찰청 검사의 승인을 받아야 한다. 19. 승진☆

③ 보호관찰소의 장은 제2항에 따른 승인을 받지 못하면 즉시 보호관찰 대상자를 석방하여야 한다. 14. 교정7

제41조【구인기간】 보호관찰소의 장은 제39조 또는 제40조에 따라 보호관찰 대상자를 구인하였을 때에는 제42조에 따라 유치 허가를 청구한 경우를 제외하고는 구인한 때부터 48시간 이내에 석방하여야 한다. 다만, 제42조 제2항에 따른 유치 허가를 받지 못하면 즉시 보호관찰 대상자를 석방하여야 한다. 19. 승진

제42조【유치】 ① 보호관찰소의 장은 다음 각 호의 신청이 필요하다고 인정되면 제39조 또는 제40조에 따라 구인한 보호관찰 대상자를 수용기관 또는 소년분류심사원에 유치할 수 있다. 19. 교정7

1. 제47조에 따른 보호관찰을 조건으로 한 형(벌금형을 제외한다)의 선고유예의 실효 및 집행유예의 취소 청구의 신청
2. 제48조에 따른 가석방 및 임시퇴원의 취소 신청
3. 제49조에 따른 보호처분의 변경 신청

② 제1항에 따른 유치를 하려는 경우에는 보호관찰소의 장이 검사에게 신청하여 검사의 청구로 관할 지방법원 판사의 허가를 받아야 한다. 이 경우 검사는 보호관찰 대상자가 구인된 때부터 48시간 이내에 유치 허가를 청구하여야 한다. 24. 보호9☆

③ 보호관찰소의 장은 유치 허가를 받은 때부터 24시간 이내에 제1항 각 호의 신청을 하여야 한다. 24. 보호9☆

④ 검사는 보호관찰소의 장으로부터 제1항 제1호의 신청을 받고 그 이유가 타당하다고 인정되면 48시간 이내에 관할 지방법원에 보호관찰을 조건으로 한 형의 선고유예의 실효 또는 집행유예의 취소를 청구하여야 한다.

제43조【유치기간】 ① 제42조에 따른 유치의 기간은 제39조 제1항 또는 제40조 제1항에 따라 <u>구인한 날부터 20일</u>로 한다. 19. 교정7

② 법원은 제42조 제1항 제1호 또는 제3호에 따른 신청(→ <u>선고유예의 실효 및 집행유예의 취소 청구의 신청, 보호처분의 변경 신청</u>)이 있는 경우에 심리를 위하여 필요하다고 인정되면 <u>심급마다 20일의 범위에서 한 차례만</u> 유치기간을 연장할 수 있다. 19. 교정7

③ 보호관찰소의 장은 제42조 제1항 제2호에 따른 신청(→ <u>가석방 및 임시퇴원의 취소 신청</u>)이 있는 경우에 심사위원회의 심사에 필요하면 검사에게 신청하여 검사의 청구로 지방법원 <u>판사의 허가</u>를 받아 <u>10일의 범위에서 한 차례만</u> 유치기간을 연장할 수 있다. 19. 승진

제45조【유치기간의 형기 산입】 제42조에 따라 <u>유치</u>된 사람에 대하여 보호관찰을 조건으로 한 형의 <u>선고유예</u>가 실효되거나 집행유예가 취소된 경우 또는 가석방이 취소된 경우에는 그 <u>유치기간을 형기에 산입</u>한다. 24. 보호9☆

제46조의2【보호장구의 사용】 ① <u>보호관찰소 소속 공무원</u>은 보호관찰 대상자가 다음 각 호의 어느 하나에 해당하고, <u>정당한 직무집행 과정에서 필요</u>하다고 인정되는 상당한 이유가 있으면 제46조의3 제1항에 따른 보호장구를 사용할 수 있다.

1. 제39조 및 제40조에 따라 <u>구인 또는 긴급구인</u>한 보호관찰 대상자를 보호관찰소에 인치하거나 수용기관 등에 유치하기 위해 호송하는 때
2. 제39조 및 제40조에 따라 <u>구인 또는 긴급구인</u>한 보호관찰 대상자가 도주하거나 도주할 우려가 있는 때
3. <u>위력</u>으로 보호관찰소 소속 공무원의 정당한 직무집행을 방해하는 때
4. 자살 · 자해 또는 다른 사람에 대한 위해의 우려가 큰 때
5. 보호관찰소 시설의 설비 · 기구 등을 손괴하거나 그 밖에 시설의 안전 또는 질서를 해칠 우려가 큰 때

제46조의3【보호장구의 종류 및 사용요건】 ① 보호장구의 종류는 다음 각 호와 같다. 19. 승진☆

1. <u>수갑</u>
2. <u>포승</u>
3. <u>보호대</u>
4. <u>가스총</u>
5. <u>전자충격기</u>

② 보호장구의 종류별 사용요건은 다음 각 호와 같다.

1. <u>수갑 · 포승 · 보호대</u>: 제46조의2 제1항 <u>제1호부터 제5호까지</u>의 어느 하나에 해당하는 때
2. <u>가스총</u>: 제46조의2 제1항 <u>제2호부터 제5호까지</u>(→ 호송 ✕)의 어느 하나에 해당하는 때
3. <u>전자충격기</u>: 제46조의2 제1항 <u>제2호부터 제5호까지</u>(→ 호송 ✕)의 어느 하나에 해당하는 경우로서 상황이 긴급하여 다른 보호장구만으로는 그 목적을 달성할 수 없는 때

제46조의4【보호장구 사용의 고지 등】 ① 제46조의3 제1항 제1호부터 제3호까지의 보호장구(→ 수갑, 포승, 보호대)를 사용할 경우에는 보호관찰 대상자에게 그 <u>사유를 알려주어야 한다</u>. 다만, <u>상황이 급박하여 시간적인 여유가 없을 때에는 보호장구 사용 직후 지체 없이 알려주어야 한다</u>.

② 제46조의3 제1항 제4호 및 제5호의 보호장구(→ 가스총, 전자충격기)를 사용할 경우에는 <u>사전에 상대방에게 이를 경고하여야 한다</u>. 다만, <u>상황이 급박하여 경고할 시간적인 여유가 없는 때에는 그러하지 아니하다</u>.

제47조【보호관찰을 조건으로 한 형의 선고유예의 실효 및 집행유예의 취소】 ①「형법」제61조 제2항에 따른 선고유예의 실효(→ 임의적 실효) 및 같은 법 제64조 제2항에 따른 집행유예의 취소(→ 임의적 취소)는 검사가 보호관찰소의 장의 신청을 받아 법원에 청구한다. 20. 교정9

제51조【보호관찰의 종료】 ① 보호관찰은 보호관찰 대상자가 다음 각 호의 어느 하나에 해당하는 때에 종료한다. 23. 보호7☆

1. 보호관찰기간이 지난 때
2. 「형법」제61조에 따라 보호관찰을 조건으로 한 형의 선고유예가 실효되거나 같은 법 제63조 또는 제64조에 따라 보호관찰을 조건으로 한 집행유예가 실효되거나 취소된 때
3. 제48조 또는 다른 법률에 따라 가석방 또는 임시퇴원이 실효되거나 취소된 때
4. 제49조에 따라 보호처분이 변경된 때
5. 제50조에 따른 부정기형 종료 결정이 있는 때
6. 제53조에 따라 보호관찰이 정지된 임시퇴원자가「보호소년 등의 처우에 관한 법률」제43조 제1항의 나이(→ 22세)가 된 때
7. 다른 법률에 따라 보호관찰이 변경되거나 취소·종료된 때

② 보호관찰 대상자가 보호관찰기간 중 금고 이상의 형의 집행을 받게 된 때에는 해당 형의 집행기간 동안 보호관찰 대상자에 대한 보호관찰기간은 계속 진행되고, 해당 형의 집행이 종료·면제되거나 보호관찰 대상자가 가석방된 경우 보호관찰기간이 남아있는 때에는 그 잔여기간 동안 보호관찰을 집행한다.

제52조【임시해제】 ① 심사위원회는 보호관찰 대상자의 성적이 양호할 때에는 보호관찰소의 장의 신청을 받거나 직권으로 보호관찰을 임시해제할 수 있다.

② 임시해제 중에는 보호관찰을 하지 아니한다. 다만, 보호관찰 대상자는 준수사항을 계속하여 지켜야 한다. 23. 보호7

③ 심사위원회는 임시해제 결정을 받은 사람에 대하여 다시 보호관찰을 하는 것이 적절하다고 인정되면 보호관찰소의 장의 신청을 받거나 직권으로 임시해제 결정을 취소할 수 있다.

④ 제3항에 따라 임시해제 결정이 취소된 경우에는 그 임시해제기간을 보호관찰기간에 포함한다. 23. 보호7☆

제56조【군법 적용 대상자에 대한 특례】「군사법원법」제2조 제1항 각 호의 어느 하나에 해당하는 사람에게는 이 법을 적용하지 아니한다. 13. 교정7

⚖ **관련 판례** │ 보호관찰 대상자에 대한 특별준수사항을 사회봉사·수강명령 대상자에게 적용할 수 있는지 여부

보호관찰명령 없이 사회봉사·수강명령만 선고하는 경우, 보호관찰 대상자에 대한 특별준수사항을 사회봉사·수강명령 대상자에게 그대로 적용할 수 있는지 여부(소극) – (중략) 보호관찰명령이 보호관찰기간 동안 바른 생활을 영위할 것을 요구하는 추상적 조건의 부과이거나 악행을 하지 말 것을 요구하는 소극적인 부작위조건의 부과인 반면, 사회봉사명령·수강명령은 특정 시간 동안의 적극적인 작위의무를 부과하는 데 그 특징이 있다는 점 등에 비추어 보면, 사회봉사·수강명령 대상자에 대한 특별준수사항은 보호관찰 대상자에 대한 것과 같을 수 없고, 따라서 보호관찰 대상자에 대한 특별준수사항을 사회봉사·수강명령 대상자에게 그대로 적용하는 것은 적합하지 않다. [대결 2009.3.30, 2008모1116] 20. 승진☆

2. 사회봉사 · 수강명령제도

(1) 의의
① **사회봉사명령제도**: 비교적 죄질이 가벼운 범죄자나 비행소년을 시설에 수용하는 대신에 정상적인 사회생활을 영위하게 하면서 일정기간 <u>무보수로 사회봉사활동</u>을 하도록 강제하는 제도이다.
② **수강명령제도**: 유죄가 인정된 범죄자나 비행소년을 교화 · 개선하기 위해 일정기간 <u>강의 · 교육</u>을 받도록 하는 제도이다.

(2) 취지
① **사회봉사명령제도**: 단기(또는 중기)자유형의 대체, 과밀수용의 해소, 형벌의 다양화, 구금에 대한 회의, 사회에 대한 배상 등의 이유로 도입되었다. 17. 교정9
② **수강명령제도**: 범죄자의 여가시간을 박탈하여 처벌의 효과를 거두는 동시에 여가를 건전하게 활용하도록 함으로써 교육적 · 개선적 효과를 달성함에 목적이 있다. 17. 교정9

(3) 연혁
① 1972년 영국에서 당사자의 동의를 기초로 하는 사회봉사제도가 도입되었다. 이는 보호관찰보다 형벌적 성격이 강하면서 동시에 단기자유형을 대체할 수 있는 장점을 가지는 것이었다.
② 우리나라는 당사자의 동의를 전제로 하지 않는다. 11. 교정9

(4) 장 · 단점

장점	① <u>악풍감염 및 낙인을 회피</u>할 수 있고, 범죄자의 <u>사회복귀를 도모</u>할 수 있다. ② 시설 내 처우 및 다른 사회 내 처우보다 경제적이다. ③ 다양한 형벌 목적과 결합시켜 자유형에 상응한 형벌 효과를 거둘 수 있으므로 <u>형벌의 다양화에 기여</u>한다. 11. 교정9 ④ 범죄자를 사회에 봉사하는 능동적 주체로 전환시킬 수 있다. ⑤ 봉사활동을 강제함으로써 형벌의 엄격성을 유지할 수 있다.
단점	① <u>유용성을 실증하기 어렵다.</u> ② 위반 시 처리기준이 명확하게 확립되어 있지 않다. ③ 대상자의 선정 및 봉사시간의 기준이 불명확하고, 공정하게 운용하는 것이 어렵다. ④ 정상적인 직업활동을 저해할 우려가 있다. 11. 교정9 ⑤ 대상자에 대한 <u>또 다른 낙인</u>으로 작용할 우려가 있다. 11. 교정9

(5) 「보호관찰 등에 관한 법률」의 사회봉사 · 수강명령 관련 내용

> **제3조【대상자】** ② 사회봉사 또는 수강을 하여야 할 사람(이하 '사회봉사 · 수강명령 대상자'라 한다)은 다음 각 호와 같다.
> 1. 「형법」 제62조의2에 따라 사회봉사 또는 수강을 조건으로 형의 <u>집행유예</u>를 선고받은 사람
> 2. 「소년법」 제32조에 따라 사회봉사명령 또는 수강명령을 받은 사람
> 3. 다른 법률에서 이 법에 따른 사회봉사 또는 수강을 받도록 규정된 사람

제59조【사회봉사명령·수강명령의 범위】① 법원은 「형법」 제62조의2(→ 집행유예 시 보호관찰, 사회봉사·수강명령)에 따른 사회봉사를 명할 때에는 500시간, 수강을 명할 때에는 200시간의 범위에서 그 기간을 정하여야 한다. 다만, 다른 법률에 특별한 규정이 있는 경우에는 그 법률에서 정하는 바에 따른다. 22. 교정7☆

② 법원은 제1항의 경우에 사회봉사·수강명령 대상자가 사회봉사를 하거나 수강할 분야와 장소 등을 지정할 수 있다. 16. 교정9

제60조【판결의 통지 등】① 법원은 「형법」 제62조의2에 따른 사회봉사 또는 수강을 명하는 판결이 확정된 때부터 3일 이내에 판결문 등본 및 준수사항을 적은 서면을 피고인의 주거지를 관할하는 보호관찰소의 장에게 보내야 한다. 20. 교정9

제61조【사회봉사·수강명령 집행담당자】① 사회봉사명령 또는 수강명령은 보호관찰관이 집행한다. 다만, 보호관찰관은 국공립기관이나 그 밖의 단체에 그 집행의 전부 또는 일부를 위탁할 수 있다. 22. 교정7☆

② 보호관찰관은 사회봉사명령 또는 수강명령의 집행을 국공립기관이나 그 밖의 단체에 위탁한 때에는 이를 법원 또는 법원의 장에게 통보하여야 한다. 11. 교정7

제62조【사회봉사·수강명령 대상자의 준수사항】① 사회봉사·수강명령 대상자는 대통령령으로 정하는 바에 따라 주거, 직업, 그 밖에 필요한 사항을 관할 보호관찰소의 장에게 신고하여야 한다. 11. 교정7

② 사회봉사·수강명령 대상자는 다음 각 호의 사항을 준수하여야 한다. 20. 교정9☆

1. 보호관찰관의 집행에 관한 지시에 따를 것

2. 주거를 이전하거나 1개월 이상 국내외 여행을 할 때에는 미리 보호관찰관에게 신고할 것

③ 법원은 판결의 선고를 할 때 제2항의 준수사항 외에 대통령령으로 정하는 범위에서 본인의 특성 등을 고려하여 특별히 지켜야 할 사항을 따로 과할 수 있다.

④ 제2항과 제3항의 준수사항은 서면으로 고지하여야 한다.

제63조【사회봉사·수강의 종료】① 사회봉사·수강은 사회봉사·수강명령 대상자가 다음 각 호의 어느 하나에 해당하는 때에 종료한다. 22. 보호7

1. 사회봉사명령 또는 수강명령의 집행을 완료한 때

2. 형의 집행유예기간이 지난 때

3. 「형법」 제63조 또는 제64조에 따라 사회봉사·수강명령을 조건으로 한 집행유예의 선고가 실효되거나 취소된 때

4. 다른 법률에 따라 사회봉사·수강명령이 변경되거나 취소·종료된 때

② 사회봉사·수강명령 대상자가 사회봉사·수강명령 집행 중 금고 이상의 형의 집행을 받게 된 때에는 해당 형의 집행이 종료·면제되거나 사회봉사·수강명령 대상자가 가석방된 경우 잔여 사회봉사·수강명령을 집행한다. 24. 보호9☆

3. 갱생보호

(1) 의의

협의의 갱생보호	수용시설에서 형사처분·보호처분의 집행 후에 출소한 자를 후견·지도·보호하는 활동(석방자 보호)이다.
광의의 갱생보호	협의의 갱생보호를 포함하여 일체의 법적 구금상태에서 벗어난 자(집행유예·선고유예 등)를 대상으로 후견·지도·보호하는 활동이다.

임의적 갱생보호	① 출소자의 동의·신청을 전제로 하여 물질적·정신적 원조를 제공하는 것이다. ② 우리나라는 신청을 전제로 하는 임의적 갱생보호를 원칙으로 한다.
강제적 갱생보호	① 국가가 출소자를 강제적으로 일정기간 보호하는 것이다. ② 보호관찰부 유예제도 및 보호관찰부 가석방제도가 이에 해당한다.

(2) 「보호관찰 등에 관한 법률」의 갱생보호 관련 내용

> **제3조【대상자】** ③ 갱생보호를 받을 사람(이하 '갱생보호 대상자'라 한다)은 형사처분 또는 보호처분을 받은 사람으로서 자립갱생을 위한 숙식 제공, 주거 지원, 창업 지원, 직업훈련 및 취업 지원 등 보호의 필요성이 인정되는 사람으로 한다. 19. 승진☆
>
> **제65조【갱생보호의 방법】** ① 갱생보호는 다음 각 호의 방법으로 한다. 15. 교정7☆
> 1. 숙식 제공
> 2. 주거 지원
> 3. 창업 지원
> 4. 직업훈련 및 취업 지원
> 5. 출소예정자 사전상담
> 6. 갱생보호 대상자의 가족에 대한 지원
> 7. 심리상담 및 심리치료
> 8. 사후관리
> 9. 그 밖에 갱생보호 대상자에 대한 자립 지원
>
> **제66조【갱생보호의 신청 및 조치】** ① 갱생보호 대상자와 관계 기관은 보호관찰소의 장, 제67조 제1항에 따라 갱생보호사업 허가를 받은 자 또는 제71조에 따른 한국법무보호복지공단에 갱생보호 신청을 할 수 있다(→ 임의적 갱생보호). 21. 교정9☆
>
> **제67조【갱생보호사업의 허가】** ① 갱생보호사업을 하려는 자는 법무부령으로 정하는 바에 따라 법무부장관의 허가를 받아야 한다. 허가받은 사항을 변경하려는 경우에도 또한 같다. 15. 교정7☆
>
> **제70조의2【청문】** 법무부장관은 제70조에 따라 갱생보호사업의 허가를 취소하거나 정지하려는 경우에는 청문을 하여야 한다. 21. 교정9☆
>
> **제71조【한국법무보호복지공단의 설립】** 갱생보호사업을 효율적으로 추진하기 위하여 한국법무보호복지공단(이하 '공단'이라 한다)을 설립한다. 21. 교정9☆

2 「치료감호 등에 관한 법률」

> **제1조【목적】** 이 법은 심신장애 상태, 마약류·알코올이나 그 밖의 약물중독 상태, 정신성적 장애가 있는 상태 등에서 범죄행위를 한 자로서 재범의 위험성이 있고 특수한 교육·개선 및 치료가 필요하다고 인정되는 자에 대하여 적절한 보호와 치료를 함으로써 재범을 방지하고 사회복귀를 촉진하는 것을 목적으로 한다. 14. 보호7
>
> **제2조【치료감호 대상자】** ① 이 법에서 '치료감호 대상자'란 다음 각 호의 어느 하나에 해당하는 자로서 치료감호시설에서 치료를 받을 필요가 있고 재범의 위험성이 있는 자를 말한다. 21. 교정9☆

1. 「형법」 제10조 제1항(→ 심신상실)에 따라 벌하지 아니하거나 같은 조 제2항(→ 심신미약)에 따라 형을 감경할 수 있는 심신장애인으로서 금고 이상의 형에 해당하는 죄를 지은 자

2. 마약·향정신성 의약품·대마, 그 밖에 남용되거나 해독을 끼칠 우려가 있는 물질이나 알코올을 식음·섭취·흡입·흡연 또는 주입받는 습벽이 있거나 그에 중독된 자로서 금고 이상의 형에 해당하는 죄를 지은 자

3. 소아성기호증, 성적가학증 등 성적 성벽이 있는 정신성적 장애인으로서 금고 이상의 형에 해당하는 성폭력 범죄를 지은 자

제2조의3【치료명령 대상자】 이 법에서 '치료명령 대상자'란 다음 각 호의 어느 하나에 해당하는 자로서 통원치료를 받을 필요가 있고 재범의 위험성이 있는 자를 말한다.

1. 「형법」 제10조 제2항(→ 심신미약)에 따라 형을 감경할 수 있는 심신장애인으로서 금고 이상의 형에 해당하는 죄를 지은 자

2. 알코올을 식음하는 습벽이 있거나 그에 중독된 자로서 금고 이상의 형에 해당하는 죄를 지은 자

3. 마약·향정신성의약품·대마, 그 밖에 대통령령으로 정하는 남용되거나 해독을 끼칠 우려가 있는 물질을 식음·섭취·흡입·흡연 또는 주입받는 습벽이 있거나 그에 중독된 자로서 금고 이상의 형에 해당하는 죄를 지은 자

제3조【관할】 ② 치료감호사건의 제1심 재판관할은 지방법원합의부 및 지방법원지원 합의부로 한다. 이 경우 치료감호가 청구된 치료감호 대상자(이하 '피치료감호 청구인'이라 한다)에 대한 치료감호사건과 피고사건의 관할이 다른 때에는 치료감호사건의 관할에 따른다. 15. 사시☆

제4조【검사의 치료감호 청구】 ① 검사는 치료감호 대상자가 치료감호를 받을 필요가 있는 경우 관할 법원에 치료감호를 청구할 수 있다. 11. 교정7

② 치료감호 대상자에 대한 치료감호를 청구할 때에는 정신건강의학과 등의 전문의의 진단이나 감정을 참고하여야 한다. 다만, 제2조 제1항 제3호에 따른 치료감호 대상자(→ 정신성적 장애인)에 대하여는 정신건강의학과 등의 전문의의 진단이나 감정을 받은 후 치료감호를 청구하여야 한다. 12. 사시

⑤ 검사는 공소제기한 사건의 항소심 변론종결 시까지 치료감호를 청구할 수 있다. 11. 사시

⑦ 법원은 공소제기된 사건의 심리 결과 치료감호를 할 필요가 있다고 인정할 때에는 검사에게 치료감호 청구를 요구할 수 있다. 18. 승진☆

제7조【치료감호의 독립 청구】 검사는 다음 각 호의 어느 하나에 해당하는 경우에는 공소를 제기하지 아니하고 치료감호만을 청구할 수 있다. 20. 보호7☆

1. 피의자가 「형법」 제10조 제1항(→ 심신상실)에 해당하여 벌할 수 없는 경우

2. 고소·고발이 있어야 논할 수 있는 죄(→ 친고죄)에서 그 고소·고발이 없거나 취소된 경우 또는 피해자의 명시적인 의사에 반하여 논할 수 없는 죄(→ 반의사불벌죄)에서 피해자가 처벌을 원하지 아니한다는 의사표시를 하거나 처벌을 원한다는 의사표시를 철회한 경우

3. 피의자에 대하여 「형사소송법」 제247조에 따라 공소를 제기하지 아니하는 결정(→ 기소유예결정)을 한 경우

제8조【치료감호 청구와 구속영장의 효력】 구속영장에 의하여 구속된 피의자에 대하여 검사가 공소를 제기하지 아니하는 결정을 하고 치료감호 청구만을 하는 때에는 구속영장은 치료감호영장으로 보며 그 효력을 잃지 아니한다. 20. 교정9☆

제12조 【치료감호의 판결 등】 ① 법원은 치료감호사건을 심리하여 그 청구가 이유 있다고 인정할 때에는 판결로써 치료감호를 선고하여야 하고, 이유 없다고 인정할 때 또는 피고사건에 대하여 심신상실 외의 사유로 무죄를 선고하거나 사형을 선고할 때에는 판결로써 청구기각을 선고하여야 한다. 19. 교정9

② 치료감호 사건의 판결은 피고사건의 판결과 동시에 선고하여야 한다. 다만, 제7조에 따라 공소를 제기하지 아니하고 치료감호만을 청구한 경우에는 그러하지 아니하다.

제16조 【치료감호의 내용】 ② 피치료감호자를 치료감호시설에 수용하는 기간은 다음 각 호의 구분에 따른 기간을 초과할 수 없다. 21. 교정9☆

1. 제2조 제1항 제1호 및 제3호에 해당하는 자(→ 심신장애인, 정신성적 장애인): 15년

2. 제2조 제1항 제2호에 해당하는 자(→ 중독된 자): 2년

③ 「전자장치 부착 등에 관한 법률」 제2조 제3호의2에 따른 살인범죄(이하 '살인범죄'라 한다)를 저질러 치료감호를 선고받은 피치료감호자가 살인범죄를 다시 범할 위험성이 있고 계속 치료가 필요하다고 인정되는 경우에는 법원은 치료감호시설의 장의 신청에 따른 검사의 청구로 3회까지 매회 2년의 범위에서 제2항 각 호의 기간을 연장하는 결정을 할 수 있다.

⑤ 제3항에 따른 검사의 청구는 제2항 각 호의 기간 또는 제3항에 따라 연장된 기간이 종료하기 6개월 전까지 하여야 한다. 19. 교정9

⑥ 제3항에 따른 법원의 결정은 제2항 각 호의 기간 또는 제3항에 따라 연장된 기간이 종료하기 3개월 전까지 하여야 한다.

제17조 【집행 지휘】 ① 치료감호의 집행은 검사가 지휘한다. 12. 사시

제18조 【집행 순서 및 방법】 치료감호와 형이 병과된 경우에는 치료감호를 먼저 집행한다. 이 경우 치료감호의 집행기간은 형 집행기간에 포함한다(→ 기능적 대체). 20. 교정9☆

제20조 【치료감호 내용 등의 공개】 이 법에 따른 치료감호의 내용과 실태는 대통령령으로 정하는 바에 따라 공개하여야 한다. 이 경우 피치료감호자나 그의 보호자가 동의한 경우 외에는 피치료감호자의 개인 신상에 관한 것은 공개하지 아니한다. 18. 승진☆

제22조 【가종료 등의 심사·결정】 제37조에 따른 치료감호심의위원회는 피치료감호자에 대하여 치료감호 집행을 시작한 후 매 6개월마다 치료감호의 종료 또는 가종료 여부를 심사·결정하고, 가종료 또는 치료위탁된 피치료감호자에 대하여는 가종료 또는 치료위탁 후 매 6개월마다 종료 여부를 심사·결정한다. 16. 교정9

제23조 【치료의 위탁】 ① 제37조에 따른 치료감호심의위원회는 치료감호만을 선고받은 피치료감호자에 대한 집행이 시작된 후 1년이 지났을 때에는 상당한 기간을 정하여 그의 법정대리인, 배우자, 직계친족, 형제자매(이하 '법정대리인 등'이라 한다)에게 치료감호시설 외에서의 치료를 위탁할 수 있다. 19. 교정9

② 제37조에 따른 치료감호심의위원회는 치료감호와 형이 병과되어 형기에 상당하는 치료감호를 집행받은 자에 대하여는 상당한 기간을 정하여 그 법정대리인 등에게 치료감호시설 외에서의 치료를 위탁할 수 있다.

제24조 【치료감호의 집행정지】 피치료감호자에 대하여 「형사소송법」 제471조 제1항 각 호의 어느 하나에 해당하는 사유(→ 임의적 형집행정지사유)가 있을 때에는 같은 조에 따라 검사는 치료감호의 집행을 정지할 수 있다. 이 경우 치료감호의 집행이 정지된 자에 대한 관찰은 형집행정지자에 대한 관찰의 예에 따른다. 18. 승진☆

제25조의3【격리 등 제한의 금지】 ① 치료감호시설의 장은 피치료감호자 및 피치료감호 청구인(이하 '피치료감호자 등'이라 한다)이 다음 각 호(→ 격리 등 제한사유)의 어느 하나에 해당하는 경우가 아니면 피치료감호자 등에 대하여 격리 또는 묶는 등의 신체적 제한을 할 수 없다. 다만, 피치료감호자 등의 신체를 묶는 등으로 직접적으로 제한하는 것은 제1호의 경우에 한정한다.

1. 자신이나 다른 사람을 위험에 이르게 할 가능성이 뚜렷하게 높고 신체적 제한 외의 방법으로 그 위험을 회피하는 것이 뚜렷하게 곤란하다고 판단되는 경우
2. 중대한 범법행위 또는 규율 위반행위를 한 경우
3. 그 밖에 수용질서를 문란케 하는 중대한 행위를 한 경우

② 치료감호시설의 장은 제1항에 따라 피치료감호자 등에 대하여 격리 또는 묶는 등의 신체적 제한을 하려는 경우 정신건강의학과 전문의의 지시에 따라야 한다.

제27조【텔레비전 시청 등】 피치료감호자 등의 텔레비전 시청, 라디오 청취, 신문·도서의 열람은 일과시간이나 취침시간 등을 제외하고는 자유롭게 보장된다. 20. 교정9

제29조【근로보상금 등의 지급】 근로에 종사하는 피치료감호자에게는 근로의욕을 북돋우고 석방 후 사회정착에 도움이 될 수 있도록 법무부장관이 정하는 바에 따라 근로보상금을 지급하여야 한다. 19. 교정9

제32조【보호관찰】 ① 피치료감호자가 다음 각 호의 어느 하나에 해당하게 되면 「보호관찰 등에 관한 법률」에 따른 보호관찰(이하 '보호관찰'이라 한다)이 시작된다. 22. 교정7☆

1. 피치료감호자에 대한 치료감호가 가종료되었을 때
2. 피치료감호자가 치료감호시설 외에서 치료받도록 법정대리인 등에게 위탁되었을 때
3. 제16조 제2항 각 호에 따른 기간 또는 같은 조 제3항에 따라 연장된 기간(이하 '치료감호기간'이라 한다)이 만료되는 피치료감호자에 대하여 제37조에 따른 치료감호심의위원회가 심사하여 보호관찰이 필요하다고 결정한 경우에는 치료감호기간이 만료되었을 때

② 보호관찰의 기간은 3년으로 한다. 22. 교정7☆

③ 보호관찰을 받기 시작한 자(이하 '피보호관찰자'라 한다)가 다음 각 호의 어느 하나에 해당하게 되면 보호관찰이 종료된다. 18. 교정9

1. 보호관찰기간이 끝났을 때
2. 보호관찰기간이 끝나기 전이라도 제37조에 따른 치료감호심의위원회의 치료감호의 종료결정이 있을 때
3. 보호관찰기간이 끝나기 전이라도 피보호관찰자가 다시 치료감호 집행을 받게 되어 재수용되었을 때

④ 피보호관찰자가 보호관찰기간 중 새로운 범죄로 금고 이상의 형의 집행을 받게 된 때에는 보호관찰은 종료되지 아니하며, 해당 형의 집행기간 동안 피보호관찰자에 대한 보호관찰기간은 계속 진행된다. 22. 교정7

⑤ 피보호관찰자에 대하여 제4항에 따른 금고 이상의 형의 집행이 종료·면제되는 때 또는 피보호관찰자가 가석방되는 때에 보호관찰기간이 아직 남아있으면 그 잔여기간 동안 보호관찰을 집행한다.

제33조【피보호관찰자의 준수사항】 ① 피보호관찰자는 「보호관찰 등에 관한 법률」 제32조 제2항에 따른 준수사항(→ 일반준수사항)을 성실히 이행하여야 한다.

② 제37조에 따른 치료감호심의위원회는 피보호관찰자의 치료경과 및 특성 등에 비추어 필요하다고 판단하면 제1항에 따른 준수사항 외에 다음 각 호의 사항 중 전부 또는 일부를 따로 보호관찰기간 동안 특별히 지켜야 할 준수사항으로 부과할 수 있다.

1. 주기적인 외래치료 및 처방받은 약물의 복용 여부에 관한 검사
2. 야간 등 재범의 기회나 충동을 줄 수 있는 특정 시간대의 외출 제한

3. 재범의 기회나 충동을 줄 수 있는 특정 지역·장소에 출입 금지
4. 피해자 등 재범의 대상이 될 우려가 있는 특정인에게 접근 금지
5. 일정한 주거가 없는 경우 거주 장소 제한
6. 일정량 이상의 음주 금지
7. 마약 등 중독성 있는 물질 사용 금지
8. 「마약류 관리에 관한 법률」에 따른 마약류 투약, 흡연, 섭취 여부에 관한 검사
9. 그 밖에 피보호관찰자의 생활상태, 심신상태나 거주지의 환경 등으로 보아 피보호관찰자가 준수할 수 있고 그 자유를 부당하게 제한하지 아니하는 범위에서 피보호관찰자의 재범방지 또는 치료감호의 원인이 된 질병·습벽의 재발방지를 위하여 필요하다고 인정되는 사항

⑤ 보호관찰소의 장은 피보호관찰자가 제1항부터 제3항까지의 <u>준수사항을 위반하거나 위반할 위험성이 있다고 인정할 상당한 이유가 있는 경우</u>에는 준수사항의 이행을 촉구하고 제22조에 따른 가종료 또는 제23조에 따른 치료의 위탁(이하 '가종료 등')의 취소 등 불리한 처분을 받을 수 있음을 <u>경고할 수 있다.</u>

제33조의2 【유치 및 유치기간 등】 ① 보호관찰소의 장은 제33조에 따른 <u>준수사항을 위반한 피보호관찰자를 구인</u>할 수 있다. 이 경우 피보호관찰자의 구인에 대해서는 「보호관찰 등에 관한 법률」 제39조 및 제40조를 준용한다.

② <u>보호관찰소의 장</u>은 다음 각 호의 어느 하나에 해당하는 신청을 검사에게 요청할 필요가 있다고 인정하는 경우에는 구인한 피보호관찰자를 교도소, 구치소 또는 치료감호시설에 <u>유치</u>할 수 있다.
1. 제22조에 따른 <u>가종료의 취소 신청</u>
2. 제23조에 따른 <u>치료 위탁의 취소 신청</u>

⑥ 보호관찰소의 장이 제2항에 따라 피보호관찰자를 유치할 수 있는 기간은 <u>구인한 날부터 30일</u>로 한다. 다만, 보호관찰소의 장은 제5항에 따른 검사의 신청이 있는 경우에 제37조에 따른 치료감호심의위원회의 심사에 필요하면 검사에게 신청하여 검사의 청구로 관할 지방법원 <u>판사의 허가</u>를 받아 <u>20일</u>의 범위에서 한 차례만 유치기간을 연장할 수 있다.

⑧ 제2항에 따라 유치된 피보호관찰자에 대하여 <u>가종료 등이 취소</u>된 경우에는 그 <u>유치기간을 치료감호 기간에 산입</u>한다.

제35조 【치료감호의 종료】 ① 제32조 제1항 제1호(→ 가종료) 또는 제2호(→ 치료위탁)에 해당하는 경우에는 <u>보호관찰기간이 끝나면</u> 피보호관찰자에 대한 <u>치료감호가 끝난다.</u> 21. 교정9

제37조 【치료감호심의위원회】 ① 치료감호 및 보호관찰의 관리와 집행에 관한 사항을 심사·결정하기 위하여 <u>법무부</u>에 치료감호심의위원회(이하 '위원회'라 한다)를 둔다. 17. 교정7

② 위원회는 판사, 검사, 법무부의 고위공무원단에 속하는 일반직공무원 또는 변호사의 자격이 있는 <u>6명 이내의 위원</u>과 <u>정신건강의학과 등 전문의</u>의 자격이 있는 <u>3명 이내의 위원</u>으로 구성하고, 위원장은 <u>법무부차관</u>으로 한다. 12. 경채

③ 위원회는 다음 각 호의 사항을 심사·결정한다.
1. 피치료감호자에 대한 치료감호시설 간 이송에 관한 사항
2. 피치료감호자에 대한 치료의 위탁·가종료 및 그 취소와 치료감호 종료 여부에 관한 사항
3. 피보호관찰자에 대한 준수사항의 부과 및 준수사항 전부 또는 일부의 추가·변경 또는 삭제에 관한 사항
4. 피치료감호자에 대한 치료감호기간 만료 시 보호관찰 개시에 관한 사항
5. 그 밖에 제1호부터 제4호까지에 관련된 사항

제41조【의결 및 결정】 ① 위원회는 위원장을 포함한 <u>재적위원 과반수의 출석</u>으로 개의하고, <u>출석위원 과</u> <u>반수의 찬성</u>으로 의결한다. 다만, <u>찬성과 반대의 수가 같을 때</u>에는 위원장이 결정한다.

제44조의2【선고유예 시 치료명령 등】 ① 법원은 치료명령 대상자에 대하여 <u>형의 선고 또는 집행을 유예하는</u> <u>경우</u> 치료기간을 정하여 치료를 받을 것을 명할 수 있다. 20. 보호7

② 제1항의 치료를 명하는 경우 <u>보호관찰을 병과하여야 한다.</u> 20. 보호7

④ 제1항의 <u>치료기간</u>은 제3항에 따른 <u>보호관찰기간</u>을 초과할 수 없다.

제44조의6【치료명령의 집행】 ① 치료명령은 검사의 지휘를 받아 <u>보호관찰관이 집행</u>한다.

제44조의9【비용부담】 ① 제44조의2에 따른 <u>치료명령을 받은 사람</u>은 치료기간 동안 치료비용을 부담하 여야 한다. 다만, 치료비용을 부담할 경제력이 없는 사람의 경우에는 국가가 비용을 부담할 수 있다.

3 「전자장치 부착 등에 관한 법률」

1. 의의

(1) 현행 전자감시제도는 장래 재범의 위험성이 있는 특정 범죄자에 대하여 일정한 시기 동안 위치를 추적할 수 있는 전자장치를 신체에 부착할 수 있도록 함으로써 재범을 방지하고 사회를 보호하려 는 것에 취지가 있다.

(2) 이는 외국과 같이 단기자유형이나 미결구금 등의 대체를 가능하게 할 수 있는 수단이라기보다는 **범죄자의 재범위험성을 방지하기 위한 보안처분적 성격**이 강한 것이다.

🔨 **관련 판례**	전자감시제도의 법적 성격과 일사부재리원칙 위반 여부

「특정 성폭력범죄자에 대한 위치추적 전자장치 부착에 관한 법률」에 의한 전자감시제도의 법적 성격(= 보안처분) 및 그 위헌성 유무 – 「특정 성폭력범죄자에 대한 위치추적 전자장치 부착에 관한 법률」에 의한 전자감시제도 는, 성폭력범죄자의 재범방지와 성행교정을 통한 재사회화를 위하여 그의 행적을 추적하여 위치를 확인할 수 있는 전자장치를 신체에 부착하게 하는 부가적인 조치를 취함으로써 성폭력범죄로부터 국민을 보호함을 목적으로 하는 <u>일종의 보안처분</u>이다. (중략) 전자감시제도는 범죄행위를 한 자에 대한 응보를 주된 목적으로 그 책임을 추궁하는 사후적 처분인 형벌과 구별되어 그 본질을 달리하는 것으로서 <u>형벌에 관한 일사부재리의</u> <u>원칙이 그대로 적용되지 않으므로,</u> 위 법률이 형 집행의 종료 후에 부착명령을 집행하도록 규정하고 있다 하더라도 그것이 일사부재리의 원칙에 반한다고 볼 수 없다. [대판 2009.9.10, 2009도6061] 14. 보호7☆

2. 주요 내용

제1조【목적】 이 법은 <u>수사 · 재판 · 집행 등 형사사법 절차에서 전자장치를 효율적으로 활용하여 불구속재</u> <u>판을 확대</u>하고, <u>범죄인의 사회복귀를 촉진</u>하며, <u>범죄로부터 국민을 보호</u>함을 목적으로 한다.

제2조【정의】 이 법에서 사용하는 용어의 정의는 다음과 같다.

1. '특정 범죄'란 <u>성폭력범죄, 미성년자 대상 유괴범죄, 살인범죄, 강도범죄 및 스토킹범죄</u>를 말한다. 20. 교정7☆

제4조【적용 범위】 만 19세 미만의 자에 대하여 부착명령을 선고한 때에는 19세에 이르기까지 이 법에 따른 전자장치를 부착할 수 없다. 20. 교정7☆

제5조【전자장치 부착명령의 청구】 ① 검사는 다음 각 호의 어느 하나에 해당하고, 성폭력범죄를 다시 범할 위험성이 있다고 인정되는 사람에 대하여 전자장치를 부착하도록 하는 명령(이하 '부착명령'이라 한다)을 법원에 청구할 수 있다. 24. 보호9☆

1. 성폭력범죄로 징역형의 실형을 선고받은 사람이 그 집행을 종료한 후 또는 집행이 면제된 후 10년 이내에 성폭력범죄를 저지른 때

2. 성폭력범죄로 이 법에 따른 전자장치를 부착받은 전력이 있는 사람이 다시 성폭력범죄를 저지른 때

3. 성폭력범죄를 2회 이상 범하여(유죄의 확정판결을 받은 경우를 포함한다) 그 습벽이 인정된 때

4. 19세 미만의 사람에 대하여 성폭력범죄를 저지른 때

5. 신체적 또는 정신적 장애가 있는 사람에 대하여 성폭력범죄를 저지른 때

② 검사는 미성년자 대상 유괴범죄를 저지른 사람으로서 미성년자 대상 유괴범죄를 다시 범할 위험성이 있다고 인정되는 사람에 대하여 부착명령을 법원에 청구할 수 있다. 다만, 유괴범죄로 징역형의 실형 이상의 형을 선고받아 그 집행이 종료 또는 면제된 후 다시 유괴범죄를 저지른 경우에는 부착명령을 청구하여야 한다. 24. 보호9☆

③ 검사는 살인범죄를 저지른 사람으로서 살인범죄를 다시 범할 위험성이 있다고 인정되는 사람에 대하여 부착명령을 법원에 청구할 수 있다. 다만, 살인범죄로 징역형의 실형 이상의 형을 선고받아 그 집행이 종료 또는 면제된 후 다시 살인범죄를 저지른 경우에는 부착명령을 청구하여야 한다. 23. 교정7☆

④ 검사는 다음 각 호의 어느 하나에 해당하고 강도범죄를 다시 범할 위험성이 있다고 인정되는 사람에 대하여 부착명령을 법원에 청구할 수 있다. 24. 보호9☆

1. 강도범죄로 징역형의 실형을 선고받은 사람이 그 집행을 종료한 후 또는 집행이 면제된 후 10년 이내에 다시 강도범죄를 저지른 때

2. 강도범죄로 이 법에 따른 전자장치를 부착하였던 전력이 있는 사람이 다시 강도범죄를 저지른 때

3. 강도범죄를 2회 이상 범하여(유죄의 확정판결을 받은 경우를 포함한다) 그 습벽이 인정된 때

⑤ 검사는 다음 각 호의 어느 하나에 해당하고 스토킹범죄를 다시 범할 위험성이 있다고 인정되는 사람에 대하여 부착명령을 법원에 청구할 수 있다. 〈신설 2023.7.11.〉 24. 보호9

1. 스토킹범죄로 징역형의 실형을 선고받은 사람이 그 집행을 종료한 후 또는 집행이 면제된 후 10년 이내에 다시 스토킹범죄를 저지른 때

2. 스토킹범죄로 이 법에 따른 전자장치를 부착하였던 전력이 있는 사람이 다시 스토킹범죄를 저지른 때

3. 스토킹범죄를 2회 이상 범하여(유죄의 확정판결을 받은 경우를 포함한다) 그 습벽이 인정된 때

⑥ 제1항부터 제5항까지의 규정에 따른 부착명령의 청구는 공소가 제기된 특정범죄사건의 항소심 변론종결 시까지 하여야 한다. 20. 교정7☆

⑦ 법원은 공소가 제기된 특정범죄사건을 심리한 결과 부착명령을 선고할 필요가 있다고 인정하는 때에는 검사에게 부착명령의 청구를 요구할 수 있다. 14. 보호7

⑧ 제1항부터 제5항까지의 규정에 따른 특정범죄사건에 대하여 판결의 확정 없이 공소가 제기된 때부터 15년이 경과한 경우에는 부착명령을 청구할 수 없다.

제6조【조사】 ① 검사는 부착명령을 청구하기 위하여 필요하다고 인정하는 때에는 피의자의 주거지 또는 소속 검찰청(지청을 포함한다. 이하 같다) 소재지를 관할하는 보호관찰소(지소를 포함한다. 이하 같다)의 장에게 범죄의 동기, 피해자와의 관계, 심리상태, 재범의 위험성 등 피의자에 관하여 필요한 사항의 조사를 요청할 수 있다. 20. 보호7☆

제7조【부착명령 청구사건의 관할】 ① 부착명령 청구사건의 관할은 부착명령 청구사건과 <u>동시에 심리하는</u> <u>특정 범죄사건의 관할</u>에 따른다.

② 부착명령 청구사건의 제1심 재판은 <u>지방법원 합의부</u>(지방법원지원 합의부를 포함한다. 이하 같다)의 관할로 한다. 13. 교정9

제8조【부착명령 청구서의 기재사항 등】 ② 법원은 부착명령 청구가 있는 때에는 지체 없이 <u>부착명령 청구서의</u> <u>부본</u>을 피부착명령 청구자 또는 그의 변호인에게 송부하여야 한다. 이 경우 특정 범죄사건에 대한 공소제기와 동시에 부착명령 청구가 있는 때에는 제1회 <u>공판기일 5일 전</u>까지, 특정 범죄사건의 심리 중에 부착명령 청구가 있는 때에는 다음 공판기일 5일 전까지 송부하여야 한다. 13. 교정9

제9조【부착명령의 판결 등】 ① 법원은 부착명령 청구가 이유 있다고 인정하는 때에는 다음 각 호에 따른 기간의 범위 내에서 <u>부착기간</u>을 정하여 판결로 부착명령을 선고하여야 한다. 다만, <u>19세 미만의 사람</u>에 대하여 특정 범죄를 저지른 경우에는 부착기간 하한을 다음 각 호에 따른 부착기간 <u>하한의 2배</u>로 한다. 23. 교정7☆

1. 법정형의 상한이 사형 또는 무기징역인 특정 범죄: <u>10년 이상 30년 이하</u>
2. 법정형 중 징역형의 하한이 <u>3년 이상의 유기징역</u>인 특정 범죄(제1호에 해당하는 특정 범죄는 제외한다): <u>3년 이상 20년 이하</u>
3. 법정형 중 징역형의 하한이 <u>3년 미만의 유기징역</u>인 특정 범죄(제1호 또는 제2호에 해당하는 특정 범죄는 제외한다): <u>1년 이상 10년 이하</u>

② 여러 개의 특정 범죄에 대하여 동시에 부착명령을 선고할 때에는 법정형이 <u>가장 중한 죄의 부착기간 상한의 2분의 1</u>까지 가중하되, 각 죄의 부착기간의 상한을 합산한 기간을 초과할 수 없다. 다만, 하나의 행위가 여러 특정 범죄에 해당하는 경우에는 <u>가장 중한 죄의 부착기간</u>을 부착기간으로 한다. 16. 교정7

③ 부착명령을 선고받은 사람은 부착기간 동안 「보호관찰 등에 관한 법률」에 따른 <u>보호관찰을 받는다</u> (→ 필요적 보호관찰, 예외 無).

④ 법원은 다음 각 호의 어느 하나에 해당하는 때에는 판결로 <u>부착명령 청구를 기각</u>하여야 한다.
1. 부착명령 청구가 이유 없다고 인정하는 때
2. 특정 범죄사건에 대하여 <u>무죄</u>(심신상실을 이유로 치료감호가 선고된 경우는 <u>제외</u>한다)·면소·공소 기각의 판결 또는 결정을 선고하는 때
3. 특정 범죄사건에 대하여 <u>벌금형</u>을 선고하는 때
4. 특정 범죄사건에 대하여 <u>선고유예</u> 또는 <u>집행유예</u>를 선고하는 때(제28조 제1항에 따라 전자장치 부착을 명하는 때를 제외한다)

⑤ 부착명령 청구사건의 판결은 특정 범죄사건의 판결과 동시에 선고하여야 한다.

⑦ <u>부착명령의 선고는 특정 범죄사건의 양형에 유리하게 참작</u>되어서는 아니 된다. 14. 교정9

제9조의2【준수사항】 ① 법원은 제9조 제1항에 따라 부착명령을 선고하는 경우 부착기간의 범위에서 준수 기간을 정하여 다음 각 호의 준수사항 중 하나 이상을 부과할 수 있다. 다만, 제4호의 준수사항은 <u>500시간</u>의 범위에서 그 기간을 정하여야 한다.
1. 야간, 아동·청소년의 통학시간 등 특정 시간대의 외출 제한
2. 어린이 보호구역 등 특정 지역·장소에의 출입 금지 및 접근 금지
2의2. 주거지역의 제한
3. <u>피해자 등 특정인에의 접근 금지</u>
4. 특정 범죄 치료 프로그램의 이수

5. 마약 등 중독성 있는 물질의 사용 금지

6. 그 밖에 부착명령을 선고받는 사람의 재범방지와 성행교정을 위하여 필요한 사항

③ 제1항에도 불구하고 법원은 성폭력범죄를 저지른 사람(19세 미만의 사람을 대상으로 성폭력범죄를 저지른 사람으로 한정한다) 또는 스토킹범죄를 저지른 사람에 대해서 제9조 제1항에 따라 부착명령을 선고하는 경우에는 다음 각 호의 구분에 따라 제1항의 준수사항을 부과하여야 한다. 〈개정 2023.7.11.〉

1. 19세 미만의 사람을 대상으로 성폭력범죄를 저지른 사람: 제1항 제1호(→ 야간, 아동·청소년의 통학 시간 등 특정 시간대의 외출 제한) 및 제3호(→ 피해자 등 특정인에의 접근 금지)의 준수사항을 포함할 것. 다만, 제1항 제1호의 준수사항을 부과하여서는 아니 될 특별한 사정이 있다고 판단하는 경우에는 해당 준수사항을 포함하지 아니할 수 있다. 23. 교정7☆

2. 스토킹범죄를 저지른 사람: 제1항 제3호의 준수사항을 포함할 것

제12조【집행지휘】 ① 부착명령은 검사의 지휘를 받아 보호관찰관이 집행한다. 11. 교정7

제13조【부착명령의 집행】 ① 부착명령은 특정 범죄사건에 대한 형의 집행이 종료되거나 면제·가석방되는 날 또는 치료감호의 집행이 종료·가종료되는 날 석방 직전에 피부착명령자의 신체에 전자장치를 부착함으로써 집행한다. 다만, 다음의 경우에는 각 호의 구분에 따라 집행한다. 18. 승진

1. 부착명령의 원인이 된 특정 범죄사건이 아닌 다른 범죄사건으로 형이나 치료감호의 집행이 계속될 경우에는 부착명령의 원인이 된 특정 범죄사건이 아닌 다른 범죄사건에 대한 형의 집행이 종료되거나 면제·가석방 되는 날 또는 치료감호의 집행이 종료·가종료되는 날부터 집행한다.

2. 피부착명령자가 부착명령 판결 확정 시 석방된 상태이고 미결구금일수 산입 등의 사유로 이미 형의 집행이 종료된 경우에는 부착명령 판결 확정일부터 부착명령을 집행한다.

④ 부착명령의 집행은 신체의 완전성을 해하지 아니하는 범위 내에서 이루어져야 한다. 18. 승진

⑤ 부착명령이 여러 개인 경우 확정된 순서에 따라 집행한다. 18. 승진

⑥ 다음 각 호의 어느 하나에 해당하는 때에는 부착명령의 집행이 정지된다. 18. 승진

1. 부착명령의 집행 중 다른 죄를 범하여 구속영장의 집행을 받아 구금된 때

2. 부착명령의 집행 중 다른 죄를 범하여 금고 이상의 형의 집행을 받게 된 때

3. 가석방 또는 가종료된 자에 대하여 전자장치 부착기간 동안 가석방 또는 가종료가 취소되거나 실효된 때

⑦ 제6항 제1호에도 불구하고 구속영장의 집행을 받아 구금된 후에 다음 각 호의 어느 하나에 해당하는 사유로 구금이 종료되는 경우 그 구금기간 동안에는 부착명령이 집행된 것으로 본다. 다만, 제1호 및 제2호의 경우 법원의 판결에 따라 유죄로 확정된 경우는 제외한다. 18. 승진

1. 사법경찰관이 불송치 결정을 한 경우

2. 검사가 혐의 없음, 죄가 안 됨, 공소권 없음 또는 각하의 불기소처분을 한 경우

3. 법원의 무죄, 면소, 공소기각 판결 또는 공소기각 결정이 확정된 경우

제14조【피부착자의 의무】 ② 피부착자는 특정 범죄사건에 대한 형의 집행이 종료되거나 면제·가석방되는 날부터 10일 이내에 주거지를 관할하는 보호관찰소에 출석하여 대통령령으로 정하는 신상정보 등을 서면으로 신고하여야 한다. 16. 보호7

③ 피부착자는 주거를 이전하거나 7일 이상의 국내여행을 하거나 출국할 때에는 미리 보호관찰관의 허가를 받아야 한다. 23. 교정7☆

제16조의2【피부착자의 신상정보 제공 등】 ① 보호관찰소의 장은 범죄예방 및 수사에 필요하다고 판단하는 경우 피부착자가 제14조 제2항에 따라 신고한 신상정보 및 피부착자에 대한 지도·감독 중 알게 된 사실 등의 자료를 피부착자의 주거지를 관할하는 경찰관서의 장 등 수사기관에 제공할 수 있다.

② 수사기관은 범죄예방 및 수사활동 중 인지한 사실이 피부착자 지도·감독에 활용할 만한 자료라고 판단할 경우 이를 보호관찰소의 장에게 제공할 수 있다.

③ 보호관찰소의 장은 피부착자가 범죄를 저질렀거나 저질렀다고 의심할만한 상당한 이유가 있을 때에는 이를 수사기관에 통보하여야 한다.

④ 수사기관은 체포 또는 구속한 사람이 피부착자임을 알게 된 경우에는 피부착자의 주거지를 관할하는 보호관찰소의 장에게 그 사실을 통보하여야 한다. 16. 보호7

제17조【부착명령의 임시해제 신청 등】 ① 보호관찰소의 장 또는 피부착자 및 그 법정대리인은 해당 보호관찰소를 관할하는 심사위원회에 부착명령의 임시해제를 신청할 수 있다. 19. 교정9

② 제1항의 신청은 부착명령의 집행이 개시된 날부터 3개월이 경과한 후에 하여야 한다. 신청이 기각된 경우에는 기각된 날부터 3개월이 경과한 후에 다시 신청할 수 있다. 19. 교정9

제20조【부착명령 집행의 종료】 제9조(→ 부착명령의 판결 등)에 따라 선고된 부착명령은 다음 각 호의 어느 하나에 해당하는 때에 그 집행이 종료된다. 11. 교정9

1. 부착명령기간이 경과한 때
2. 부착명령과 함께 선고한 형이 사면되어 그 선고의 효력을 상실하게 된 때
3. 삭제(← 부착명령기간 중 다른 죄를 범하여 금고 이상의 형의 집행을 받게 된 때)
4. 부착명령이 임시해제된 자가 그 임시해제가 취소됨이 없이 잔여 부착명령기간을 경과한 때

제21조의2【보호관찰명령의 청구】 검사는 다음 각 호의 어느 하나에 해당하는 사람에 대하여 형의 집행이 종료된 때부터 「보호관찰 등에 관한 법률」에 따른 보호관찰을 받도록 하는 명령(이하 '보호관찰명령'이라 한다)을 법원에 청구할 수 있다. 〈개정 2023.7.11.〉 22. 보호7

1. 성폭력범죄를 저지른 사람으로서 성폭력범죄를 다시 범할 위험성이 있다고 인정되는 사람
2. 미성년자 대상 유괴범죄를 저지른 사람으로서 미성년자 대상 유괴범죄를 다시 범할 위험성이 있다고 인정되는 사람
3. 살인범죄를 저지른 사람으로서 살인범죄를 다시 범할 위험성이 있다고 인정되는 사람
4. 강도범죄를 저지른 사람으로서 강도범죄를 다시 범할 위험성이 있다고 인정되는 사람
5. 스토킹범죄를 저지른 사람으로서 스토킹범죄를 다시 범할 위험성이 있다고 인정되는 사람

제21조의3【보호관찰명령의 판결】 ① 법원은 제21조의2 각 호의 어느 하나에 해당하는 사람이 금고 이상의 선고형에 해당하고 보호관찰명령의 청구가 이유 있다고 인정하는 때에는 2년 이상 5년 이하의 범위에서 기간을 정하여 보호관찰명령을 선고하여야 한다.

② 법원은 제1항에도 불구하고 제9조 제4항 제1호(→ 부착명령 청구가 이유 없다고 인정)에 따라 부착명령 청구를 기각하는 경우로서 제21조의2 각 호의 어느 하나에 해당하여 보호관찰명령을 선고할 필요가 있다고 인정하는 때에는 직권으로 제1항에 따른 기간을 정하여 보호관찰명령을 선고할 수 있다.

제21조의4【준수사항】 ① 법원은 제21조의3에 따라 보호관찰명령을 선고하는 경우 제9조의2 제1항 각 호의 준수사항 중 하나 이상을 부과할 수 있다. 다만, 제9조의2 제1항 제4호(→ 특정 범죄 치료 프로그램의 이수)의 준수사항은 300시간의 범위에서 그 기간을 정하여야 한다.

② 제1항 본문에도 불구하고 법원은 성폭력범죄를 저지른 사람(19세 미만의 사람을 대상으로 성폭력범죄를 저지른 사람으로 한정한다) 또는 스토킹범죄를 저지른 사람에 대해서는 제21조의3에 따라 보호관찰명령을 선고하는 경우 제9조의2 제1항 제3호(→ 피해자 등 특정인에의 접근 금지)를 포함하여 준수사항을 부과하여야 한다. 〈개정 2023.7.11.〉

제21조의6【보호관찰 대상자의 의무】① 보호관찰 대상자는 특정 범죄사건에 대한 <u>형의 집행이 종료되거나</u> <u>면제·가석방되는 날부터 10일 이내</u>에 주거지를 관할하는 <u>보호관찰소에 출석하여 서면으로 신고</u>하여야 한다.

② 보호관찰 대상자는 <u>주거를 이전하거나 7일 이상의 국내여행</u>을 하거나 <u>출국할 때</u>에는 미리 <u>보호관찰 관의 허가</u>를 받아야 한다.

제22조【가석방과 전자장치 부착】① 제9조에 따른 <u>부착명령 판결을 선고받지 아니한 특정 범죄자</u>로서 형 의 집행 중 <u>가석방</u>되어 <u>보호관찰</u>을 받게 되는 자는 준수사항 이행 여부 확인 등을 위하여 <u>가석방기간 동 안 전자장치를 부착하여야 한다.</u> 다만, 심사위원회가 전자장치 부착이 필요하지 아니하다고 결정한 경 우에는 그러하지 아니하다. 14. 교정9☆

② 심사위원회는 특정 범죄 이외의 범죄로 형의 집행 중 가석방되어 보호관찰을 받는 사람의 준수사항 이행 여부 확인 등을 위하여 가석방 예정자의 범죄내용, 개별적 특성 등을 고려하여 가석방기간의 <u>전부 또는 일부의 기간을 정하여</u> <u>전자장치를 부착하게 할 수 있다.</u>

제23조【가종료 등과 전자장치 부착】① 「치료감호 등에 관한 법률」제37조에 따른 <u>치료감호심의위원회</u>(이 하 '치료감호심의위원회'라 한다)는 제9조에 따른 <u>부착명령 판결을 선고받지 아니한 특정 범죄자</u>로서 치 료감호의 집행 중 <u>가종료 또는 치료위탁</u>되는 피치료감호자나 보호감호의 집행 중 가출소되는 피보호감 호자(이하 '가종료자 등'이라 한다)에 대하여 「치료감호 등에 관한 법률」또는 「사회보호법」(법률 제 7656호로 폐지되기 전의 법률을 말한다)에 따른 준수사항 이행 여부 확인 등을 위하여 <u>보호관찰기간의 범위에서 기간을 정하여</u> 전자장치를 부착하게 할 수 있다.

제28조【형의 집행유예와 부착명령】① <u>법원</u>은 특정 범죄를 범한 자에 대하여 <u>형의 집행을 유예</u>하면서 <u>보 호관찰</u>을 받을 것을 명할 때에는 <u>보호관찰기간의 범위 내</u>에서 기간을 정하여 준수사항의 이행 여부 확 인 등을 위하여 <u>전자장치를 부착할 것을 명할 수 있다.</u> 15. 교정9☆

제29조【부착명령의 집행】① 부착명령은 <u>전자장치 부착을 명하는 법원의 판결이 확정된 때부터</u> 집행한다.

제30조【부착명령 집행의 종료】제28조(→ 형의 집행유예와 부착명령)의 부착명령은 다음 각 호의 어느 하 나에 해당하는 때에 그 집행이 종료된다.

1. 부착명령기간이 <u>경과한 때</u>
2. 집행유예가 <u>실효 또는 취소된 때</u> 20. 교정7
3. 집행유예된 형이 <u>사면되어 형의 선고의 효력을 상실</u>하게 된 때

제31조의2【보석과 전자장치 부착】① 법원은 「형사소송법」제98조 제9호에 따른 <u>보석조건</u>으로 피고인에 게 <u>전자장치 부착을 명할 수 있다.</u>

제31조의3【전자장치 부착의 집행】② 제31조의2 제1항에 따라 전자장치 부착명령을 받고 석방된 피고인은 법원이 지정한 일시까지 주거지를 관할하는 보호관찰소에 출석하여 신고한 후 보호관찰관의 지시에 따라 전자장치를 부착하여야 한다.

제31조의6【전자장치 부착의 집행】① 법원은 <u>「스토킹범죄의 처벌 등에 관한 법률」제9조 제1항 제3호의2</u> <u>에 따른 잠정조치</u>(이하 이 장에서 "잠정조치"라 한다)로 <u>전자장치의 부착을 결정</u>한 경우 그 결정문의 등 본을 <u>스토킹행위자의 사건 수사를 관할하는 경찰관서</u>(이하 이 장에서 "관할경찰관서"라 한다)의 장과 <u>스 토킹행위자의 주거지를 관할하는 보호관찰소</u>(이하 이 장에서 "보호관찰소"라 한다)의 장에게 지체 없이 송부하여야 한다.

[본조신설 2023.7.11.]

제31조의7 【전자장치 부착의 종료】 제31조의6에 따른 전자장치 부착은 다음 각 호의 어느 하나에 해당하는 때에 그 집행이 종료된다.

1. 잠정조치의 기간이 경과한 때
2. 잠정조치가 변경 또는 취소된 때
3. 잠정조치가 효력을 상실한 때

[본조신설 2023.7.11.]

제31조의8 【스토킹행위자 수신자료의 보존·사용·폐기 등】 ① 보호관찰소의 장은 제31조의6제2항에 따라 전자장치를 부착한 스토킹행위자의 전자장치로부터 발신되는 전자파를 수신하여 그 자료(이하 "스토킹행위자 수신자료"라 한다)를 보존하여야 한다.

[본조신설 2023.7.11.]

제32조 【전자장치 부착기간의 계산】 ① 전자장치 부착기간은 이를 집행한 날부터 기산하되, 초일은 시간을 계산함이 없이 1일로 산정한다.

제32조의2 【부착명령 등 집행전담 보호관찰관의 지정】 보호관찰소의 장은 소속 보호관찰관 중에서 다음 각 호의 사항을 전담하는 보호관찰관을 지정하여야 한다. 다만, 보호관찰소의 장은 19세 미만의 사람에 대해서 성폭력범죄를 저지른 피부착자 중 재범의 위험성이 현저히 높은 사람에 대해서는 일정기간 그 피부착자 1명만을 전담하는 보호관찰관을 지정하여야 한다.

1. 부착명령 및 보호관찰명령을 청구하기 위하여 필요한 피의자에 대한 조사
2. 부착명령 및 보호관찰명령의 집행
3. 피부착자 및 보호관찰 대상자의 재범방지와 건전한 사회복귀를 위한 치료 등 필요한 조치의 부과
4. 그 밖에 피부착자 및 보호관찰 대상자의 「보호관찰 등에 관한 법률」 등에 따른 준수사항 이행 여부 확인 등 피부착자 및 보호관찰 대상자에 대한 지도·감독 및 원호

3. 전자감시제도의 장·단점 23. 교정9☆

장점	① 보호관찰관의 감시업무를 경감시켜 원조활동에 전념할 수 있게 한다.
	② 교정시설의 경비절감 및 과밀수용의 해소에 기여한다.
	③ 사회생활을 유지할 수 있어 생계유지와 피해자 배상에 유리하다.
	④ 교정시설에 구금하지 않으면서 자유형의 집행효과를 거둘 수 있다.
	⑤ 낙인효과와 단기자유형의 폐해를 방지할 수 있다. 17. 교정9
단점	① 대상자의 소재만 파악할 뿐, 어떤 행동을 하는지는 파악할 수 없다.
	② 사회의 안전이 위협받을 수 있으며, 국민의 법감정에 부합하지 않는다.
	③ 인간의 존엄성이 침해되며, 사생활 침해의 측면이 있다.
	④ 재범 방지의 효과가 불분명하다.
	⑤ 사법통제망이 확대될 우려가 있다.

4 「성폭력범죄자의 성충동 약물치료에 관한 법률」

제1조【목적】 이 법은 사람에 대하여 성폭력범죄를 저지른 성도착증 환자로서 성폭력범죄를 다시 범할 위험성이 있다고 인정되는 사람에 대하여 성충동 약물치료를 실시하여 성폭력범죄의 재범을 방지하고 사회복귀를 촉진하는 것을 목적으로 한다.

제2조【정의】 이 법에서 사용하는 용어의 뜻은 다음과 같다.

1. '성도착증 환자'란 「치료감호 등에 관한 법률」 제2조 제1항 제3호에 해당하는 사람(→ 정신성적 장애인) 및 정신건강의학과 전문의의 감정에 의하여 성적 이상 습벽으로 인하여 자신의 행위를 스스로 통제할 수 없다고 판명된 사람을 말한다.

3. '성충동 약물치료'(이하 '약물치료'라 한다)란 비정상적인 성적 충동이나 욕구를 억제하기 위한 조치로서 성도착증 환자에게 약물 투여 및 심리치료 등의 방법으로 도착적인 성기능을 일정기간 동안 약화 또는 정상화하는 치료를 말한다. 13. 교정9

제4조【치료명령의 청구】 ① 검사는 사람에 대하여 성폭력범죄를 저지른 성도착증 환자로서 성폭력범죄를 다시 범할 위험성이 있다고 인정되는 19세 이상의 사람에 대하여 약물치료명령(이하 '치료명령'이라고 한다)을 법원에 청구할 수 있다. 18. 승진☆

② 검사는 치료명령 청구 대상자(이하 '치료명령 피청구자'라 한다)에 대하여 정신건강의학과 전문의의 진단이나 감정을 받은 후 치료명령을 청구하여야 한다. 13. 교정9

③ 제1항에 따른 치료명령의 청구는 공소가 제기되거나 치료감호가 독립청구된 성폭력범죄사건(이하 '피고사건'이라 한다)의 항소심 변론종결 시까지 하여야 한다.

④ 법원은 피고사건의 심리 결과 치료명령을 할 필요가 있다고 인정하는 때에는 검사에게 치료명령의 청구를 요구할 수 있다.

⑤ 피고사건에 대하여 판결의 확정 없이 공소가 제기되거나 치료감호가 독립청구된 때부터 15년이 지나면 치료명령을 청구할 수 없다.

제6조【치료명령 청구사건의 관할】 ② 치료명령 청구사건의 제1심 재판은 지방법원 합의부(지방법원지원 합의부를 포함한다. 이하 같다)의 관할로 한다.

제8조【치료명령의 판결 등】 ① 법원은 치료명령 청구가 이유 있다고 인정하는 때에는 15년의 범위에서 치료기간을 정하여 판결로 치료명령을 선고하여야 한다. 18. 교정7

② 치료명령을 선고받은 사람(이하 '치료명령을 받은 사람'이라 한다)은 치료기간 동안 「보호관찰 등에 관한 법률」에 따른 보호관찰을 받는다. 14. 교정7

③ 법원은 다음 각 호의 어느 하나에 해당하는 때에는 판결로 치료명령 청구를 기각하여야 한다.

1. 치료명령 청구가 이유 없다고 인정하는 때

2. 피고사건에 대하여 무죄(심신상실을 이유로 치료감호가 선고된 경우는 제외한다)·면소·공소기각의 판결 또는 결정을 선고하는 때

3. 피고사건에 대하여 벌금형을 선고하는 때

4. 피고사건에 대하여 선고를 유예하거나 집행유예를 선고하는 때

④ 치료명령 청구사건의 판결은 피고사건의 판결과 동시에 선고하여야 한다.

⑥ 치료명령의 선고는 피고사건의 양형에 유리하게 참작되어서는 아니 된다.

제8조의2【치료명령의 집행 면제 신청 등】① 징역형과 함께 치료명령을 받은 사람 및 그 법정대리인은 주거지 또는 현재지를 관할하는 지방법원(지원을 포함한다. 이하 같다)에 치료명령이 집행될 필요가 없을 정도로 개선되어 성폭력범죄를 다시 범할 위험성이 없음을 이유로 치료명령의 집행 면제를 신청할 수 있다. 다만, 징역형과 함께 치료명령을 받은 사람이 치료감호의 집행 중인 경우에는 치료명령의 집행 면제를 신청할 수 없다.

② 제1항 본문에 따른 신청은 치료명령의 원인이 된 범죄에 대한 징역형의 집행이 종료되기 전 12개월부터 9개월까지의 기간에 하여야 한다. 다만, 치료명령의 원인이 된 범죄가 아닌 다른 범죄를 범하여 징역형의 집행이 종료되지 아니한 경우에는 그 징역형의 집행이 종료되기 전 12개월부터 9개월까지의 기간에 하여야 한다.

④ 법원은 제1항 본문의 신청을 받은 경우 징역형의 집행이 종료되기 3개월 전까지 치료명령의 집행 면제 여부를 결정하여야 한다.

제8조의3【치료감호심의위원회의 치료명령 집행 면제 등】①「치료감호 등에 관한 법률」제37조에 따른 치료감호심의위원회(이하 '치료감호심의위원회'라 한다)는 같은 법 제16조 제1항에 따른 피치료감호자 중 치료명령을 받은 사람(피치료감호자 중 징역형과 함께 치료명령을 받은 사람의 경우 형기가 남아 있지 아니하거나 9개월 미만의 기간이 남아 있는 사람에 한정한다)에 대하여 같은 법 제22조 또는 제23조에 따른 치료감호의 종료·가종료 또는 치료위탁 결정을 하는 경우에 치료명령의 집행이 필요하지 아니하다고 인정되면 치료명령의 집행을 면제하는 결정을 하여야 한다.

제10조【준수사항】① 치료명령을 받은 사람은 치료기간 동안「보호관찰 등에 관한 법률」제32조 제2항 각 호[제4호(→ 주거 이전, 1개월 이상 국내외 여행 시 미리 보호관찰에게 신고)는 제외한다]의 준수사항(→ 일반준수사항)과 다음 각 호의 준수사항을 이행하여야 한다.
1. 보호관찰관의 지시에 따라 성실히 약물치료에 응할 것
2. 보호관찰관의 지시에 따라 정기적으로 호르몬 수치 검사를 받을 것
3. 보호관찰관의 지시에 따라 인지행동 치료 등 심리치료 프로그램을 성실히 이수할 것

② 법원은 제8조 제1항에 따라 치료명령을 선고하는 경우「보호관찰 등에 관한 법률」제32조 제3항 각 호의 준수사항(→ 특별준수사항)을 부과할 수 있다.

제13조【집행지휘】① 치료명령은 검사의 지휘를 받아 보호관찰관이 집행한다. 24. 보호9☆

제14조【치료명령의 집행】③ 치료명령을 받은 사람이 형의 집행이 종료되거나 면제·가석방 또는 치료감호의 집행이 종료·가종료 또는 치료위탁으로 석방되는 경우 보호관찰관은 석방되기 전 2개월 이내에 치료명령을 받은 사람에게 치료명령을 집행하여야 한다. 24. 보호9

④ 다음 각 호의 어느 하나에 해당하는 때에는 치료명령의 집행이 정지된다.
1. 치료명령의 집행 중 구속영장의 집행을 받아 구금된 때 24. 보호9☆
2. 치료명령의 집행 중 금고 이상의 형의 집행을 받게 된 때
3. 가석방 또는 가종료·가출소된 자에 대하여 치료기간 동안 가석방 또는 가종료·가출소가 취소되거나 실효된 때

⑤ 제4항에 따라 집행이 정지된 치료명령의 잔여기간에 대하여는 다음 각 호의 구분에 따라 집행한다.
1. 제4항 제1호의 경우에는 구금이 해제되거나 금고 이상의 형의 집행을 받지 아니하는 것으로 확정된 때부터 그 잔여기간을 집행한다. 24. 보호9
2. 제4항 제2호의 경우에는 그 형의 집행이 종료되거나 면제된 후 또는 가석방된 때부터 그 잔여기간을 집행한다.

3. 제4항 제3호의 경우에는 그 형이나 치료감호 또는 보호감호의 집행이 종료되거나 면제된 후 그 잔여 기간을 집행한다.

제15조【치료명령을 받은 사람의 의무】 ① 치료명령을 받은 사람은 치료기간 중 상쇄약물의 투약 등의 방법으로 치료의 효과를 해하여서는 아니 된다. 14. 교정7

② 치료명령을 받은 사람은 형의 집행이 종료되거나 면제·가석방 또는 치료감호의 집행이 종료·가종료 또는 치료위탁되는 날부터 <u>10일 이내</u>에 주거지를 관할하는 <u>보호관찰소에 출석</u>하여 <u>서면으로 신고</u>하여야 한다. 21. 교정9

③ 치료명령을 받은 사람은 <u>주거 이전</u> 또는 <u>7일 이상의 국내여행</u>을 하거나 출국할 때에는 미리 <u>보호관찰관의 허가</u>를 받아야 한다. 24. 보호9☆

제16조【치료기간의 연장 등】 ① 치료 경과 등에 비추어 치료명령을 받은 사람에 대한 약물치료를 계속 하여야 할 상당한 이유가 있거나 다음 각 호의 어느 하나에 해당하는 사유가 있으면 <u>법원은 보호관찰소의 장의 신청에 따른 검사의 청구로 치료기간을 결정으로 연장할 수 있다.</u> 다만, <u>종전의 치료기간을 합산하여 15년을 초과할 수 없다.</u> 21. 교정9

1. 정당한 사유 없이 「보호관찰 등에 관한 법률」 제32조 제2항(제4호는 제외한다) 또는 제3항에 따른 준수사항을 위반한 경우
2. 정당한 사유 없이 제15조 제2항을 위반하여 신고하지 아니한 경우
3. 거짓으로 제15조 제3항의 허가를 받거나 정당한 사유 없이 제15조 제3항을 위반하여 허가를 받지 아니하고 주거 이전, 국내여행 또는 출국을 하거나 허가기간 내에 귀국하지 아니한 경우

제17조【치료명령의 임시해제 신청 등】 ① 보호관찰소의 장 또는 치료명령을 받은 사람 및 그 법정대리인은 해당 보호관찰소를 관할하는 「보호관찰 등에 관한 법률」 제5조에 따른 <u>보호관찰 심사위원회</u>(이하 '심사위원회'라 한다)에 치료명령의 임시해제를 신청할 수 있다.

② 제1항의 신청은 <u>치료명령의 집행이 개시된 날부터 6개월이 지난 후</u>에 하여야 한다. 신청이 기각된 경우에는 기각된 날부터 6개월이 지난 후에 다시 신청할 수 있다. 14. 교정9

제20조【치료명령 집행의 종료】 제8조 제1항에 따라 선고된 치료명령은 다음 각 호의 어느 하나에 해당하는 때에 그 집행이 종료된다.

1. 치료기간이 지난 때
2. 치료명령과 함께 선고한 형이 사면되어 그 선고의 효력을 상실하게 된 때
3. 치료명령이 임시해제된 사람이 그 임시해제가 취소됨이 없이 잔여 치료기간을 지난 때

제21조【치료명령의 시효】 ① 치료명령을 받은 사람은 그 판결이 확정된 후 집행을 받지 아니하고 <u>함께 선고된 피고사건의 형의 시효 또는 치료감호의 시효가 완성되면 그 집행이 면제된다.</u>

② <u>치료명령의 시효</u>는 치료명령을 받은 사람을 <u>체포함으로써 중단</u>된다. 14. 교정9

제22조【성폭력 수형자에 대한 치료명령 청구】 ① <u>검사</u>는 사람에 대하여 성폭력범죄를 저질러 징역형 이상의 형이 확정되었으나 제8조 제1항에 따른 <u>치료명령이 선고되지 아니한 수형자</u>(이하 '성폭력 수형자'라 한다) 중 성도착증 환자로서 <u>성폭력범죄를 다시 범할 위험성</u>이 있다고 인정되고 <u>약물치료를 받는 것을 동의하는 사람</u>에 대하여 그의 주거지 또는 현재지를 관할하는 지방법원에 치료명령을 청구할 수 있다.

② 제1항의 수형자에 대한 치료명령의 절차는 다음 각 호에 따른다.

1. 교도소·구치소(이하 "수용시설"이라 한다)의 장은 「형법」 제72조 제1항의 가석방 요건을 갖춘 성폭력 수형자에 대하여 약물치료의 내용, 방법, 절차, 효과, 부작용, 비용부담 등에 관하여 충분히 설명하고 동의 여부를 확인하여야 한다. 22. 교정7

2. 제1호의 성폭력 수형자가 약물치료에 동의한 경우 수용시설의 장은 지체 없이 수용시설의 소재지를 관할하는 지방검찰청의 검사에게 인적사항과 교정성적 등 필요한 사항을 통보하여야 한다. 22. 교정7

3. 검사는 소속 검찰청 소재지 또는 성폭력 수형자의 주소를 관할하는 보호관찰소의 장에게 성폭력 수형자에 대하여 제5조 제1항에 따른 조사를 요청할 수 있다. 22. 교정7

4. 보호관찰소의 장은 제3호의 요청을 접수한 날부터 2개월 이내에 제5조 제3항의 조사보고서를 제출하여야 한다.

5. 검사는 성폭력 수형자에 대하여 약물치료의 내용, 방법, 절차, 효과, 부작용, 비용부담 등에 관하여 설명하고 동의를 확인한 후 정신건강의학과 전문의의 진단이나 감정을 받아 법원에 치료명령을 청구할 수 있다. 이 때 검사는 치료명령 청구서에 제7조 제1항 각 호의 사항 외에 치료명령 피청구자의 동의사실을 기재하여야 한다.

6. 법원은 제5호의 치료명령 청구가 이유 있다고 인정하는 때에는 결정으로 치료명령을 고지하고 치료명령을 받은 사람에게 준수사항 기재서면을 송부하여야 한다.

③ 제2항 제6호의 결정(→ 치료명령결정)에 따른 치료기간은 15년을 초과할 수 없다.

⑭ 치료명령을 받은 사람은 치료명령결정이 확정된 후 집행을 받지 아니하고 10년이 경과하면 시효가 완성되어 집행이 면제된다. 18. 교정7

제23조【가석방】 ① 수용시설의 장은 제22조 제2항 제6호의 결정(→ 치료명령결정)이 확정된 성폭력 수형자에 대하여 법무부령으로 정하는 바에 따라 「형의 집행 및 수용자의 처우에 관한 법률」 제119조의 가석방심사위원회에 가석방 적격심사를 신청하여야 한다. 22. 교정7

② 가석방심사위원회는 성폭력 수형자의 가석방 적격심사를 할 때에는 치료명령이 결정된 사실을 고려하여야 한다. 18. 교정7☆

제24조【비용부담】 ① 제22조 제2항 제6호의 치료명령(→ 성폭력 수형자에 대한 치료명령)의 결정을 받은 사람은 치료기간 동안 치료비용을 부담하여야 한다. 다만, 치료비용을 부담할 경제력이 없는 사람의 경우에는 국가가 비용을 부담할 수 있다. 18. 교정7☆

제25조【가종료 등과 치료명령】 ① 「치료감호 등에 관한 법률」 제37조에 따른 치료감호심의위원회(이하 '치료감호심의위원회'라 한다)는 성폭력범죄자 중 성도착증 환자로서 치료감호의 집행 중 가종료 또는 치료위탁되는 피치료감호자나 보호감호의 집행 중 가출소되는 피보호감호자(이하 '가종료자 등'이라 한다)에 대하여 보호관찰기간의 범위에서 치료명령을 부과할 수 있다.

제30조【치료기간의 계산】 치료기간은 최초로 성 호르몬 조절약물을 투여한 날 또는 제14조 제1항에 따른 심리치료 프로그램의 실시를 시작한 날부터 기산하되, 초일은 시간을 계산함이 없이 1일로 산정한다. 18. 승진

제32조【수용시설의 장 등의 협조】 제14조 제3항 및 제27조에 따른 보호관찰관의 치료명령 집행에 수용시설의 장, 치료감호시설의 장, 보호감호시설의 장은 약물의 제공, 의사·간호사 등 의료인력 지원 등의 협조를 하여야 한다. 18. 승진

5 기타 보안처분 관련 법령 – 「성폭력범죄의 처벌 등에 관한 특례법」

제16조【형벌과 수강명령 등의 병과】 ① 법원이 성폭력범죄를 범한 사람에 대하여 형의 선고를 유예하는 경우에는 1년 동안 보호관찰을 받을 것을 명할 수 있다. 다만, 성폭력범죄를 범한 「소년법」 제2조에 따른 소년에 대하여 형의 선고를 유예하는 경우에는 반드시 보호관찰을 명하여야 한다.

② 법원이 성폭력범죄를 범한 사람에 대하여 유죄판결(선고유예는 제외한다)을 선고하거나 약식명령을 고지하는 경우 500시간의 범위에서 재범예방에 필요한 수강명령 또는 성폭력 치료프로그램의 이수명령(이하 '이수명령'이라 한다)을 병과하여야 한다. 다만, 수강명령 또는 이수명령을 부과할 수 없는 특별한 사정이 있는 경우 그러하지 아니하다.

③ 성폭력범죄를 범한 자에 대하여 제2항의 수강명령은 형의 집행을 유예할 경우에 그 집행유예기간 내에서 병과하고, 이수명령은 벌금 이상의 형을 선고하거나 약식명령을 고지할 경우에 병과한다. 다만, 이수명령은 성폭력범죄자가 「전자장치 부착 등에 관한 법률」 제9조의2 제1항 제4호에 따른 이수명령을 부과받은 경우에는 병과하지 아니한다.

④ 법원이 성폭력범죄를 범한 사람에 대하여 형의 집행을 유예하는 경우에는 제2항에 따른 수강명령 외에 그 집행유예기간 내에서 보호관찰 또는 사회봉사 중 하나 이상의 처분을 병과할 수 있다. 16. 교정7☆

⑤ 제2항에 따른 수강명령 또는 이수명령은 형의 집행을 유예할 경우에는 그 집행유예기간 내에, 벌금형을 선고하거나 약식명령을 고지할 경우에는 형 확정일부터 6개월 이내에, 징역형 이상의 실형(實刑)을 선고할 경우에는 형기 내에 각각 집행한다. 다만, 수강명령 또는 이수명령은 성폭력범죄를 범한 사람이 「아동·청소년의 성보호에 관한 법률」 제21조에 따른 수강명령 또는 이수명령을 부과받은 경우에는 병과하지 아니한다.

⑥ 제2항에 따른 수강명령 또는 이수명령이 벌금형 또는 형의 집행유예와 병과된 경우에는 보호관찰소의 장이 집행하고, 징역형 이상의 실형과 병과된 경우에는 교정시설의 장이 집행한다. 다만, 징역형 이상의 실형과 병과된 이수명령을 모두 이행하기 전에 석방 또는 가석방되거나 미결구금일수 산입 등의 사유로 형을 집행할 수 없게 된 경우에는 보호관찰소의 장이 남은 이수명령을 집행한다.

⑧ 성폭력범죄를 범한 사람으로서 형의 집행 중에 가석방된 사람은 가석방기간 동안 보호관찰을 받는다. 다만, 가석방을 허가한 행정관청이 보호관찰을 할 필요가 없다고 인정한 경우에는 그러하지 아니하다.

제42조【신상정보 등록대상자】 ① 제2조 제1항 제3호·제4호, 같은 조 제2항(제1항 제3호·제4호에 한정한다), 제3조부터 제15조까지의 범죄 및 「아동·청소년의 성보호에 관한 법률」 제2조 제2호 가목·라목의 범죄(이하 "등록대상 성범죄"라 한다)로 유죄판결이나 약식명령이 확정된 자 또는 같은 법 제49조 제1항 제4호에 따라 공개명령이 확정된 자는 신상정보 등록대상자(이하 "등록대상자"라 한다)가 된다. 다만, 제12조·제13조의 범죄 및 「아동·청소년의 성보호에 관한 법률」 제11조 제3항 및 제5항의 범죄로 벌금형을 선고받은 자는 제외한다.

② 법원은 등록대상 성범죄로 유죄판결을 선고하거나 약식명령을 고지하는 경우에는 등록대상자라는 사실과 제43조에 따른 신상정보 제출 의무가 있음을 등록대상자에게 알려 주어야 한다.

제43조【신상정보의 제출 의무】 ① 등록대상자는 제42조 제1항의 판결이 확정된 날부터 30일 이내에 다음 각 호(생략)의 신상정보(이하 "기본신상정보"라 한다)를 자신의 주소지를 관할하는 경찰관서의 장(이하 "관할경찰관서의 장"이라 한다)에게 제출하여야 한다. 다만, 등록대상자가 교정시설 또는 치료감호시설에 수용된 경우에는 그 교정시설등의 장에게 기본신상정보를 제출함으로써 이를 갈음할 수 있다.

② 관할경찰관서의 장 또는 교정시설등의 장은 제1항에 따라 등록대상자가 기본신상정보를 제출할 때에 등록대상자의 정면·좌측·우측 상반신 및 전신 컬러사진을 촬영하여 전자기록으로 저장·보관하여야 한다.

제44조【등록대상자의 신상정보 등록 등】 ① 법무부장관은 제43조 제5항, 제6항 및 제43조의2제3항에 따라 송달받은 정보와 다음 각 호의 등록대상자 정보를 등록하여야 한다. 24. 보호9

제45조【등록정보의 관리】 ① 법무부장관은 제44조 제1항 또는 제4항에 따라 기본신상정보를 최초로 등록한 날(이하 "최초등록일"이라 한다)부터 다음 각 호(생략)의 구분에 따른 기간(이하 "등록기간"이라 한다) 동안 등록정보를 보존·관리하여야 한다. 다만, 법원이 제4항에 따라 등록기간을 정한 경우에는 그 기간 동안 등록정보를 보존·관리하여야 한다.

제45조의2【신상정보 등록의 면제】 ① 신상정보 등록의 원인이 된 성범죄로 형의 선고를 유예받은 사람이 <u>선고유예를 받은 날부터 2년이 경과하여 「형법」 제60조에 따라 면소된 것으로 간주되면 신상정보 등록을 면제한다.</u> 24. 보호9

제47조【등록정보의 공개】 ② 등록정보의 공개는 <u>여성가족부장관</u>이 집행한다. 24. 보호9

제49조【등록정보의 고지】 ② 등록정보의 고지는 <u>여성가족부장관</u>이 집행한다. 24. 보호9

IV

소년형사정책론

01 소년범죄의 일반이론

1 소년범죄의 경향

(1) 폭력화되어간다.

(2) 재범율이 증가한다.

(3) 저연령화되어간다.

(4) 정상가정 및 중류 이상 가정 출신소년의 비행이 증가한다.

(5) 고학력화되어간다.

(6) 약물범죄와 교통범죄가 증가한다.

(7) 집단화되어간다.

(8) 여성범죄가 점진적으로 증가한다.

(9) 이유 없는 비행이 증가한다.

2 소년교정 모형 - 바톨라스와 밀러(C. Bartollas & W. Miller) 19. 교정9☆

의료 모형	① 국친사상과 실증주의를 결합하여, 비행소년은 자신이 통제할 수 없는 요인(소질·환경)에 의해 범죄로 나아가게 된다. ② 비행소년은 처벌이 아니라 치료의 대상이며, 국가는 비행소년을 대리부모로서 보호할 의무가 있다.
적응 모형 17. 교정9	① 의료 모형의 전제인 국친사상과 실증주의에 재통합사상을 결합하여, 범죄자는 스스로 책임 있는 선택과 합법적 결정을 할 수 있다. ② 현실요법, 환경요법, 집단지도 상호작용, 교류분석, 긍정적 동료문화 등의 처우기법을 활용해야 한다.
범죄통제 모형	① 기존의 비행소년처우 모형의 실패를 비판하면서, 엄격한 훈육과 처벌만이 소년범죄를 억제하는 대안이라고 본다. ② 범죄자에 대한 처우가 아니라 범죄에 상응한 처벌을 중시하고, 비행소년에 대한 지역사회 교정에 대해서는 부정적이다.
최소제한 모형	① 낙인이론에 근거하여 낙인의 부정적 영향, 소년교정의 비인도성 등을 이유로 형사사법기관의 개입을 최소화하자는 입장이다. ② 비행소년에 대한 절차적 권리의 보장 및 시설 내 처우의 제한을 주장한다.

02 소년법에 의한 소년범죄대책

1 소년법의 범위와 원칙

1 소년법의 범위

(1) 「소년법」은 총칙 · 보호사건 · 형사사건 · 벌칙으로 구성되어 있다.

(2) 「소년법」은 소년비행의 내용을 반사회성에서 찾고, 이를 제거하기 위하여 그 원인을 사회적 요인인 환경과 개인적 요인인 품행에 둠으로써, 사회적 · 개인적 원인을 모두 인정하고 있다.

> 제1조 【목적】 이 법은 반사회성이 있는 소년의 환경 조정과 품행 교정을 위한 보호처분 등의 필요한 조치를 하고, 형사처분에 관한 특별조치를 함으로써 소년이 건전하게 성장하도록 돕는 것을 목적으로 한다.
>
> 제2조 【소년 및 보호자】 이 법에서 '소년'이란 19세 미만인 자를 말하며, '보호자'란 법률상 감호교육을 할 의무가 있는 자 또는 현재 감호하는 자를 말한다. 23. 보호7

🔨 **관련 판례** | 「소년법」상 소년의 판단시기

소년범 감경에 관한 「소년법」제60조 제2항 등의 적용 대상인 '소년'인지 여부를 판단하는 시기(= 사실심판결 선고 시) - 「소년법」이 적용되는 '소년'이란 심판 시에 19세 미만인 사람을 말하므로, 「소년법」의 적용을 받으려면 심판 시에 19세 미만이어야 한다. 따라서 「소년법」제60조 제2항의 적용대상인 '소년'인지의 여부도 심판 시, 즉 사실심판결 선고 시를 기준으로 판단되어야 한다. 이러한 법리는 '소년'의 범위를 20세 미만에서 19세 미만으로 축소한 「소년법」 개정법률이 시행되기 전에 범행을 저지르고, 20세가 되기 전에 원심판결이 선고되었다고 해서 달라지지 아니한다. [대판 2009.5.28, 2009도2682] 16. 사시☆

⭐ **핵심 POINT** | 현행법상 아동 · 소년 · 청소년의 연령기준 23. 보호7☆

「청소년 기본법」상의 청소년	9세 이상 24세 이하인 사람
「청소년 보호법」상의 청소년	만 19세 미만인 사람(만 19세가 되는 해의 1월 1일을 맞이한 사람은 제외)
「가정폭력방지 및 피해자보호 등에 관한 법률」상의 아동	18세 미만인 자
「아동 · 청소년의 성보호에 관한 법률」상의 아동 · 청소년	19세 미만인 사람
「소년법」상의 소년	19세 미만인 자
「아동복지법」상의 아동	18세 미만인 사람

2 소년보호의 원칙

1. 의의

「소년법」은 소년의 건전한 육성을 위한 사회환경을 조성하는 동시에, 소년비행의 원인을 제거함으로써 소년과 사회를 범죄로부터 보호해야 할 필요성에서 소년보호의 이념을 기초로 하고 있다. 소년보호의 이념은 범죄가 발생하기 전에 범죄를 예방하고, 범죄인의 사회적응을 용이하게 하는 교육에 중점을 둔다.

2. 내용

(1) **인격주의** 24. 보호9☆

소년법은 교육 기능과 사법 기능을 동시에 수행해야 하므로 객관적 비행사실만 중요시해서는 안 되고, 소년의 인격에 내재하는 개인적 범죄특성도 함께 고려하여야 한다(「소년법」 제1조 및 제4조 제1항).

(2) **예방주의** 18. 보호7☆

소년법의 목적은 범행한 소년의 처벌이 아니라 이미 범행한 소년이 다시 범죄를 범하지 않도록 함에 있고, 장래에 죄를 범할 우려가 있는 우범소년도 그 대상으로 하여 범죄예방에 비중을 두어야 한다(「소년법」 제4조 제1항의 우범소년에 관한 규정). 14. 사시

(3) **보호주의**

보호처분뿐만 아니라, 형사처분의 경우에도 소년의 건전한 육성이 궁극적 목적이 되어야 하며, 응보나 일반예방을 목표로 하여서는 안 된다.

(4) **개별주의** 24. 보호9☆

소년사건에서 소년 개개인을 독립된 사건으로 취급하고 그 개별 특성을 중시하며, 소년사건의 조사에서는 대상소년의 개성·환경 등에 대한 정확한 규명이 필요하다(「소년법」 제9조).

(5) **과학주의** 24. 보호9☆

예방주의와 개별주의를 추구하기 위해서는 소년의 범죄환경 및 소년에게 어떤 형벌을 얼마나 부과하는 것이 적합한가에 대한 연구가 필요하다. 따라서 소년의 교육·보호에 적합한 대책을 정신의학·교육학 등의 전문가의 의견을 들어 결정해야 한다(「소년법」 제9조 및 제12조).

(6) **교육주의** 12. 보호7

반사회성이 있는 소년의 건전한 육성을 위해서 환경조성과 성행교정에 필요한 보호처분·형사처분을 할 때에는 처벌 위주가 아니라 치료·개선을 우선하는 특별한 조치를 취해야 한다.

(7) **협력주의** 24. 보호9☆

효율적 소년보호를 위해 국가는 물론이고 소년의 보호자를 비롯한 민간단체 등이 서로 협력해야 한다. 소년보호를 위해서는 보호자 및 관계기관은 물론이고 사회 전반에 걸쳐 상호부조·협력이 이루어져야 한다.

(8) 밀행주의 18. 보호7

보호소년을 개선하여 사회생활에 적응시키고 건전하게 육성하기 위해서 문제소년을 가급적 노출시키지 않아야 한다. 이는 인권보장 및 재범방지의 측면에서 매우 중요하다(「소년법」제68조 제1항 및 제24조 제2항).

(9) 심문주의(직권주의)

소년보호를 위하여는 소년을 심판의 당사자가 아닌 심리의 객체로 보아 당사자주의보다는 직접심문의 방식을 취하여야 한다. 따라서 소년에 대한 심리는 법원의 직권에 의해 절차가 진행된다.

3 법원선의주의와 검사선의주의

1. 입법례

검사선의주의	소년사건을 먼저 검사가 송치받아 검토한 후 소년법원에 송치할 것인가의 여부를 결정하는 입장(사법적 형사처분에 기초)	대륙법계
법원선의주의	소년사건을 일단 소년법원이 먼저 수리·심리한 후에 형사처분을 함이 타당하다고 하는 사건만을 검사에게 송치하는 입장(복지적 보호처분에 바탕)	영미법계

2. 우리나라의 경우

(1) 현행 「소년법」은 검사선의주의를 채택하고 있다(「소년법」제49조 제1항).

(2) 검사선의주의를 그대로 고수하면 행정기관에 의한 사법적 판단이 이루어진 셈이 되므로, 「소년법」은 소년법원의 검찰 송치(「소년법」제49조 제2항, 송검)와 형사법원의 소년부 송치(「소년법」제50조)에 관한 규정을 두어 사법적 통제를 하고 있다.

2 소년법에 의한 소년사건처리

1 보호사건

제3조【관할 및 직능】 ① 소년 보호사건의 관할은 소년의 행위지, 거주지 또는 현재지로 한다. 16. 보호7
② 소년 보호사건은 가정법원 소년부 또는 지방법원 소년부(이하 '소년부'라 한다)에 속한다. 16. 보호7☆
③ 소년 보호사건의 심리와 처분 결정은 소년부 단독판사가 한다. 15. 사시☆

제4조【보호의 대상과 송치 및 통고】 ① 다음 각 호의 어느 하나에 해당하는 소년은 소년부의 보호사건으로 심리한다. 13. 교정9☆
1. 죄를 범한 소년(→ 범죄소년)
2. 형벌 법령에 저촉되는 행위를 한 10세 이상 14세 미만인 소년(→ 촉법소년)
3. 다음 각 목에 해당하는 사유가 있고 그의 성격이나 환경에 비추어 앞으로 형벌 법령에 저촉되는 행위를 할 우려가 있는 10세 이상인 소년(→ 우범소년)

가. 집단적으로 몰려다니며 주위 사람들에게 불안감을 조성하는 성벽이 있는 것

나. 정당한 이유 없이 가출하는 것

다. 술을 마시고 소란을 피우거나 유해환경에 접하는 성벽이 있는 것

② 제1항 제2호 및 제3호에 해당하는 소년(→ 촉법소년, 우범소년)이 있을 때에는 경찰서장은 직접 관할 소년부에 송치하여야 한다. 23. 보호7☆

③ 제1항 각 호의 어느 하나에 해당하는 소년(→ 범죄소년, 촉법소년, 우범소년)을 발견한 보호자 또는 학교·사회복리시설·보호관찰소(보호관찰지소를 포함한다. 이하 같다)의 장은 이를 관할 소년부에 통고할 수 있다. 23. 보호7☆

제5조【송치서】 소년 보호사건을 송치하는 경우에는 송치서에 사건 본인의 주거·성명·생년월일 및 행위의 개요와 가정 상황을 적고, 그 밖의 참고자료를 첨부하여야 한다. 22. 보호7

제6조【이송】 ① 보호사건을 송치받은 소년부는 보호의 적정을 기하기 위하여 필요하다고 인정하면 결정으로써 사건을 다른 관할 소년부에 이송할 수 있다. 23. 보호7☆

② 소년부는 사건이 그 관할에 속하지 아니한다고 인정하면 결정으로써 그 사건을 관할 소년부에 이송하여야 한다. 23. 보호7☆

제7조【형사처분 등을 위한 관할 검찰청으로의 송치】 ① 소년부는 조사 또는 심리한 결과 금고 이상의 형에 해당하는 범죄사실이 발견된 경우 그 동기와 죄질이 형사처분을 할 필요가 있다고 인정하면 결정으로써 사건을 관할 지방법원에 대응한 검찰청 검사에게 송치하여야 한다. 18. 승진☆

② 소년부는 조사 또는 심리한 결과 사건의 본인이 19세 이상인 것으로 밝혀진 경우에는 결정으로써 사건을 관할 지방법원에 대응하는 검찰청 검사에게 송치하여야 한다. 다만, 제51조에 따라 법원에 이송하여야 할 경우에는 그러하지 아니하다.

제9조【조사 방침】 조사는 의학·심리학·교육학·사회학이나 그 밖의 전문적인 지식을 활용하여 소년과 보호자 또는 참고인의 품행, 경력, 가정 상황, 그 밖의 환경 등을 밝히도록 노력하여야 한다(→ 개별주의, 과학주의).

제10조【진술거부권의 고지】 소년부 또는 조사관이 범죄사실에 관하여 소년을 조사할 때에는 미리 소년에게 불리한 진술을 거부할 수 있음을 알려야 한다(→ 적법절차의 원칙). 23. 보호7☆

제11조【조사명령】 ① 소년부 판사는 조사관에게 사건 본인, 보호자 또는 참고인의 심문이나 그 밖에 필요한 사항을 조사하도록 명할 수 있다. 23. 교정9☆

② 소년부는 제4조 제3항에 따라 통고된 소년을 심리할 필요가 있다고 인정하면 그 사건을 조사하여야 한다. 10. 사시

제12조【전문가의 진단】 소년부는 조사 또는 심리를 할 때에 정신건강의학과 의사·심리학자·사회사업가·교육자나 그 밖의 전문가의 진단, 소년 분류심사원의 분류심사 결과와 의견, 보호관찰소의 조사 결과와 의견 등을 고려하여야 한다(→ 과학주의). 23. 교정9☆

제13조【소환 및 동행영장】 ① 소년부 판사는 사건의 조사 또는 심리에 필요하다고 인정하면 기일을 지정하여 사건 본인이나 보호자 또는 참고인을 소환할 수 있다. 22. 보호7☆

② 사건 본인이나 보호자가 정당한 이유 없이 소환에 응하지 아니하면 소년부 판사는 동행영장을 발부할 수 있다. 23. 보호7☆

제14조【긴급동행영장】 소년부 판사는 사건 본인을 보호하기 위하여 긴급조치가 필요하다고 인정하면 제13조 제1항에 따른 소환 없이 동행영장을 발부할 수 있다. 18. 보호7☆

제16조【동행영장의 집행】 ① 동행영장은 <u>조사관</u>이 집행한다.

② 소년부 판사는 소년부 법원서기관 · 법원사무관 · 법원주사 · 법원주사보나 보호관찰관 또는 사법경찰관리에게 동행영장을 집행하게 할 수 있다. 23. 교정9

제17조【보조인 선임】 ① <u>사건 본인</u>이나 <u>보호자</u>는 소년부 판사의 허가를 받아 <u>보조인을 선임할 수 있다.</u> 22. 보호7☆

② <u>보호자나 변호사</u>를 보조인으로 선임하는 경우에는 제1항의 허가를 받지 아니하여도 된다. 22. 보호7☆

④ 소년부 판사는 보조인이 심리절차를 고의로 지연시키는 등 심리진행을 <u>방해하거나 소년의 이익에 반</u>하는 행위를 할 우려가 있다고 판단하는 경우에는 <u>보조인 선임의 허가를 취소할 수 있다.</u> 24. 교정9

⑤ 보조인의 선임은 <u>심급</u>마다 하여야 한다. 22. 보호7

제17조의2【국선보조인】 ① 소년이 <u>소년분류심사원에 위탁된 경우</u> 보조인이 없을 때에는 <u>법원은 변호사등 적정한 자</u>를 보조인으로 <u>선정하여야 한다.</u> 23. 교정9☆

② 소년이 <u>소년분류심사원에 위탁되지 아니하였을 때에도</u> 다음의 경우 법원은 직권에 의하거나 소년 또는 보호자의 <u>신청에 따라 보조인을 선정할 수 있다.</u> 24. 교정9☆

1. 소년에게 신체적 · 정신적 <u>장애</u>가 의심되는 경우

2. <u>빈곤</u>이나 그 밖의 사유로 보조인을 선임할 수 없는 경우

3. 그 밖에 소년부 판사가 보조인이 <u>필요</u>하다고 인정하는 경우

제18조【임시조치】 ① <u>소년부 판사</u>는 사건을 조사 또는 심리하는 데에 필요하다고 인정하면 소년의 감호에 관하여 <u>결정</u>으로써 다음 각 호의 어느 하나에 해당하는 조치를 할 수 있다. 18. 교정9☆

1. 보호자, 소년을 보호할 수 있는 <u>적당한 자 또는 시설에 위탁</u>

2. <u>병원이나 그 밖의 요양소에 위탁</u>

3. <u>소년분류심사원에 위탁</u>

② <u>동행된 소년</u> 또는 제52조 제1항에 따라 인도된 소년(→ 소년부 송치 결정에 따라 인도된 소년)에 대하여는 도착한 때로부터 <u>24시간</u> 이내에 제1항의 조치를 하여야 한다. 10. 보호7

③ 제1항 제1호 및 제2호의 위탁기간은 <u>3개월</u>을, 제1항 제3호의 위탁기간은 <u>1개월</u>을 초과하지 못한다. 다만, 특별히 계속 조치할 필요가 있을 때에는 <u>한 번</u>에 한하여 결정으로써 <u>연장</u>할 수 있다. 23. 보호7☆

⑥ 제1항의 조치는 언제든지 결정으로써 <u>취소하거나 변경할 수 있다.</u> 13. 사시

제19조【심리 불개시의 결정】 ① 소년부 판사는 송치서와 조사관의 조사보고에 따라 사건의 <u>심리를 개시할 수 없거나 개시할 필요가 없다고 인정하면 <u>심리를 개시하지 아니한다는 결정</u>을 하여야 한다. 이 결정은 <u>사건 본인과 보호자에게 알려야 한다.</u> 16. 보호7☆

② 사안이 가볍다는 이유로 심리를 개시하지 아니한다는 결정을 할 때에는 소년에게 훈계하거나 보호자에게 소년을 엄격히 관리하거나 교육하도록 고지할 수 있다. 24. 교정9☆

③ 제1항의 결정이 있을 때에는 제18조의 <u>임시조치는 취소된 것으로 본다.</u>

제21조【심리 기일의 지정】 ① 소년부 판사는 심리 기일을 지정하고 <u>본인과 보호자를 소환하여야 한다.</u> 다만, 필요가 없다고 인정한 경우에는 <u>보호자는 소환하지 아니할 수 있다.</u> 24. 교정9☆

제22조【기일 변경】 소년부 판사는 <u>직권</u>에 의하거나 사건 본인, 보호자 또는 보조인의 <u>청구</u>에 의하여 심리 기일을 변경할 수 있다. 기일을 변경한 경우에는 이를 사건 본인, 보호자 또는 보조인에게 알려야 한다. 11. 교정7

제24조【심리의 방식】 ① 심리는 <u>친절</u>하고 <u>온화</u>하게 하여야 한다. 11. 교정7

② 심리는 공개하지 아니한다. 다만, 소년부 판사는 적당하다고 인정하는 자에게 참석을 허가할 수 있다 (→ 밀행주의). 16. 사시☆

제25조의2【피해자 등의 진술권】 소년부 판사는 피해자 또는 그 법정대리인·변호인·배우자·직계친족·형제자매(이하 이 조에서 '대리인 등'이라 한다)가 의견진술을 신청할 때에는 피해자나 그 대리인 등에게 심리 기일에 의견을 진술할 기회를 주어야 한다. 다만, 다음 각 호의 어느 하나에 해당하는 경우에는 그러하지 아니하다. 15. 교정9☆

1. 신청인이 이미 심리절차에서 충분히 진술하여 다시 진술할 필요가 없다고 인정되는 경우
2. 신청인의 진술로 심리절차가 현저하게 지연될 우려가 있는 경우

제25조의3【화해권고】 ① 소년부 판사는 소년의 품행을 교정하고 피해자를 보호하기 위하여 필요하다고 인정하면 소년에게 피해 변상 등 피해자와의 화해를 권고할 수 있다. 14. 보호7☆

③ 소년부 판사는 소년이 제1항의 권고에 따라 피해자와 화해하였을 경우에는 보호처분을 결정할 때 이를 고려할 수 있다. 15. 사시☆

제29조【불처분 결정】 ① 소년부 판사는 심리 결과 보호처분을 할 수 없거나 할 필요가 없다고 인정하면 그 취지의 결정을 하고, 이를 사건 본인과 보호자에게 알려야 한다. 21. 교정9☆

제30조의2【기록의 열람·등사】 소년 보호사건의 기록과 증거물은 소년부 판사의 허가를 받은 경우에만 열람하거나 등사할 수 있다. 다만, 보조인이 심리 개시 결정 후에 소년 보호사건의 기록과 증거물을 열람하는 경우에는 소년부 판사의 허가를 받지 아니하여도 된다.

제32조【보호처분의 결정】 ① 소년부 판사는 심리 결과 보호처분을 할 필요가 있다고 인정하면 결정으로써 다음 각 호의 어느 하나에 해당하는 처분을 하여야 한다. 22. 보호7☆

1. 보호자 또는 보호자를 대신하여 소년을 보호할 수 있는 자에게 감호 위탁
2. 수강명령
3. 사회봉사명령
4. 보호관찰관의 단기 보호관찰
5. 보호관찰관의 장기 보호관찰
6. 「아동복지법」에 따른 아동복지시설이나 그 밖의 소년보호시설에 감호 위탁
7. 병원, 요양소 또는 「보호소년 등의 처우에 관한 법률」에 따른 의료재활소년원에 위탁
8. 1개월 이내의 소년원 송치
9. 단기 소년원 송치
10. 장기 소년원 송치

② 다음 각 호 안의 처분 상호 간에는 그 전부 또는 일부를 병합할 수 있다. 24. 보호9☆

1. 제1항 제1호·제2호·제3호·제4호 처분
2. 제1항 제1호·제2호·제3호·제5호 처분
3. 제1항 제4호·제6호 처분
4. 제1항 제5호·제6호 처분
5. 제1항 제5호·제8호 처분

③ 제1항 제3호의 처분(→ 사회봉사명령)은 14세 이상의 소년에게만 할 수 있다. 22. 보호7☆

④ 제1항 제2호 및 제10호의 처분(→ 수강명령, 장기 소년원 송치)은 12세 이상의 소년에게만 할 수 있다. 23. 보호7☆

⑥ 소년의 보호처분은 그 소년의 장래 신상에 어떠한 영향도 미치지 아니한다. 22. 보호7☆

제32조의2【보호관찰처분에 따른 부가처분 등】 ① 제32조 제1항 제4호 또는 제5호의 처분(→ 단기 보호관찰, 장기 보호관찰)을 할 때에 3개월 이내의 기간을 정하여 「보호소년 등의 처우에 관한 법률」에 따른 대안교육 또는 소년의 상담·선도·교화와 관련된 단체나 시설에서의 상담·교육을 받을 것을 동시에 명할 수 있다. 23. 보호7☆

② 제32조 제1항 제4호 또는 제5호의 처분을 할 때에 1년 이내의 기간을 정하여 야간 등 특정 시간대의 외출을 제한하는 명령을 보호관찰 대상자의 준수사항으로 부과할 수 있다. 24. 보호9☆

③ 소년부 판사는 가정상황 등을 고려하여 필요하다고 판단되면 보호자에게 소년원·소년분류심사원 또는 보호관찰소 등에서 실시하는 소년의 보호를 위한 특별교육을 받을 것을 명할 수 있다. 20. 보호7☆

제33조【보호처분의 기간】① 제32조 제1항 제1호·제6호·제7호(→ 보호자 등 위탁·시설 등 위탁·병원 등 위탁)의 위탁기간은 6개월로 하되, 소년부 판사는 결정으로써 6개월의 범위에서 한 번에 한하여 그 기간을 연장할 수 있다. 다만, 소년부 판사는 필요한 경우에는 언제든지 결정으로써 그 위탁을 종료시킬 수 있다. 21. 교정7☆

② 제32조 제1항 제4호의 단기 보호관찰기간은 1년으로 한다(→ 연장 ×). 24. 보호9☆

③ 제32조 제1항 제5호의 장기 보호관찰기간은 2년으로 한다. 다만, 소년부 판사는 보호관찰관의 신청에 따라 결정으로써 1년의 범위에서 한 번에 한하여 그 기간을 연장할 수 있다. 24. 보호9☆

④ 제32조 제1항 제2호의 수강명령은 100시간을, 제32조 제1항 제3호의 사회봉사명령은 200시간을 초과할 수 없으며, 보호관찰관이 그 명령을 집행할 때에는 사건 본인의 정상적인 생활을 방해하지 아니하도록 하여야 한다. 21. 교정9☆

⑤ 제32조 제1항 제9호에 따라 단기로 소년원에 송치된 소년의 보호기간은 6개월을 초과하지 못한다. 20. 교정9☆

⑥ 제32조 제1항 제10호에 따라 장기로 소년원에 송치된 소년의 보호기간은 2년을 초과하지 못한다(→ 연장 ×). 21. 교정7☆

⑦ 제32조 제1항 제6호부터 제10호까지의 어느 하나에 해당하는 처분을 받은 소년이 시설위탁이나 수용 이후 그 시설을 이탈하였을 때에는 위 처분기간은 진행이 정지되고, 재위탁 또는 재수용된 때로부터 다시 진행한다.

제34조【몰수의 대상】① 소년부 판사는 제4조 제1항 제1호·제2호에 해당하는 소년(→ 범죄소년·촉법소년)에 대해 제32조의 처분(→ 보호처분)을 하는 경우에는 결정으로써 다음의 물건을 몰수할 수 있다. 15. 사시
1. 범죄 또는 형벌 법령에 저촉되는 행위에 제공하거나 제공하려 한 물건
2. 범죄 또는 형벌 법령에 저촉되는 행위로 인해 생기거나 이로 인해 취득한 물건
3. 제1호와 제2호의 대가로 취득한 물건

제37조【처분의 변경】① 소년부 판사는 위탁받은 자나 보호처분을 집행하는 자의 신청에 따라 결정으로써 제32조의 보호처분과 제32조의2의 부가처분을 변경할 수 있다. 다만, 제32조 제1항 제1호·제6호·제7호의 보호처분(→ 보호자 등 감호 위탁, 보호시설 등 감호 위탁, 병원 등 위탁)과 제32조의2 제1항의 부가처분(→ 3개월 이내의 대안교육 등 부과)은 직권으로 변경할 수 있다. 23. 보호7☆

제38조【보호처분의 취소】① 보호처분이 계속 중일 때에 사건 본인이 처분 당시 19세 이상인 것으로 밝혀진 경우에는 소년부 판사는 결정으로써 그 보호처분을 취소하고 다음의 구분에 따라 처리하여야 한다. 24. 보호9☆
1. 검사·경찰서장의 송치 또는 제4조 제3항의 통고에 의한 사건인 경우에는 관할 지방법원에 대응하는 검찰청 검사에게 송치한다.
2. 제50조에 따라 법원이 송치한 사건인 경우에는 송치한 법원에 이송한다.

② 제4조 제1항 제1호·제2호의 소년(→ 범죄소년·촉법소년)에 대한 보호처분이 계속 중일 때에 사건 본인이 행위 당시 10세 미만으로 밝혀진 경우 또는 제4조 제1항 제3호의 소년(→ 우범소년)에 대한 보호처분이 계속 중일 때에 사건 본인이 처분 당시 10세 미만으로 밝혀진 경우에는 소년부 판사는 결정으로써 그 보호처분을 취소하여야 한다.

제39조【보호처분과 유죄판결】 보호처분이 계속 중일 때에 사건 본인에 대하여 <u>유죄판결이 확정된 경우</u>에 보호처분을 한 소년부 판사는 그 처분을 존속할 필요가 없다고 인정하면 결정으로써 <u>보호처분을 취소할 수 있다.</u> 24. 보호9☆

제40조【보호처분의 경합】 보호처분이 계속 중일 때에 사건 본인에 대하여 <u>새로운 보호처분이 있었을 때</u>에는 그 처분을 한 소년부 판사는 <u>이전의 보호처분을 한 소년부</u>에 조회하여 <u>어느 하나의 보호처분을 취소하여야 한다.</u> 24. 보호9☆

제42조【증인 등의 비용】 ① 증인 · 감정인 · 통역인 · 번역인에게 지급하는 비용, 숙박료, 그 밖의 비용에 대하여는 「형사소송법」 중 비용에 관한 규정을 준용한다. 14. 교정9

제43조【항고】 ① 제32조에 따른 <u>보호처분의 결정</u> 및 제32조의2에 따른 <u>부가처분 등의 결정</u> 또는 제37조의 보호처분 · 부가처분 변경 결정이 다음 각 호의 어느 하나에 해당하면 <u>사건 본인 · 보호자 · 보조인 또는 그 법정대리인</u>은 관할 가정법원 또는 지방법원 본원 합의부에 <u>항고할 수 있다</u>(→ 검사, 피해자는 항고할 수 없음). 20. 보호7☆
  1. 해당 결정에 영향을 미칠 <u>법령 위반</u>이 있거나 <u>중대한 사실 오인</u>이 있는 경우
  2. 처분이 <u>현저히 부당한 경우</u>
② 항고를 제기할 수 있는 기간은 <u>7일</u>로 한다. 20. 보호7☆

제44조【항고장의 제출】 ① 항고를 할 때에는 항고장을 원심 소년부에 제출하여야 한다. 18. 교정7
② 항고장을 받은 소년부는 <u>3일 이내</u>에 <u>의견서</u>를 첨부하여 항고법원에 송부하여야 한다.

제45조【항고의 재판】 ① 항고법원은 항고절차가 법률에 위반되거나 항고가 이유 없다고 인정한 경우에는 결정으로써 항고를 기각하여야 한다.
② 항고법원은 항고가 이유가 있다고 인정한 경우에는 <u>원결정을 취소하고 사건을 원소년부에 환송하거나 다른 소년부에 이송하여야 한다.</u> 다만, 환송 또는 이송할 여유가 없이 급하거나 그 밖에 필요하다고 인정한 경우에는 <u>원결정을 파기하고 불처분 또는 보호처분의 결정</u>을 할 수 있다.
③ 제2항에 따라 항고가 이유가 있다고 인정되어 보호처분의 결정을 다시 하는 경우에는 원결정에 따른 보호처분의 집행기간은 그 전부를 항고에 따른 보호처분의 집행기간에 산입(제32조 제1항 <u>제8호 · 제9호 · 제10호</u> 처분 상호 간에만 해당한다)한다.

제46조【집행 정지】 항고는 결정의 집행을 정지시키는 효력이 없다. 18. 교정7☆

제47조【재항고】 ① 항고를 기각하는 결정에 대하여는 그 결정이 <u>법령에 위반</u>되는 경우에만 <u>대법원</u>에 재항고를 할 수 있다.

🔨 **관련 판례** │ 「소년법」상 보호처분과 상습성 인정

「소년법」 제1조나 제32조 제5항(→ 현행 제6항)의 규정이 있다 하여 <u>보호처분을 받은 사실을 상습성 인정의 자료</u>로 삼을 수 없는 것은 아니다. [대판 1989.12.12, 89도2097] 18. 승진

호	종류	기간	기타
1	보호자 등 감호 위탁	6개월(6개월－1회－연장)	
2	수강명령	100시간 초과 ×	12세 이상
3	사회봉사명령	200시간 초과 ×	14세 이상
4	단기 보호관찰	1년(연장 ×)	3개월 이내의 대안교육 등 부과, 1년 이내의 특정 시간대 외출 제한을 준수사항으로 부과
5	장기 보호관찰	2년(1년－1회－연장)	
6	보호시설 등 감호 위탁	6개월(6개월－1회－연장)	
7	병원 등 위탁	6개월(6개월－1회－연장)	
8	1개월 이내 소년원 송치	1개월 이내	
9	단기 소년원 송치	6개월 초과×(연장×)	
10	장기 소년원 송치	2년 초과×(연장×)	12세 이상

참고 1·2·3·4호, 1·2·3·5호, 4·6호, 5·6호, 5·8호 － 전부 또는 일부를 병합 가능

☆ 핵심 POINT | 사회봉사명령·수강명령의 기간 비교

구분	사회봉사명령	수강명령
「가정폭력범죄의 처벌 등에 관한 특례법」	200시간 초과 × (연장 시 400시간 초과 ×)	200시간 초과 × (연장 시 400시간 초과 ×)
「형법」상 집행유예 시 부과	500시간 초과 ×	200시간 초과 ×
「성매매알선 등 행위의 처벌에 관한 법률」	100시간 초과 × (연장 시 200시간 초과 ×)	100시간 초과 × (연장 시 200시간 초과 ×)
「성폭력범죄의 처벌 등에 관한 특례법」	–	500시간 범위
「소년법」	200시간 초과 ×	100시간 초과 ×
「아동·청소년의 성보호에 관한 법률」	–	500시간 범위

🔨 관련 판례 | 「소년법」상 보호처분을 받은 사건에 대한 공소제기

「소년법」상의 보호처분을 받은 사건과 동일한 사건에 대하여 다시 공소를 제기할 수 있는지 여부(소극) －「소년법」 제32조의 보호처분을 받은 사건과 동일(상습죄 등 포괄일죄 포함)한 사건에 관하여 다시 공소제기가 되었다면, 이는 공소제기 절차가 법률의 규정에 위배하여 무효인 때에 해당한 경우이므로 「형사소송법」 제327조 제2호의 규정에 의하여 공소기각의 판결을 하여야 한다. [대판 1996.2.23. 96도47] 18. 승진☆

소년보호사건에서 항고제기기간 내에 항고 이유를 제출하지 않은 항고인에게 항고법원이 별도로 항고이유 제출 기회를 주어야 하는지 여부(소극) —「소년법」제43조 제2항은 "항고를 제기할 수 있는 기간은 7일로 한다." 고 규정하고 있고, 같은 법 제31조는 "소년보호사건의 심리에 필요한 사항은 대법원 규칙으로 정한다."고 규정하고 있으며, 이에 따라 제정된「소년심판규칙」제44조는 "항고장에는 항고의 이유를 간결하게 명시하여야 한다."고 규정하고 있는바, <u>소년보호사건의 경우 제1심의 보호처분에 대하여 항고를 제기함에 있어서는 그 항고장에 항고이유를 기재하거나, 적법한 항고제기기간 내에 항고이유를 기재한 서면을 제출하여야 하고, 이와 별도로 항고법원이 항고인에게 항고이유의 제출 기회를 부여하여야 하는 것은 아니다.</u> [대결 2008.8.12, 2007트13] 13. 사시

2 형사사건

제48조【준거법례】 소년에 대한 형사사건에 관하여는 이 법에 특별한 규정이 없으면 <u>일반 형사사건의 예에 따른다</u>(→「소년법」이 먼저 적용되고 보충적으로「형법」·「형사소송법」등이 적용). 12. 보호7

제49조【검사의 송치】 ① 검사는 소년에 대한 피의사건을 수사한 결과 <u>보호처분에 해당하는 사유가 있다</u>고 인정한 경우에는 사건을 관할 <u>소년부에 송치하여야 한다</u>(→ 검사선의주의). 18. 승진☆
② <u>소년부</u>는 제1항에 따라 송치된 사건을 조사 또는 심리한 결과 그 동기와 죄질이 <u>금고 이상의 형사처분을 할 필요가 있다고 인정할 때에는 결정으로써 해당 검찰청 검사에게 송치할 수 있다.</u> 22. 교정9☆
③ 제2항에 따라 송치한 사건은 <u>다시 소년부에 송치할 수 없다</u>(→ 역송 금지). 15. 사시☆

제49조의2【검사의 결정 전 조사】 ① 검사는 소년 피의사건에 대하여 <u>소년부 송치, 공소제기, 기소유예 등의 처분을 결정하기 위하여</u> 필요하다고 인정하면 피의자의 주거지 또는 검찰청 소재지를 관할하는 <u>보호관찰소의 장, 소년분류심사원장 또는 소년원장</u>(이하 '보호관찰소장 등'이라 한다)에게 피의자의 품행, 경력, 생활환경이나 그 밖에 필요한 사항에 관한 <u>조사를 요구할 수 있다.</u> 20. 보호7☆

제49조의3【조건부 기소유예】 <u>검사</u>는 피의자에 대하여 다음 각 호에 해당하는 선도 등을 받게 하고, 피의사건에 대한 공소를 제기하지 아니할 수 있다. 이 경우 <u>소년과 소년의 친권자·후견인 등 법정대리인의 동의를 받아야 한다.</u> 18. 보호7☆
1. 범죄예방자원봉사위원의 선도
2. 소년의 선도·교육과 관련된 단체·시설에서의 상담·교육·활동 등

제50조【법원의 송치】 <u>법원</u>은 소년에 대한 피고사건을 심리한 결과 <u>보호처분에 해당할 사유가 있다</u>고 인정하면 결정으로써 사건을 관할 <u>소년부에 송치하여야 한다.</u> 23. 보호7☆

제51조【이송】 <u>소년부</u>는 제50조에 따라 송치받은 사건을 조사 또는 심리한 결과 사건의 본인이 <u>19세 이상</u>인 것으로 밝혀지면 결정으로써 송치한 법원에 사건을 다시 이송하여야 한다. 23. 보호7☆

제52조【소년부 송치 시의 신병 처리】 ① 제49조 제1항이나 제50조에 따른 <u>소년부 송치결정이 있는 경우</u>에는 소년을 구금하고 있는 시설의 장은 <u>검사의 이송 지휘를 받은 때로부터 법원 소년부가 있는 시·군에서는 24시간 이내에, 그 밖의 시·군에서는 48시간 이내</u>에 소년을 소년부에 인도하여야 한다. 이 경우 <u>구속영장의 효력은 소년부 판사가 제18조 제1항에 따른 소년의 감호에 관한 결정을 한 때에 상실한다.</u> 19. 교정9
② 제1항에 따른 인도와 결정은 <u>구속영장의 효력기간 내에</u> 이루어져야 한다.

제53조【보호처분의 효력】 제32조의 <u>보호처분을 받은 소년</u>에 대하여는 그 심리가 결정된 사건은 다시 공소를 제기하거나 소년부에 송치할 수 없다(→ 일사부재리의 원칙 또는 이중처벌금지의 원칙). 다만, 제38조 제1항 제1호의 경우(→ 소년이 처분 당시 19세 이상이어서 보호처분이 취소되고 검사에게 송치된 경우)에는 공소를 제기할 수 있다. 22. 보호7☆

제54조【공소시효의 정지】 제20조에 따른 <u>심리 개시 결정</u>이 있었던 때로부터 그 사건에 대한 <u>보호처분의 결정이 확정될 때까지 공소시효</u>는 그 진행이 정지된다. 15. 사시☆

제55조【구속영장의 제한】 ① 소년에 대한 구속영장은 <u>부득이한 경우가 아니면 발부하지 못한다.</u> 22. 교정9☆
② 소년을 구속하는 경우에는 특별한 사정이 없으면 다른 피의자나 피고인과 <u>분리하여 수용</u>하여야 한다. 13. 사시

제56조【조사의 위촉】 <u>법원</u>은 소년에 대한 <u>형사사건</u>에 관하여 필요한 사항을 조사하도록 조사관에게 <u>위촉</u>할 수 있다. 15. 사시☆

제57조【심리의 분리】 소년에 대한 형사사건의 심리는 <u>다른 피의사건과 관련된 경우에도 심리에 지장이 없으면 그 절차를 분리</u>하여야 한다. 22. 교정7☆

제58조【심리의 방침】 ① 소년에 대한 형사사건의 심리는 친절하고 온화하게 하여야 한다.
② 제1항의 심리에는 소년의 심신상태, 품행, 경력, 가정상황, 그 밖의 환경 등에 대하여 정확한 사실을 밝힐 수 있도록 특별히 유의하여야 한다.

제59조【사형 및 무기형의 완화】 죄를 범할 당시 <u>18세 미만</u>인 소년에 대하여 <u>사형 또는 무기형</u>으로 처할 경우에는 <u>15년의 유기징역</u>으로 한다. 23. 보호7☆

제60조【부정기형】 ① 소년이 법정형으로 장기 2년 이상의 유기형에 해당하는 죄를 범한 경우 그 형의 범위에서 <u>장기와 단기를 정하여 선고</u>한다. 다만, <u>장기는 10년, 단기는 5년을 초과하지 못한다</u>(→ 상대적 부정기형). 24. 보호9☆
② <u>소년의 특성</u>에 비추어 상당하다고 인정되는 때에는 그 형을 <u>감경할 수 있다.</u>
③ 형의 <u>집행유예나 선고유예</u>를 선고할 때에는 제1항을 적용하지 아니한다. 18. 교정9☆
④ 소년에 대한 부정기형을 집행하는 기관의 장은 형의 단기가 지난 소년범의 행형 성적이 양호하고 교정의 목적을 달성하였다고 인정되는 경우에는 관할 검찰청 <u>검사의 지휘</u>에 따라 그 <u>형의 집행을 종료</u>시킬 수 있다. 23. 교정7☆

제61조【미결구금일수의 산입】 제18조 제1항 제3호(→ 소년분류심사원에 위탁)의 조치가 있었을 때에는 그 <u>위탁기간</u>은 「형법」 제57조 제1항의 <u>판결선고 전 구금일수</u>로 본다. 12. 사시☆

제62조【환형처분의 금지】 <u>18세 미만</u>인 소년에게는 「형법」 제70조(→ 노역장 유치)에 따른 유치선고를 하지 못한다. 다만, 판결선고 전 구속되었거나 제18조 제1항 제3호의 조치(→ 소년분류심사원에 위탁)가 있었을 때에는 그 구속 또는 위탁의 기간에 해당하는 기간은 노역장에 유치된 것으로 보아 「형법」 제57조(→ 판결선고 전 구금일수의 통산)를 적용할 수 있다. 20. 보호7☆

제63조【징역·금고의 집행】 징역 또는 금고를 선고받은 소년에 대하여는 특별히 설치된 교도소(→ 소년교도소) 또는 일반 교도소 안에 특별히 분리된 장소에서 그 형을 집행한다. 다만, <u>소년이 형의 집행 중에 23세가 되면 일반 교도소에서 집행</u>할 수 있다. 23. 보호7☆

제64조【보호처분과 형의 집행】 보호처분이 계속 중일 때에 징역, 금고 또는 구류를 선고받은 소년에 대하여는 <u>먼저 그 형을 집행</u>한다. 16. 보호7☆

제65조【가석방】 징역 또는 금고를 선고받은 소년에 대하여는 다음 각 호의 기간이 지나면 가석방을 허가할 수 있다. 23. 보호7☆

1. 무기형의 경우에는 5년
2. 15년 유기형의 경우에는 3년
3. 부정기형의 경우에는 단기의 3분의 1

제66조【가석방 기간의 종료】 징역 또는 금고를 선고받은 소년이 가석방된 후 그 처분이 취소되지 아니하고 가석방 전에 집행을 받은 기간과 같은 기간이 지난 경우에는 형의 집행을 종료한 것으로 한다. 다만, 제59조의 형기(→ 15년의 유기징역) 또는 제60조 제1항에 따른 장기의 기간(→ 부정기형의 장기)이 먼저 지난 경우에는 그 때에 형의 집행을 종료한 것으로 한다. 23. 교정7☆

제67조【자격에 관한 법령의 적용】 ① 소년이었을 때 범한 죄에 의하여 형의 선고 등을 받은 자에 대하여 다음 각 호의 경우 자격에 관한 법령을 적용할 때 장래에 향하여 형의 선고를 받지 아니한 것으로 본다.

1. 형을 선고받은 자가 그 집행을 종료하거나 면제받은 경우 15. 사시☆
2. 형의 선고유예나 집행유예를 선고받은 경우

② 제1항에도 불구하고 형의 선고유예가 실효되거나 집행유예가 실효·취소된 때에는 그 때에 형을 선고받은 것으로 본다.

★ **핵심POINT** | 성인범과 소년범의 가석방 비교

구분	성인범(「형법」 적용)	소년범(「소년법」 적용)
경과기간	• 무기형: 20년 • 유기형: 형기의 1/3	• 무기형: 5년 • 15년의 유기형: 3년 • 부정기형: 단기의 1/3
가석방기간	• 무기형: 10년 • 유기형: 남은 형기(10년 초과 ×)	가석방 전에 집행을 받은 기간과 같은 기간
벌금·과료 완납	필요	규정 없음
가석방 심사	가석방심사위원회	보호관찰심사위원회
보호관찰 심사	보호관찰심사위원회	보호관찰심사위원회
효과	가석방 처분이 실효 또는 취소되지 아니하고 가석방기간을 경과한 때에는 형의 집행을 종료한 것으로 봄	가석방 처분이 취소되지 아니하고 가석방 전에 집행을 받은 기간과 같은 기간이 지난 경우에는 형의 집행을 종료한 것으로 함

⚖ **관련 판례** | 「소년법」상 부정기형 관련 판례

미성년자에 대하여 법정형 중에서 무기징역을 선택한 후 작량감경하여 부정기의 징역형을 선고할 수 있는지 여부(소극) – 법정형 중에서 무기징역을 선택한 후 작량감경한 결과 유기징역을 선고하게 되었을 경우에는 피고인이 미성년자라 하더라도 부정기형을 선고할 수 없는 것이므로, 피고인에게 법정형 중 무기징역형을 선택한 후 작량감경을 하여 징역 10년의 정기형을 선고한 판결에 「소년법」 제59조, 제60조의 해석을 잘못한 위법이 없다. [대판 1991.4.9, 91도357] 13. 사시

소년범에 대한 작량감경 시「소년법」제54조 제1항 단서의 장·단기 제한도 1/2 감경할 수 있는지 여부 -「형법」제53조에 의한 작량감경은 법정형을 감경하여 처단형을 정하는 과정이며 법원은 이 처단형의 범위 내에서 선고형을 양정하게 되는 것인바,「소년법」제54조(→ 현행 제60조) 제1항 단서는 소년에 대한 부정기 선고형의 상한을 정한 것에 불과하고 법정형을 정한 것이 아니므로 피고인에게「형법」제53조에 의한 작량감경 사유가 있다고 하여 위「소년법」소정의 부정기 선고형의 상한도 아울러 감경되어야 하는 것은 아니다. [대판 1983.6.14, 83도993] 18. 승진

제1심에서 부정기형을 선고한 판결에 대한 항소심 계속 중 개정「소년법」이 시행되었고 항소심 판결선고 시에는 이미 신법상 소년에 해당하지 않게 된 경우, 법원이 취하여야 할 조치(= 정기형 선고) - 개정「소년법」은 제2조에서 '소년'의 정의를 '20세 미만'에서 '19세 미만'으로 개정하였고, 이는 같은 법 부칙 제2조에 따라 위 법 시행 당시 심리 중에 있는 형사사건에 관하여도 적용된다. 제1심은 피고인을 구「소년법」제2조에 의한 소년으로 인정하여 구「소년법」제60조 제1항에 의하여 부정기형을 선고하였고, 그 항소심 계속 중 개정「소년법」이 시행되었는데 항소심판결 선고일에 피고인이 이미 19세에 달하여 개정「소년법」상 소년에 해당하지 않게 되었다면, 항소심 법원은 피고인에 대하여 정기형을 선고하여야 한다. [대판 2008.10.23, 2008도8090] 13. 사시

항소심 판결 당시 미성년이었으나 상고심 계속 중 성년이 된 자에 대한 부정기형 선고의 적부(적극) - 상고심에서의 심판대상은 항소심 판결 당시를 기준으로 하여 그 당부를 심사하는 데에 있는 것이므로 항소심 판결선고 당시 미성년이었던 피고인이 상고 이후에 성년이 되었다고 하여 항소심의 부정기형의 선고가 위법이 되는 것은 아니다. [대판 1998.2.27, 97도3421] 13. 사시

피고인이 제1심판결 선고 시 소년에 해당하여 부정기형을 선고받았고, 피고인만이 항소한 항소심에서 피고인이 성년에 이르러 항소심이 제1심의 부정기형을 정기형으로 변경해야 할 경우, 불이익변경금지 원칙 위반 여부를 판단하는 기준(= 부정기형의 장기와 단기의 중간형) - [다수의견] (가) 소년법은 인격이 형성되는 과정에 있기에 그 개선가능성이 풍부하고 심신의 발육에 따르는 특수한 정신적 동요상태에 놓여 있는 소년의 특수성을 고려하여 소년의 건전한 성장을 돕기 위해 형사처분에 관한 특별조치로서 제60조 제1항에서 소년에 대하여 부정기형을 선고하도록 정하고 있다. 다만 소년법 제60조 제1항에 정한 '소년'은 소년법 제2조에 정한 19세 미만인 자를 의미하는 것으로 이에 해당하는지는 사실심판결 선고 시를 기준으로 판단하여야 하므로, 제1심에서 부정기형을 선고받은 피고인이 항소심 선고 이전에 19세에 도달하는 경우 정기형이 선고되어야 한다. 이 경우 피고인만이 항소하거나 피고인을 위하여 항소하였다면 형사소송법 제368조가 규정한 불이익변경금지 원칙이 적용되어 항소심은 제1심판결의 부정기형보다 무거운 정기형을 선고할 수 없다. / 그런데 부정기형은 장기와 단기라는 폭의 형태를 가지는 양형인 반면 정기형은 점의 형태를 가지는 양형이므로 불이익변경금지 원칙의 적용과 관련하여 양자 사이의 형의 경중을 단순히 비교할 수 없는 특수한 상황이 발생한다. (중략) / 이러한 법리를 종합적으로 고려하면, 부정기형과 실질적으로 동등하다고 평가될 수 있는 정기형은 부정기형의 장기와 단기의 정중앙에 해당하는 형(예를 들어 징역 장기 4년, 단기 2년의 부정기형의 경우 징역 3년의 형이다. 이하 '중간형'이라 한다)이라고 봄이 적절하므로, 피고인이 항소심 선고 이전에 19세에 도달하여 제1심에서 선고한 부정기형을 파기하고 정기형을 선고함에 있어 불이익변경금지 원칙 위반 여부를 판단하는 기준은 부정기형의 장기와 단기의 중간형이 되어야 한다.

(나) 항소심에서 선고될 수 있는 정기형이 부정기형의 단기보다는 무거운 형이라 하더라도, 그 정기형이 부정기형의 확정으로 인해 피고인이 합리적으로 예상할 수 있는 형 집행기간의 범위 내에 있다면, 피고인은 실질적인 불이익에 대한 우려 없이 합리적인 판단에 따라 상소권을 행사할 수 있다고 봄이 타당하다. 이와 관련하여 부정기형을 선고받은 피고인은 부정기형의 단기가 경과한 때부터 형의 장기가 도래할 때까지 동일한 가능성으로 소년법 제60조 제4항에 따른 검사의 지휘에 의해 그 형의 집행이 종료될 것을 기대할 수 있으므로, 부정기형의 장기와 단기의 중간형은 부정기형을 선고받은 피고인이 합리적으로 예상할 수 있는 형 집행의 기간에 부합한다고 할 수 있다(제1심이 당시 18세로서 소년에 해당하는 피고인에 대하여 살인죄 및 사체유기죄를 유죄로 인정하면서 소년법 제60조 제1항 단서에 대한 특칙에 해당하는 특정강력범죄의 처벌에 관한 특례법 제4조 제2항에서 정한 장기와 단기의 최상한인 징역 장기 15년, 단기 7년의 부정기형을 선고하였고, 이에 대하여 피고인만이 항소하였는데, 피고인이 원심 선고 이전에 19세에 이르러 성년에 도달하자 원심이 직권으로 제1심 판결을 파기하고 정기형을 선고하면서 불이익변경금지 원칙상 제1심이 선고한 부정기형의 단기인 징역 7년을 초과하는 징역형을 선고할 수 없다는 이유로 피고인에게 징역 7년을 선고한 사안에서, 원심이 제1심에서 선고한 징역 장기 15년, 단기 7년의 부정기형 대신 정기형을 선고함에 있어 불이익변경금지 원칙 위반 여부를 판단하는 기준은 부정기형의 장기인 15년과 단기인 7년의 중간형, 즉 징역 11년[=(15+7)/2]이 되어야 한다는 이유로, 이와 달리 제1심에서 선고한 부정기형의 단기인 징역 7년을 기준으로 불이익변경금지 원칙 위반 여부를 판단한 원심판결에 불이익변경금지 원칙에 관한 법리오해의 잘못이 있다고 한 사례). [대판(전합) 2020.10.22, 2020도4140]

🔎 관련 판례 소년범으로서 처벌받은 징역형의 과거 전과 여부

「소년법」 제67조의 규정 취지 및 구 「특정범죄 가중처벌 등에 관한 법률」 제5조의4 제5항의 적용 요건인 과거 전과로서의 징역형에 '소년범'으로서 처벌받은 징역형도 포함되는지 여부(적극) – 「소년법」 제67조는 "소년이 었을 때 범한 죄에 의하여 형을 선고받은 자가 그 집행을 종료하거나 면제받은 경우 자격에 관한 법령을 적용할 때에는 장래에 향하여 형의 선고를 받지 아니한 것으로 본다."라고 규정하고 있는바, 위 규정은 '사람의 자격'에 관한 법령의 적용에 있어 장래에 향하여 형의 선고를 받지 아니한 것으로 본다는 취지에 불과할 뿐 전과까지 소멸한다는 것은 아니다. 따라서 「특정범죄 가중처벌 등에 관한 법률」 제5조의4 제5항을 적용하기 위한 요건으로서 요구되는 과거 전과로서의 징역형에는 소년으로서 처벌받은 징역형도 포함된다고 보아야 한다(절도죄의 소년범으로서 1회, 성인범으로서 2회 각 징역형을 선고받아 그 집행을 종료한 후 누범기간 중에 다시 절도범행을 저지른 경우, 구 「특정범죄 가중처벌 등에 관한 법률」 제5조의4 제5항에 해당한다고 한 원심판단을 수긍한 사례). [대판 2010.4.29, 2010도973] 18. 승진

---

3 벌칙

제68조 【보도 금지】 ① 이 법에 따라 조사 또는 심리 중에 있는 <u>보호사건</u>이나 형사사건에 대하여는 성명·연령·직업·용모 등으로 비추어 볼 때 그 자가 당해 사건의 당사자라고 미루어 짐작할 수 있는 정도의 사실이나 사진을 신문이나 그 밖의 출판물에 싣거나 방송할 수 없다(→ 밀행주의).

제70조 【조회 응답】 ① 소년 보호사건과 관계있는 기관은 그 사건 내용에 관하여 재판, 수사 또는 군사상 필요한 경우 외의 어떠한 조회에도 응하여서는 아니 된다.

★ 핵심 POINT | 소년보호사건과 소년형사사건의 비교

구분	소년보호사건	소년형사사건
제재 수단	보호처분	형벌
연령 기준	10세 이상 19세 미만	14세 이상 19세 미만
대상	범죄소년 · 촉법소년 · 우범소년	범죄소년
관할	소년부(소년법원)	법원(형사법원)
심리구조	직권주의	당사자주의
재판 공개	비공개	공개
적용 법률	「소년법」	「소년법」, 「형법」, 「형사소송법」
진술거부권	인정	인정
변론	보조인, 국선보조인	필요적 변론, 국선변호인
수용시설	소년원	소년교도소

03 소년보호 관련 법령

1 보호소년 등의 처우에 관한 법률

제1조【목적】 이 법은 보호소년 등의 처우 및 교정교육과 소년원과 소년분류심사원의 조직, 기능 및 운영에 관하여 필요한 사항을 규정함을 목적으로 한다.

제1조의2【정의】 이 법에서 사용하는 용어의 뜻은 다음과 같다.
1. '보호소년'이란 「소년법」 제32조 제1항 제7호부터 제10호까지(→ 병원 등 위탁, 1개월 이내의 소년원 송치, 단기 소년원 송치, 장기 소년원 송치)의 규정에 따라 가정법원소년부 또는 지방법원소년부(이하 '법원소년부'라 한다)로부터 위탁되거나 송치된 소년을 말한다.
2. '위탁소년'이란 「소년법」 제18조 제1항 제3호(→ 소년분류심사원에 위탁)에 따라 법원소년부로부터 위탁된 소년을 말한다.
3. '유치소년'이란 「보호관찰 등에 관한 법률」 제42조 제1항에 따라 유치(留置)된 소년을 말한다.
4. '보호소년 등'이란 보호소년, 위탁소년 또는 유치소년을 말한다.

제3조【임무】 ① 소년원은 보호소년을 수용하여 교정교육을 하는 것을 임무로 한다.
② 소년분류심사원은 다음 각 호의 임무를 수행한다.
1. 위탁소년의 수용과 분류심사
2. 유치소년의 수용과 분류심사
3. 「소년법」 제12조에 따른 전문가 진단의 일환으로 법원소년부가 상담조사를 의뢰한 소년의 상담과 조사
4. 「소년법」 제49조의2에 따라 소년 피의사건에 대하여 검사가 조사를 의뢰한 소년의 품행 및 환경 등의 조사
5. 제1호부터 제4호까지의 규정에 해당되지 아니하는 소년으로서 소년원장이나 보호관찰소장이 의뢰한 소년의 분류심사

제5조【소년원의 분류】 ① 법무부장관은 보호소년의 처우상 필요하다고 인정하면 대통령령으로 정하는 바에 따라 소년원을 초·중등교육, 직업능력개발훈련, 의료재활 등 기능별로 분류하여 운영하게 할 수 있다.
② 법무부장관은 제1항에 따라 의료재활 기능을 전문적으로 수행하는 소년원을 의료재활소년원으로 운영한다.

제6조【소년원 등의 규모 등】 ① 신설하는 소년원 및 소년분류심사원은 수용정원이 150명 이내의 규모가 되도록 하여야 한다. 다만, 소년원 및 소년분류심사원의 기능·위치나 그 밖의 사정을 고려하여 그 규모를 증대할 수 있다. 21. 교정7
② 보호소년등의 개별적 특성에 맞는 처우를 위하여 소년원 및 소년분류심사원에 두는 생활실은 대통령령으로 정하는 바에 따라 소규모로 구성하여야 한다(→ 4명 이하가 원칙, 예외적 증대 ○).

제7조【수용절차】 ① 보호소년 등을 소년원이나 소년분류심사원에 수용할 때에는 법원소년부의 결정서, 법무부장관의 이송허가서 또는 지방법원 판사의 유치허가장에 의하여야 한다. 20. 보호7☆

제8조 【분류처우】 ② 보호소년 등은 다음 각 호의 기준에 따라 분리 수용한다. 22. 교정9

1. 남성과 여성
2. 보호소년, 위탁소년 및 유치소년

③ 「소년법」 제32조 제1항 제7호(→ 병원 등 위탁)의 처분을 받은 보호소년은 의료재활소년원에 해당하는 소년원에 수용하여야 한다.

④ 원장은 보호소년 등이 희망하거나 특별히 보호소년 등의 개별적 특성에 맞는 처우가 필요한 경우 보호소년 등을 혼자 생활하게 할 수 있다.

제9조 【보호처분의 변경 등】 ① 소년원장은 보호소년이 다음 각 호의 어느 하나에 해당하는 경우에는 소년원 소재지를 관할하는 법원소년부에 「소년법」 제37조에 따른 보호처분의 변경을 신청할 수 있다.

1. 중환자로 판명되어 수용하기 위험하거나 장기간 치료가 필요하여 교정교육의 실효를 거두기가 어렵다고 판단되는 경우
2. 심신의 장애가 현저하거나 임신 또는 출산(유산·사산한 경우를 포함한다), 그 밖의 사유로 특별한 보호가 필요한 경우
3. 시설의 안전과 수용질서를 현저히 문란하게 하는 보호소년에 대한 교정교육을 위하여 보호기간을 연장할 필요가 있는 경우

② 소년분류심사원장은 위탁소년이 제1항 각 호의 어느 하나에 해당하는 경우에는 위탁 결정을 한 법원소년부에 「소년법」 제18조에 따른 임시조치의 취소·변경 또는 연장에 관한 의견을 제시할 수 있다.

③ 소년분류심사원장은 유치소년이 제1항 제1호(→ 중환자로 판명되어 수용하기 위험하거나 장기간 치료가 필요하여 교정교육의 실효를 거두기가 어렵다고 판단) 또는 제2호(→ 심신의 장애가 현저하거나 임신 또는 출산(유산·사산한 경우를 포함한다), 그 밖의 사유로 특별한 보호가 필요)에 해당하는 경우(→ 제3호는 해당 없음)에는 유치 허가를 한 지방법원 판사 또는 소년분류심사원 소재지를 관할하는 법원소년부에 유치 허가의 취소에 관한 의견을 제시할 수 있다. 21. 교정7

⑤ 제1항에 따른 보호처분의 변경을 할 경우 보호소년이 19세 이상인 경우에도 「소년법」 제2조 및 제38조 제1항에도 불구하고 같은 법 제2장의 보호사건 규정을 적용한다.

제10조 【원장의 면접】 원장은 보호소년 등으로부터 처우나 일신상의 사정에 관한 의견을 듣기 위하여 수시로 보호소년 등과 면접을 하여야 한다.

제11조 【청원】 보호소년 등은 그 처우에 대하여 불복할 때에는 법무부장관에게 문서로 청원할 수 있다. 14. 교정9

제12조 【이송】 ① 소년원장은 분류수용, 교정교육상의 필요, 그 밖의 이유로 보호소년을 다른 소년원으로 이송하는 것이 적당하다고 인정하면 법무부장관의 허가를 받아 이송할 수 있다. 23. 보호7☆

② 「소년법」 제32조 제1항 제7호(→ 병원 등 위탁)의 처분을 받은 보호소년은 의료재활소년원에 해당하지 아니하는 소년원으로 이송할 수 없다.

제14조 【사고 방지 등】 ② 보호소년 등이 소년원이나 소년분류심사원을 이탈하였을 때에는 그 소속 공무원이 재수용할 수 있다. 14. 교정9

제14조의2 【보호장비의 사용】 ① 보호장비의 종류는 다음 각 호와 같다. 17. 교정9☆

1. 수갑	2. 포승(捕繩)
3. 가스총	4. 전자충격기
5. 머리보호장비	6. 보호대(保護帶)

② 원장은 다음 각 호의 어느 하나에 해당하는 경우에는 소속 공무원으로 하여금 보호소년 등에 대하여 <u>수갑, 포승 또는 보호대를 사용하게 할 수 있다</u>. 23. 교정9☆

1. 이탈·난동·폭행·자해·자살을 방지하기 위하여 필요한 경우

2. 법원 또는 검찰의 조사·심리, 이송, 그 밖의 사유로 호송하는 경우

3. 그 밖에 소년원·소년분류심사원의 안전이나 질서를 해칠 우려가 현저한 경우

③ 원장은 다음 각 호의 어느 하나에 해당하는 경우에는 소속 공무원으로 하여금 보호소년 등에 대하여 <u>수갑, 포승 또는 보호대 외에 가스총이나 전자충격기를 사용하게 할 수 있다</u>. 23. 교정9☆

1. 이탈, 자살, 자해하거나 이탈, 자살, 자해하려고 하는 때

2. 다른 사람에게 위해를 가하거나 가하려고 하는 때

3. 위력으로 소속 공무원의 정당한 직무집행을 방해하는 때

4. 소년원·소년분류심사원의 설비·기구 등을 손괴하거나 손괴하려고 하는 때

5. 그 밖에 시설의 안전 또는 질서를 크게 해치는 행위를 하거나 하려고 하는 때

④ 제3항에 따라 <u>가스총이나 전자충격기를 사용하려면 사전에 상대방에게 이를 경고하여야 한다</u>. 다만, 상황이 급박하여 경고할 시간적인 여유가 없는 때에는 그러하지 아니하다. 23. 교정9

⑤ 원장은 보호소년 등이 <u>자해할 우려가 큰 경우</u>에는 소속 공무원으로 하여금 보호소년 등에게 <u>머리보호장비를 사용</u>하게 할 수 있다. 23. 교정9

⑥ 보호장비는 <u>필요한 최소한의 범위</u>에서 사용하여야 하며, 보호장비를 <u>사용할 필요가 없게 되었을 때</u>에는 지체 없이 사용을 중지하여야 한다. 23. 교정9

⑦ <u>보호장비는 징벌의 수단으로 사용되어서는 아니 된다</u>. 22. 교정9

제14조의3 【전자장비의 설치·운영】 ① 소년원 및 소년분류심사원에는 보호소년 등의 이탈·난동·폭행·자해·자살, 그 밖에 보호소년 등의 생명·신체를 해치거나 시설의 안전 또는 질서를 해치는 행위(이하 이 조에서 '자해 등'이라 한다)를 방지하기 위하여 필요한 최소한의 범위에서 전자장비를 설치하여 운영할 수 있다. 22. 교정9

② 보호소년 등이 사용하는 <u>목욕탕, 세면실 및 화장실에 전자영상장비를 설치하여 운영하는 것은 자해 등의 우려가 큰 때에만 할 수 있다</u>. 이 경우 전자영상장비로 보호소년 등을 감호할 때에는 <u>여성인 보호소년 등에 대해서는 여성인 소속 공무원만, 남성인 보호소년 등에 대해서는 남성인 소속 공무원만이 참여하여야 한다</u>. 22. 교정9☆

제14조의4 【규율 위반행위】 보호소년 등은 다음 각 호의 행위를 하여서는 아니 된다.

1. 「형법」, 「폭력행위 등 처벌에 관한 법률」, 그 밖의 형사 법률에 저촉되는 행위

2. 생활의 편의 등 자신의 <u>요구를 관철할 목적으로 자해하는 행위</u>

3. 소년원·소년분류심사원의 안전 또는 질서를 해칠 목적으로 <u>단체를 조직</u>하거나 그 단체에 가입하거나 다중을 선동하는 행위

4. 금지물품을 반입하거나 이를 제작·소지·사용·수수·교환 또는 은닉하는 행위

5. 정당한 사유 없이 <u>교육 등을 거부</u>하거나 게을리하는 행위

6. 그 밖에 시설의 안전과 질서 유지를 위하여 법무부령으로 정하는 규율을 위반하는 행위

제15조 【징계】 ① 원장은 보호소년 등이 제14조의4 각 호의 어느 하나에 해당하는 행위(→ 규율 위반행위)를 하면 제15조의2 제1항에 따른 <u>보호소년 등 처우·징계위원회의 의결</u>에 따라 다음 각 호의 어느 하나에 해당하는 징계를 할 수 있다.

1. 훈계	2. <u>원내 봉사활동</u>
3. 서면 사과	4. <u>20일 이내</u>의 텔레비전 시청 제한

5. 20일 이내의 단체 체육활동 정지　　　　　　6. 20일 이내의 공동행사 참가 정지

7. 20일 이내의 기간 동안 지정된 실(室) 안에서 근신하게 하는 것

② 제1항 제3호부터 제6호까지(→ 서면 사과, 텔레비전 시청 제한, 단체 체육활동 정지, 공동행사 참가 정지)의 처분은 함께 부과할 수 있다. 22. 교정9

③ 제1항 제7호의 처분은 14세 미만의 보호소년 등에게는 부과하지 못한다. 23. 보호7☆

④ 원장은 제1항 제7호의 처분(→ 지정된 실 안에서 근신)을 받은 보호소년 등에게 개별적인 체육활동 시간을 보장하여야 한다. 이 경우 매주 1회 이상 실외운동을 할 수 있도록 하여야 한다.

⑤ 제1항 제7호의 처분(→ 지정된 실 안에서 근신)을 받은 보호소년 등에게는 그 기간 중 같은 항 제4호부터 제6호까지의 처우 제한이 함께 부과된다(→ 훈계, 원내 봉사활동, 서면 사과는 함께 부과 안됨). 다만, 원장은 보호소년 등의 교화 또는 건전한 사회복귀를 위하여 특히 필요하다고 인정하면 텔레비전 시청, 단체 체육활동 또는 공동행사 참가를 허가할 수 있다. 22. 교정9

⑥ 소년원장은 보호소년이 제1항 각 호의 어느 하나에 해당하는 징계를 받은 경우에는 법무부령으로 정하는 기준에 따라 교정성적 점수를 빼야 한다.

제15조의2【보호소년 등 처우·징계위원회】 ① 보호소년 등의 처우에 관하여 원장의 자문에 응하게 하거나 징계 대상자에 대한 징계를 심의·의결하기 위하여 소년원 및 소년분류심사원에 보호소년 등 처우·징계위원회를 둔다.

③ 위원회가 징계 대상자에 대한 징계를 심의·의결하는 경우에는 1명 이상의 민간위원이 해당 심의·의결에 참여하여야 한다.

제16조【포상】 ① 원장은 교정성적이 우수하거나 품행이 타인의 모범이 되는 보호소년등에게 포상을 할 수 있다. 23. 보호7

② 원장은 제1항에 따라 포상을 받은 보호소년등에게는 특별한 처우를 할 수 있다. 23. 보호7

제18조【면회·편지·전화통화】 ① 원장은 비행집단과 교제하고 있다고 의심할 만한 상당한 이유가 있는 경우 등 보호소년 등의 보호 및 교정교육에 지장이 있다고 인정되는 경우 외에는 보호소년 등의 면회를 허가하여야 한다. 다만, 제15조 제1항 제7호(→ 지정된 실내에서 근신)의 징계를 받은 보호소년 등에 대한 면회는 그 상대방이 변호인이나 보조인(이하 '변호인 등'이라 한다) 또는 보호자인 경우에 한정하여 허가할 수 있다.

② 보호소년 등이 면회를 할 때에는 소속 공무원이 참석하여 보호소년 등의 보호 및 교정 교육에 지장이 없도록 지도할 수 있다. 이 경우 소속 공무원은 보호소년 등의 보호 및 교정 교육에 지장이 있다고 인정되는 경우에는 면회를 중지할 수 있다. 19. 승진☆

③ 제2항 전단에도 불구하고 보호소년 등이 변호인 등과 면회를 할 때에는 소속 공무원이 참석하지 아니한다. 다만, 보이는 거리에서 보호소년 등을 지켜볼 수 있다. 19. 승진

④ 원장은 공동으로 비행을 저지른 관계에 있는 사람의 편지인 경우 등 보호소년 등의 보호 및 교정 교육에 지장이 있다고 인정되는 경우에는 보호소년 등의 편지 왕래를 제한할 수 있으며, 편지의 내용을 검사할 수 있다. 19. 교정9☆

⑤ 제4항에도 불구하고 보호소년 등이 변호인 등과 주고받는 편지는 제한하거나 검사할 수 없다. 다만, 상대방이 변호인 등임을 확인할 수 없는 때에는 예외로 한다. 19. 승진

⑥ 원장은 공범 등 교정교육에 해가 된다고 인정되는 사람과의 전화통화를 제한하는 등 보호소년 등의 보호 및 교정교육에 지장을 주지 아니하는 범위에서 가족 등과 전화통화를 허가할 수 있다. 16. 교정9

제19조【외출】 소년원장은 보호소년에게 다음 각 호의 어느 하나에 해당하는 사유가 있을 때는 본인이나 보호자 등의 신청에 따라 또는 직권으로 외출을 허가할 수 있다. 16. 교정9
1. 직계존속이 위독하거나 사망하였을 때
2. 직계존속의 회갑 또는 형제자매의 혼례가 있을 때
3. 천재지변이나 그 밖의 사유로 가정에 인명 또는 재산상의 중대한 피해가 발생하였을 때
4. 병역, 학업, 질병 등의 사유로 외출이 필요할 때
5. 그 밖에 교정교육상 특히 필요하다고 인정할 때

제23조【친권 또는 후견】 원장은 미성년자인 보호소년 등이 친권자나 후견인이 없거나 있어도 그 권리를 행사할 수 없을 때에는 법원의 허가를 받아 그 보호소년 등을 위하여 친권자나 후견인의 직무를 행사할 수 있다. 23. 보호7☆

제26조【청소년심리검사 등】 소년분류심사원장은 「청소년기본법」 제3조 제1호에 따른 청소년이나 그 보호자가 적성검사 등 진로 탐색을 위한 청소년심리검사 또는 상담을 의뢰하면 이를 할 수 있다. 이 경우에는 법무부장관이 정하는 바에 따라 실비를 받을 수 있다(→ 조기예측의 일종).

제29조【학교의 설치·운영】 법무부장관은 대통령령으로 정하는 바에 따라 소년원에 「초·중등교육법」 제2조 제1호부터 제4호까지의 학교(이하 '소년원학교'라 한다)를 설치·운영할 수 있다.

제30조【교원 등】 ① 소년원학교에는 「초·중등교육법」 제21조 제2항에 따른 자격을 갖춘 교원을 두되, 교원은 일반직공무원으로 임용할 수 있다.

제35조【직업능력개발훈련】 ② 소년원장은 법무부장관의 허가를 받아 산업체의 기술지원이나 지원금으로 직업능력개발훈련을 실시하거나 소년원 외의 시설에서 직업능력개발훈련을 실시할 수 있다.

제37조【통근취업】 ① 소년원장은 보호소년이 직업능력개발훈련 과정을 마쳤을 때에는 산업체에 통근취업하게 할 수 있다.

제43조【퇴원】 ① 소년원장은 보호소년이 22세가 되면 퇴원시켜야 한다. 20. 보호7
② 소년원장은 「소년법」 제32조 제1항 제8호 또는 같은 법 제33조 제1항·제5항·제6항에 따라 수용상한기간에 도달한 보호소년은 즉시 퇴원시켜야 한다. 22. 보호7
③ 소년원장은 교정 성적이 양호하며 교정의 목적을 이루었다고 인정되는 보호소년[「소년법」 제32조 제1항 제8호(→ 1개월 이내의 소년원 송치)에 따라 송치된 보호소년은 제외한다]에 대하여는 「보호관찰 등에 관한 법률」에 따른 보호관찰심사위원회에 퇴원을 신청하여야 한다. 22. 보호7
④ 위탁소년 또는 유치소년의 소년분류심사원 퇴원은 법원소년부의 결정서에 의하여야 한다. 22. 보호7

제45조의2【사회정착지원】 ① 원장은 출원하는 보호소년 등의 성공적인 사회정착을 위하여 장학·원호·취업알선 등 필요한 지원을 할 수 있다.
② 제1항에 따른 사회정착지원(이하 이 조에서 '사회정착지원'이라 한다)의 기간은 6개월 이내로 하되, 6개월 이내의 범위에서 한 번에 한하여 그 기간을 연장할 수 있다. 22. 보호7☆

제46조【퇴원자 또는 임시퇴원자의 계속 수용】 ① 퇴원 또는 임시퇴원이 허가된 보호소년이 질병에 걸리거나 본인의 편익을 위하여 필요하면 본인의 신청에 의하여 계속 수용할 수 있다. 22. 보호7☆

제52조【소년분류심사원이 설치되지 아니한 지역에서의 소년분류심사원의 임무수행】 소년분류심사원이 설치되지 아니한 지역에서는 소년분류심사원이 설치될 때까지 소년분류심사원의 임무는 소년원이 수행하고, 위탁소년 및 유치소년은 소년원의 구획된 장소에 수용한다.

구분	소년원	소년교도소
관할	소년부(소년법원)	법원(형사법원)
적용 법령	「보호소년 등의 처우에 관한 법률」	「형의 집행 및 수용자의 처우에 관한 법률」
제재	보호처분	형벌
수용 대상	범죄소년 · 촉법소년 · 우범소년	범죄소년
수용 중점	교육	자유형 집행
사회복귀	퇴원, 임시퇴원	석방, 가석방

2 아동 · 청소년의 성보호에 관한 법률

제2조 【정의】 이 법에서 사용하는 용어의 뜻은 다음과 같다.

1. '아동 · 청소년'이란 19세 미만의 사람을 말한다. 〈개정 2024.3.26.〉 23. 보호7☆

5. '아동 · 청소년성착취물'이란 아동 · 청소년 또는 아동 · 청소년으로 명백하게 인식될 수 있는 사람이나 표현물이 등장하여 제4호(→ 아동 · 청소년의 성을 사는 행위) 각 목의 어느 하나에 해당하는 행위를 하거나 그 밖의 성적 행위를 하는 내용을 표현하는 것으로서 필름 · 비디오물 · 게임물 또는 컴퓨터나 그 밖의 통신매체를 통한 화상 · 영상 등의 형태로 된 것을 말한다.

제18조 【신고의무자의 성범죄에 대한 가중처벌】 제34조 제2항 각 호(→ 아동 · 청소년대상 성범죄의 신고의무자)의 기관 · 시설 또는 단체의 장과 그 종사자가 자기의 보호 · 감독 또는 진료를 받는 아동 · 청소년을 대상으로 성범죄를 범한 경우에는 그 죄에 정한 형의 2분의 1까지 가중처벌한다.

제19조 【「형법」상 감경규정에 관한 특례】 음주 또는 약물로 인한 심신장애 상태에서 아동 · 청소년 대상 성폭력범죄를 범한 때에는 「형법」 제10조 제1항 · 제2항(→ 심신장애인) 및 제11조(→ 청각 및 언어 장애인)를 적용하지 아니할 수 있다(→ 책임의 면제 · 감경을 인정하지 아니할 수 있음). 14. 사시

제20조 【공소시효에 관한 특례】 ① 아동 · 청소년 대상 성범죄의 공소시효는 「형사소송법」 제252조 제1항(→ 시효는 범죄행위가 종료한 때로부터 진행)에도 불구하고 해당 성범죄로 피해를 당한 아동 · 청소년이 성년에 달한 날부터 진행한다.

② 제7조의 죄는 디엔에이(DNA)증거 등 그 죄를 증명할 수 있는 과학적인 증거가 있는 때에는 공소시효가 10년 연장된다.

③ 13세 미만의 사람 및 신체적인 또는 정신적인 장애가 있는 사람에 대하여 다음 각 호(생략)의 죄를 범한 경우에는 제1항과 제2항에도 불구하고 「형사소송법」 제249조부터 제253조까지 및 「군사법원법」 제291조부터 제295조까지에 규정된 공소시효를 적용하지 아니한다. 14. 사시

④ 다음 각 호의 죄를 범한 경우에는 제1항과 제2항에도 불구하고 「형사소송법」 제249조부터 제253조까지 및 「군사법원법」 제291조부터 제295조까지에 규정된 공소시효를 적용하지 아니한다.

1. 「형법」 제301조의2(강간 등 살인 · 치사)의 죄(강간 등 살인에 한정한다)

2. 제10조 제1항(→ 아동 · 청소년에 대한 강간 등 살인) 및 제11조 제1항(→ 아동 · 청소년성착취물의 제작 · 수입 · 수출)의 죄

3. 「성폭력범죄의 처벌 등에 관한 특례법」 제9조 제1항의 죄

제21조【형벌과 수강명령 등의 병과】 ① 법원은 아동·청소년 대상 성범죄를 범한 「소년법」제2조의 소년에 대하여 형의 선고를 유예하는 경우에는 반드시 보호관찰을 명하여야 한다.

② 법원은 아동·청소년 대상 성범죄를 범한 자에 대하여 유죄판결을 선고하거나 약식명령을 고지하는 경우에는 500시간의 범위에서 재범예방에 필요한 수강명령 또는 성폭력 치료프로그램의 이수명령(이하 '이수명령'이라 한다)을 병과하여야 한다. 다만, 수강명령 또는 이수명령을 부과할 수 없는 특별한 사정이 있는 경우에는 그러하지 아니하다.

④ 법원이 아동·청소년 대상 성범죄를 범한 사람에 대하여 형의 집행을 유예하는 경우에는 제2항에 따른 수강명령 외에 그 집행유예기간 내에서 보호관찰 또는 사회봉사 중 하나 이상의 처분을 병과할 수 있다. 16. 보호7

제25조【수사 및 재판절차에서의 배려】 ③ 수사기관과 법원은 제2항에 따른 조사나 심리·재판을 할 때 피해아동·청소년이 13세 미만이거나 신체적인 또는 정신적인 장애로 의사소통이나 의사표현에 어려움이 있는 경우 조력을 위하여 「성폭력범죄의 처벌 등에 관한 특례법」제36조부터 제39조까지(→ 진술조력인제도)를 준용한다. 이 경우 '성폭력범죄'는 '아동·청소년 대상 성범죄'로, '피해자'는 '피해아동·청소년'으로 본다.

제25조의2【아동·청소년 대상 디지털 성범죄의 수사 특례】 ① 사법경찰관리는 다음 각 호(생략)의 어느 하나에 해당하는 범죄(이하 '디지털 성범죄'라 한다)에 대하여 신분을 비공개하고 범죄현장(정보통신망을 포함한다) 또는 범인으로 추정되는 자들에게 접근하여 범죄행위의 증거 및 자료 등을 수집(이하 '신분비공개수사'라 한다)할 수 있다.

② 사법경찰관리는 디지털 성범죄를 계획 또는 실행하고 있거나 실행하였다고 의심할 만한 충분한 이유가 있고, 다른 방법으로는 그 범죄의 실행을 저지하거나 범인의 체포 또는 증거의 수집이 어려운 경우에 한정하여 수사 목적을 달성하기 위하여 부득이한 때에는 다음 각 호의 행위(이하 '신분위장수사'라 한다)를 할 수 있다.

1. 신분을 위장하기 위한 문서, 도화 및 전자기록 등의 작성, 변경 또는 행사
2. 위장 신분을 사용한 계약·거래
3. 아동·청소년성착취물 또는 「성폭력범죄의 처벌 등에 관한 특례법」제14조 제2항의 촬영물 또는 복제물(복제물의 복제물을 포함한다)의 소지, 판매 또는 광고

제26조【영상물의 촬영·보존 등】 ① 아동·청소년 대상 성범죄 피해자의 진술내용과 조사 과정은 비디오녹화기 등 영상물 녹화장치로 촬영·보존하여야 한다(→ 의무적).

② 제1항에 따른 영상물녹화는 피해자 또는 법정대리인이 이를 원하지 아니하는 의사를 표시한 때에는 촬영을 하여서는 아니 된다. 다만, 가해자가 친권자 중 일방인 경우는 그러하지 아니하다. 13. 사시

⑥ 제1항부터 제4항까지의 절차에 따라 촬영한 영상물에 수록된 피해자의 진술은 공판준비기일 또는 공판기일에 피해자 또는 조사 과정에 동석하였던 신뢰관계에 있는 자의 진술에 의하여 그 성립의 진정함이 인정된 때에는 증거로 할 수 있다.

제28조【신뢰관계에 있는 사람의 동석】 ① 법원은 아동·청소년 대상 성범죄의 피해자를 증인으로 신문하는 경우에 검사, 피해자 또는 법정대리인이 신청하는 경우에는 재판에 지장을 줄 우려가 있는 등 부득이한 경우가 아니면 피해자와 신뢰관계에 있는 사람을 동석하게 하여야 한다(→ 의무적).

② 제1항은 수사기관이 제1항의 피해자를 조사하는 경우에 관하여 준용한다.

제30조 【피해아동ㆍ청소년 등에 대한 변호사선임의 특례】 ① 아동ㆍ청소년 대상 성범죄의 피해자 및 그 법정대리인은 형사절차상 입을 수 있는 피해를 방어하고 법률적 조력을 보장하기 위하여 변호사를 선임할 수 있다.

제38조 【성매매 피해아동ㆍ청소년에 대한 조치 등】 ① 「성매매알선 등 행위의 처벌에 관한 법률」 제21조 제1항에도 불구하고 제13조(→ 아동ㆍ청소년의 성을 사는 행위 등) 제1항의 죄의 상대방이 된 아동ㆍ청소년에 대하여는 보호를 위하여 처벌하지 아니한다. 14 사시

제49조 【등록정보의 공개】 ① 법원은 다음 각 호의 어느 하나(생략)에 해당하는 자에 대하여 판결로 제4항의 공개정보를 「성폭력범죄의 처벌 등에 관한 특례법」 제45조 제1항의 등록기간 동안 정보통신망을 이용하여 공개하도록 하는 명령(이하 '공개명령'이라 한다)을 등록 대상사건의 판결과 동시에 선고하여야 한다. 다만, 피고인이 아동ㆍ청소년인 경우, 그 밖에 신상정보를 공개하여서는 아니 될 특별한 사정이 있다고 판단하는 경우에는 그러하지 아니하다. 16. 사시☆

제50조 【등록정보의 고지】 ① 법원은 공개 대상자 중 다음 각 호(생략)의 어느 하나에 해당하는 자에 대하여 판결로 제49조에 따른 공개명령기간 동안 제4항에 따른 고지정보를 제5항에 규정된 사람에 대하여 고지하도록 하는 명령(이하 '고지명령'이라 한다)을 등록 대상 성범죄사건의 판결과 동시에 선고하여야 한다. 다만, 피고인이 아동ㆍ청소년인 경우, 그 밖에 신상정보를 고지하여서는 아니 될 특별한 사정이 있다고 판단하는 경우에는 그러하지 아니하다. 16. 사시
② 고지명령을 선고받은 자(이하 '고지 대상자'라 한다)는 공개명령을 선고받은 자로 본다.

제51조 【고지명령의 집행】 ① 고지명령의 집행은 여성가족부장관이 한다.

제51조의2 【고지정보의 정정 등】 ① 누구든지 제51조에 따라 집행된 고지정보에 오류가 있음을 발견한 경우 여성가족부장관에게 그 정정을 요청할 수 있다.

제52조 【공개명령의 집행】 ① 공개명령은 여성가족부장관이 정보통신망을 이용하여 집행한다.

제56조 【아동ㆍ청소년 관련 기관 등에의 취업 제한 등】 ① 법원은 아동ㆍ청소년 대상 성범죄 또는 성인 대상 성범죄(이하 '성범죄'라 한다)로 형 또는 치료감호를 선고하는 경우에는 판결(약식명령을 포함한다. 이하 같다)로 그 형 또는 치료감호의 전부 또는 일부의 집행을 종료하거나 집행이 유예ㆍ면제된 날(벌금형을 선고받은 경우에는 그 형이 확정된 날)부터 일정기간(이하 '취업 제한기간'이라 한다) 동안 다음 각 호(생략)에 따른 시설ㆍ기관 또는 사업장(이하 '아동ㆍ청소년 관련 기관 등'이라 한다)을 운영하거나 아동ㆍ청소년 관련 기관 등에 취업 또는 사실상 노무를 제공할 수 없도록 하는 명령(이하 '취업 제한명령'이라 한다)을 성범죄사건의 판결과 동시에 선고(약식명령의 경우에는 고지)하여야 한다. 다만, 재범의 위험성이 현저히 낮은 경우, 그 밖에 취업을 제한하여서는 아니 되는 특별한 사정이 있다고 판단하는 경우에는 그러하지 아니한다.
② 제1항에 따른 취업 제한기간은 10년을 초과하지 못한다.

제61조 【보호관찰】 ① 검사는 아동ㆍ청소년 대상 성범죄를 범하고 재범의 위험성이 있다고 인정되는 사람에 대하여는 형의 집행이 종료한 때부터 「보호관찰 등에 관한 법률」에 따른 보호관찰을 받도록 하는 명령(이하 '보호관찰명령'이라 한다)을 법원에 청구하여야 한다. 다만, 검사가 「전자장치 부착 등에 관한 법률」 제21조의2에 따른 보호관찰명령을 청구한 경우에는 그러하지 아니하다.
② 법원은 공소가 제기된 아동ㆍ청소년 대상 성범죄사건을 심리한 결과 보호관찰명령을 선고할 필요가 있다고 인정하는 때에는 검사에게 보호관찰명령의 청구를 요청할 수 있다.

③ 법원은 아동·청소년 대상 성범죄를 범한 사람이 금고 이상의 선고형에 해당하고 보호관찰명령 청구가 이유 있다고 인정하는 때에는 2년 이상 5년 이하의 범위에서 기간을 정하여 보호관찰명령을 병과하여 선고하여야 한다.

제62조【보호관찰 대상자의 보호관찰기간 연장 등】 ① 보호관찰 대상자가 보호관찰기간 중에 「보호관찰 등에 관한 법률」 제32조에 따른 준수사항을 위반하는 등 재범의 위험성이 증대한 경우에 법원은 보호관찰소의 장의 신청에 따른 검사의 청구로 제61조 제3항에 따른 5년을 초과하여 보호관찰의 기간을 연장할 수 있다.

♨ 관련 판례 | 「아동·청소년의 성보호에 관한 법률」 관련 판례

[1] 「아동·청소년의 성보호에 관한 법률」에서 정한 공개명령 및 고지명령제도의 의의와 법적 성격(= 일종의 보안처분) - (중략) 위와 같은 공개명령 및 고지명령제도는 아동·청소년 대상 성폭력범죄 등을 효과적으로 예방하고 그 범죄로부터 아동·청소년을 보호함을 목적으로 하는 일종의 보안처분으로서, (중략) 범죄행위를 한 자에 대한 응보 등을 목적으로 그 책임을 추궁하는 사후적 처분인 형벌과 구별되어 그 본질을 달리한다. 14. 보호7

[2] 「아동·청소년의 성보호에 관한 법률」 제38조 제1항 단서, 제38조의2 제1항 단서에서 공개명령 또는 고지명령 선고의 예외사유로 규정한 '피고인이 아동·청소년인 경우'의 판단 기준시점(= 사실심 판결선고 시) - (중략) 공개명령 및 고지명령의 성격과 본질, 관련 법률의 내용과 취지 등에 비추어 공개명령 등의 예외사유로 규정되어 있는 위 '피고인이 아동·청소년인 경우'에 해당하는지는 사실심 판결의 선고 시를 기준으로 판단하여야 한다. [대판 2012.5.24, 2012도2763] 18. 승진

2025 최신개정판

해커스공무원
노신
형사정책 핵심요약집

개정 2판 1쇄 발행 2025년 1월 2일

지은이	노신 편저
펴낸곳	해커스패스
펴낸이	해커스공무원 출판팀

주소	서울특별시 강남구 강남대로 428 해커스공무원
고객센터	1588-4055
교재 관련 문의	gosi@hackerspass.com
	해커스공무원 사이트(gosi.Hackers.com) 교재 Q&A 게시판
	카카오톡 플러스 친구 [해커스공무원 노량진캠퍼스]
학원 강의 및 동영상강의	gosi.Hackers.com

ISBN	979-11-7244-675-8 (13360)
Serial Number	02-01-01

공무원 교육 1위,
해커스공무원 **gosi.Hackers.com**

해커스공무원

· 해커스 스타강사의 **공무원 형사정책 무료 특강**
· **해커스공무원 학원 및 인강**(교재 내 인강 할인쿠폰 수록)
· 정확한 성적 분석으로 약점 극복이 가능한 **합격예측 온라인 모의고사**(교재 내 응시권 및 해설강의 수강권 수록)